# Mittelrheinwein

Jens Burmeister

# Mittelrheinwein

Ein dionysisches Porträt

Bibliografische Information der Deutschen Nationalbibliothek:
Die Deutsche Nationalbibliothek verzeichnet diese Publikation in der Deutschen Nationalbibliografie; detaillierte bibliografische Daten sind im Internet über dnb.d-nb.de abrufbar.

© 2011 Dr. Jens Burmeister

Herstellung und Verlag: Books on Demand GmbH, Norderstedt

ISBN: 978-3-8448-0680-9

# Inhalt

I. R(h)einwein. R(h)einreise. R(h)einromantisch. 6

II. Lesebeginn. Marco Hofmann. Klimawandel. 16

III. Stadtweingut. Ingrid Steiner und Janina Schmitt. Kunstparadiese. 27

IV. Drachenloch. Felix Pieper. Gipfelstürmer. 54

V. Stuxterrassen. Angelika und Jörg Belz. Garagenwein. 70

VI. Dänischer Riesling. Vivi Hasse und Lars Dalgaard. Weltweindorf. 86

VII Oelsberg. Jörg Lanius. Lärmzeit. 100

VIII. Roßstein. Carl-Ferdinand und Stephan Fendel. Weinzeitreisen. 117

IX. Weinforschung. Martina und Randolf Kauer. Ökowein. 130

X. Leutesdorf. Horst-Peter Selt. Bimsnuggets. 143

XI. Mittelrheinsekt. Jochen Ratzenberger. Dionysische Begegnungen. 156

XII. Inselwein. Friedrich Bastian. Weinmusiktheater. 173

XIII. Engelstein. Florian Weingart. Naturweinträume. 191

XIV. Adressen. Quellen. Dank. 219

# I. R(h)einwein. R(h)einreise. R(h)einromantisch.

*„Indem ich dem Gemeinen einen hohen Sinn, dem Gewöhnlichen ein geheimnisvolles Ansehen, dem Bekannten die Würde des Unbekannten, dem Endlichen einen unendlichen Schein gebe, so romantisiere ich es."*

Ludwig Tieck

Aus dem Orchestergraben steigt das Wagnersche Motiv des Rheins empor, ganz langsam schält es sich aus dem Es-Dur Gewaber des vorzeitlichen Anfangs heraus. Wie ein Riesling, der sich langsam entfaltet und schließlich ein ganzes Kaleidoskop an Aromen präsentiert. Rheingold, reinstes Gold.

Es ist Sonntagmorgen kurz vor acht, Ende April 2010. Die Meteorologen haben einen Tag vorhergesagt, an dem die Temperaturen bis auf sommerliche 25°C klettern sollen. Der Himmel ist frühlingshaft hellblau und wolkenlos. Es hat tagelang nicht geregnet, in der Luft liegt ein trockener, staubiger, steiniger Geruch. Genau das, was ich in vielen Mittelrhein-Rieslingen finde und in der Regel mit „steinige Mineralik" umschreibe. Dazu kommen heute Morgen Gerüche nach süßen Frühjahrsblüten und der leicht scharfe, herb-grüne Geruch nach frisch gemähtem Gras. Ein Morgen, der mir ein wahres Riesling-Bukett präsentiert, wenn auch ohne die ebenfalls riesling-typische Frucht. Ein geradezu perfekter Auftakt für eine Reise zur Mainzer Weinbörse, zum 100-jährigen Jubiläum des Elite-Verbandes Deutscher Prädikatsweingüter.

Mainzer Weinbörse, das heißt für mich heute auch eine morgendliche Zugfahrt im Eurocity von Köln nach Mainz. Durch das romantische Mittelrheintal, auf einer der landschaftlich schönsten Eisenbahnstrecken Deutschlands. Als hektisch geschnittener Film rast die romantische Kulisse an mir vorbei. Wir passieren den Drachenfels, an dessen Fuß Felix Pieper spannende Barrique-Experimente begonnen hat. Die Terrassen des Unkeler Stux liegen noch im Schatten. Hier ist das Reich von Angelika und Jörg Belz, den beiden Garagenwinzern aus Bruchhausen. Das Einfangen einzelner, romantischer Bilder erfordert hohe Aufmerksamkeit und das sekundenhaft schnappschussartige Festhalten äußerst flüchtiger Bilder. Die Sonne knallt aus Richtung Osten durch mein Abteilfenster, blinzelnd versuche ich krampfhaft, einzelne Bilder zu fassen und festzuhalten. Der Blick auf das rechtsrheinische Ufer wird jetzt hinter Remagen fast durchgängig durch Bäume und Häuserzeilen verdeckt. Die Rauchfahnen der Firma Solvay markieren Bad Hönningen, das rebenumstandene Schloss Arenfels ist erst im Rückblick zu erkennen. Die Kellermeisterin des Stadtweingutes ist Herrin über die Reben des Schlossberges. Leutesdorf. Erstmals ausgedehnte Riesling-Flächen, leider zumeist hinter schon ordentlich belaubtem Auwald versteckt. Das Weindorf ist eher zu erahnen als zu sehen. Erst der Rosenberg am Ortsausgang zeigt sich dem Betrachter und ermöglicht den rückwärtigen Blick auf dieses nördliche Riesling-Paradies, das qualitativ gesehen von Horst-Peter Selt dominiert wird. Ein deutsches Weinanbaugebiet im Zeitraffer. Fragmentarisch, zufällig, repräsentativ. So, wie es das Maß meiner Aufmerksamkeit an diesem Sonntagmorgen ermöglicht.

Wir durchqueren das Neuwieder Becken. Es war vor 10.000 Jahren noch von einer meterhohen Bimsschicht bedeckt. Noch heute findet man Bimsbrocken, Folge des großen Ausbruchs des Laacher See-Vulkans, zum Beispiel im Leutesdorfer Rosenberg, Selts Paradelage. Er nennt die Bimsbrocken liebevoll seine Goldnuggets.

Wir überqueren die Mosel. Eindrucksvoll das Panorama der Koblenzer Moselfront. In der Ferne schimmern die Feste Ehrenbreitstein und das Deutsche Eck. Das Stadion des TuS Koblenz

schießt vorbei. Die Lahnmündung mit Burg Lahneck, eine Brücke umspannt den hier in den Rhein mündenden Fluss. Das Lahntal, weinbaurechtlich Teil des Anbaugebietes Mittelrhein, ist dessen Entwicklungsland. Die Marksburg leuchtet vorbei, dahinter auf dem nächsten Hügel drei Schornsteine der ehemaligen Kupferhütten. Vielleicht das eindrucksvollste Höhenmonument des Mittelrheins, diese Burg. Links unten fliegt Spay vorbei, auf dessen Hauptstraße man mit Florian Weingart den derzeit führenden Winzer des Mittelrheins findet, der sich auf eine anspruchsvolle Naturweinreise begeben hat. Und schon geht es direkt am Bopparder Hamm vorbei. Der Zug fährt die größte Rheinschleife ab, links die Wasserburg Osterspai. Geradeaus der Fässerlay, Unterbezeichnung des Bopparder Hamm und einziger Teil mit Ostausrichtung. Rechts fahren wir so dicht am Weinberg vorbei, dass ich nur die untersten Rebzeilen erkenne. Im fahrenden Zug spürt man förmlich die Dynamik des Prallhangs. Hier herrscht heute reger Verkehr von Containerschiffen, Ausflüglern, Zügen und Reisebussen. Das typische Mittelrhein-Chaos im ach so romantischen Talabschnitt. Ohrenbetäubende Lärmzeit, denke ich. Fluss und Steilhänge sind jetzt in ein dunstig flirrendes Licht getaucht. Das Tal wird immer steiler und enger, und der romantische Aspekt ist gerade bei dieser sonntagmorgendlichen Zugreise geradezu kinderleicht nachzuvollziehen.
St. Goarshausen. Erstmals schwalbennestartige Weinlagen. Fast schwarz thront Burg Katz auf der Höhe. Hoch oben zieht jetzt das Nocherner Brünnchen vorbei, das bereits in der Sonne glänzt. Dahinter wunderschöne Terrassen, leider brach und wild überwachsen. Und dann natürlich die Loreley, der hochaufragende Felsen in seiner scharfen Flussbiegung. „Steinalt und faltig – jung und schön", so beschreibt es ein gelungener Buchtitel. Auf dem Campingplatz direkt am Wasser herrscht heute nur mäßige Betriebsamkeit. Kurz blitzt der Bornicher Rothenack auf,

bewirtschaftet von der Winzergenossenschaft Bornich, dann geht es ab durch den Tunnel. Hinter dem Dunkel des Tunnels erscheint geradeaus das Panorama von Oberwesel, mit der beherrschenden St. Martinskirche. An der Spitzenlage Oberweseler Oelsberg geht es jetzt wieder so dicht vorbei, dass nur gelegentlich ein Rebstock zu erfassen ist. Jörg Lanius war es, der begann, den Oelsberg aus seinem Dornröschenschlaf zu erwecken. Inzwischen keltert auch Randolf Kauer, der Ökoweinbauprofessor aus Bacharach, Rieslinge aus dem Oelsberg. Der Roßstein, im Alleinbesitz des Weinguts Weiler, schiebt sich auf der gegenüberliegenden Rheinseite langsam in die Sonne. Hier entstehen rauchige Riesling-Legenden.

Die Dörscheider und Kauber Lagen huschen vorbei. Der dunkle Turm der Burg Gutenfels mit den ganz neu angelegten Terrassen direkt neben der Burg, gegenüber auf der anderen Seite des Blüchertals die blitzsauber flurbereinigte Lage Kauber Blüchertal. Benannt nach dem legendären preußischen General, der hier 1814 Militärgeschichte schrieb. Die Pfalz, schiffsähnlich, ruht auf einer winzigen Insel mitten im Fluss – uralte Zollstation und romantisches Monument. Eine weitere, naturbelassene Rheininsel schiebt sich wunderschön in den Blick. Prägende Elemente meiner Mittelrhein-Fahrt sind die schwarzgrauen Schieferdächer der kleinen Dörfer, deren Häuserreihen wie Perlenketten zwischen Fluss und Steilhang eingeklemmt sind. Steile Felsen, bewachsen von grünem Gestrüpp, Bäumen oder Wein. Jetzt im Frühjahr brillieren die Steilhänge in allen möglichen Grünschattierungen, Felsgrautönen, Baumschattierungen – dazwischen helle Tupfer blühender Bäume und Sträucher. Die Einschnitte der Seitentäler. Und natürlich der silbrig spiegelnde Strom. Die Rheininseln mit ihren mediterran hellen Sandbänken.

Auf einer dieser Rheininseln wird nicht nur Weinbau betrieben, hier zelebriert Friedrich Bastian, der Winzer mit Operndiplom, sein Weinmusiktheater. Fast gemütlich kämpfen die Containerschiffe gegen den Strom. Rechts liegt der Bacharacher Hahn, deutlich lesbar beschriftet. Peter Josts Vorzeige-Weinberg und vielleicht die namhafteste Weinlage, Weinmarke am gesamten Mittelrhein. Die übrigen Bacharacher Lagen sind an diesem Zug beinahe unbemerkt vorbeigezogen, nur rückblickend erhasche ich einen Blick auf den Posten gegenüber der Burg Stahleck. Jochen Ratzenberger aus Steeg erzeugt hier seine mineralischen Gewächse. Und ebenfalls in Steeg hat Marco Hofmann in seinem unter einer Schnapsbrennerei liegenden Keller begonnen, eindrucksvolle Rieslinge und Spätburgunder zu erzeugen. Und auf der gegenüberliegenden Rheinseite, da beginnt schon der Rheingau mit seinen großflächig aufgezogenen Rebflächen, erst Lorchhausen, dann Lorch mit seinen bekannten Weinlagen Schlossberg, Kapellenberg, Krone, Pfaffenwies und Bodenthal-Steinberg, alles klassifizierte Lagen nach dem VDP-Statut.

Die durchgehend bestockten Rheingau-Flächen scheinen mir einen ganz anderen Charakter zu besitzen als die steilen, fragmentierten Mittelrhein-Lagen. Geologisch und geographisch gesehen gibt es allerdings kaum Gründe, warum dieser Abschnitt des Mittelrhein-Tals bereits zum Weinanbaugebiet Rheingau gehören sollte. Für den Mittelrhein wäre eine „Erweiterung" um Lorchhausen, Lorch und Assmannshausen natürlich wie ein Sechser im Lotto, da man mit den Weingütern Graf von Kanitz (Lorch), August Kesseler und Robert König (beide Assmannshausen) drei prominente VDP-Weingüter hinzugewänne. Aber bis auf Weiteres muss der Mittelrhein-Fan sich damit bescheiden, dass man von Bacharach aus bereits auf den Rheingau auf der gegenüberliegenden Flussseite schaut. Auf unserer Flussseite passieren wir jetzt Rheindiebach, weiter hinauf im Seitental liegt Manubach. Hier hat sich das dänische Ehepaar Vivi Hasse und Lars Dalgaard niedergelassen, um ihren ganz eigenen Schieferriesling-Akzent im Weltweindorf zu setzen. Die südlichste Mittelrhein-Lage, der Trechtingshausener Morgenbachthaler, zieht jetzt vorbei. Eine flache, bis dicht an die Bahnlinie heranreichende Rebfläche, deren zweiter Teil direkt gegenüber von Assmannshausen erst in ein paar Minuten vorbeiziehen wird. Und schon geht es hinein in das Binger Loch, das historische Nadelöhr. Ende des Mittelrhein-Tals im Schnelldurchgang.

Wenn man wie ich seine Jugend in den 1980er Jahren an der nordwestdeutschen Nordseeküste verbracht hat, so schöpfte man aus einem beschränkten, eher unromantischen Fundus geistiger Getränke, der von Pils zu Küstennebel, Korn und Aquavit reichte. Der erste Schluck des friesisch herben Biers machte mir den angelsächsischen Ausspruch „beer is an acquired taste" sehr unmissverständlich klar. Die Schaumwein- und Weinfraktion wurde damals vorwiegend durch Krimsekt, Amselfelder und den Edlen vom Mornag vertreten. Das war noch die Zeit, bevor die Franchise-Kette „Jacques' Wein-Depot" die Basis-Weinkultur in die Bierprovinz, die norddeutsche Weindiaspora, gebracht hatte.

Eine meiner ersten Begegnungen mit Weinkultur, an die ich mich noch sehr lebhaft erinnere, war eine öffentliche Verkostung im Bordelaiser Maison du vin, die mir eine Ahnung von der Vielfalt und Komplexität gab, die sich in dem Spektrum der Böden von Medoc-Kieselsteinen zu Pomerol-Lehm und der Rebsorten von Merlot, Cabernet Franc und Cabernet Sauvignon zu Sauvignon Blanc und Sémillon ausdrückt. Ehrfurchtgebietend, spannend, Interesse weckend – aber der Wein-Funke sprang noch nicht so richtig über.

Das Studium verschlug mich Mitte der 1990er Jahre ins badische Freiburg. Und jetzt sollte der Funke überspringen. Und zwar so richtig! Unterstützt durch das Studium Generale am Staatlichen Weinbauinstitut begann ich auf meine persönliche Weinreise zu gehen. Melonenfruchtig-grasige Weißburgunder aus der

Ortenau und dem Breisgau, pfirsichfruchtige Rieslinge aus Durbachs Granitböden und brombeerfruchtig-blumige Kaiserstühler Spätburgunder, die noch aus dem großen Jahrgang 1990 übrig waren. Und zum Dessert eine 1976er Scheurebe Trockenbeerenauslese mit einer opulenten Cassis-Frucht. Jetzt war ich hin und weg. Nachdem ich die Badische Weinlandschaft durchstreift hatte, ging die Reise weiter in das Weltweindorf. Zu den vegetativen, fränkischen Silvanern aus dem Maindreieck, zu den mozartesk verspielten Moselrieslingen, zu den festlichen Rheingauern, zu den dichten, reiffruchtigen Elsässern. Zu den roten Burgundern, die angeblich riechen „like the inside of a kid's glove, worn by a young woman", wie ein englischer Weinschreiber es schön formulierte. Zu den opulent fruchtigen Pinots aus Los Carneros. Zu den Corbières-Roten, die nach den sonnengetrockneten Garrigue-Kräutern duften. Zu den autochthonen Roten Portugals. Zu den tropisch fruchtigen kalifornischen Chardonnays und ihren etwas eleganteren Pendants aus Chile, noch bevor sie als „abc-Wines" (anything but Chardonnay) beinahe vollkommen out waren. Zu den Chiantis mit ihrer Kirschfrucht und leicht herbem Touch am Ende, wobei mir das Thriller-Zitat „Ich genoss seine Leber mit ein paar Fava Bohnen, dazu einen ausgezeichneten Chianti" nie so ganz aus dem Sinn ging. Und weiter ging es, zu den dichten, opulent fruchtigen Cabernet-Trinkmarmeladen aus Südafrika und Australien.

Und plötzlich, Anfang 2003, kommt mir eine halbtrockene Riesling-Spätlese aus dem Bopparder Hamm Feuerlay vom Weingut August Perll in die Finger. Der Wein riecht intensiv nach herbfruchtigem Apfel, Gewürzen, mit einem Anflug von Rosen. Am Gaumen kommt ein intensiver, würzig-fruchtiger Geschmack auf, unterstützt von schönem Säure-Süße-Spiel. Der Nachhall ist sehr intensiv, geprägt von würzigen Noten, die Säure ist mundwässernd. Das ist ein körperreicher Riesling mit guter Säure-Süße Balance, ausgeprägter Länge, Gewürzprägung und mineralischem Nachhall. Eben ein typischer Mittelrheiner und genau der Wein, der mich auf eine neue Weinreise schicken sollte. Eine Weinreise durch den romantischen Riesling-Canyon, der nunmehr seit acht Jahren beträchtliche Teile meiner Freizeit in Anspruch nimmt, ohne dass ich auch nur eine Sekunde davon bereuen würde.

In den folgenden Kapiteln möchte ich Sie mitnehmen auf meine ganz persönlichen Weinreisen zum Mittelrheinwein, zum romantischen Wein, zum dionysischen Wein. Ich möchte Ihnen zeigen, was in Garagen, unter Schnapsbrennereien, aber auch in bereits etablierten, traditionsreichen Weingütern geleistet wird, um aus den Steilhängen des Mittelrheintals wahre Weinkunstwerke herauszukitzeln. Weinkunstwerke, die alle unsere Sinne aktivieren und dabei durch ihren Geruch und Geschmack Assoziationen an Farben, Bilder und Musik hervorrufen. Synästhetisch-dionysische Weinkunstwerke, die auch durch das philosophische Vergrößerungsglas betrachtet werden wollen. Leibhaftige Begegnungen mit dem Weingott sind dabei nicht ganz ausgeschlossen. Dieses Buch ist der legitime Nachfolger seines Vorgängers „Weinromantik und Terroirkultur". In diesem Wein-Erstlingswerk habe ich, wie Florian Weingart es so schön auf den Punkt brachte, „als Wissenschaftler die verfügbare Literatur ausgewertet und umfangreiche Feldstudien (mit Glas und Korkenzieher) betrieben". Es ging mir darum, den Charakter der Mittelrhein-Weine in ihrer Prägung durch Geschichte, Klima, Boden und Winzerhandwerk besser zu verstehen und so eine Grundlage für das Verständnis des Mittelrheinweins zu erarbeiten. Wurde in diesem Buch noch der gewissermaßen apollinisch-strenge und manchmal allzu wissenschaftliche Blick auf das kleine Weinanbaugebiet geworfen, so soll es hier nun aus der bunten, rauschhaft-dionysischen Perspektive betrachtet werden. Also, im Sinne Friedrich

Nietzsches das dionysische Buch nach dem apollinischen. Es geht mir nicht darum, den Wein komplizierter zu machen, als er ist – aber Versuche, ihn bis zur Plattheit zu vereinfachen, ihn aus seinem Kontext zu lösen und schlussendlich auf eine Punktzahl zu reduzieren, gibt es meines Erachtens bereits genug!

Ich möchte Sie in verborgene Winkel führen und Ihnen dort einen Einblick in das Engagement und das rastlose Qualitätsstreben der Weinindividualisten des Mittelrheins geben. Entstanden ist dieses Buch über einen Zeitraum von rund zwei Jahren, die erste Reise erfolgte im Oktober 2009, die abschließende Tour im Juni 2011. Mein Blick, mein Einblick ist radikal subjektiv, die Auswahl der beschriebenen Weingüter keinesfalls repräsentativ, aber auch alles andere als willkürlich. Die Begegnungen mit einzelnen Mittelrheinweinen werden zum intensiven Zwiegespräch, zum Ausgangspunkt gedanklicher und wirklicher Weinreisen. Immer wieder geht der Blick dabei über den Mittelrhein-Tellerrand hinaus, und wir blicken unter dem Stichwort „Weltweindorf" in die übrigen deutschen Weinbaugebiete sowie nach USA, Chile, Australien, Neuseeland, Frankreich, Italien, Dänemark und viele weitere Weinbauländer. Winzer und ihre Weine, eingesponnen in ein dichtes Netz aus Weininformationen, Geschichte, Poesie und Philosophie. Zwölf Reisen, zwölf Weingüter, siebzehn unterschiedliche Charaktere und deren vielfältige Weinkunstwerke ergeben so ein dionysisches Porträt des Mittelrheinweins im Weltweindorf.

## II. Lesebeginn. Marco Hofmann. Klimawandel.

*Dunstiges Flirren,*
*Flussinseln aus Sand.*
*Die Ruhe vor dem Sturm.*

Es ist das erste Wochenende im Oktober 2009. Herbst am Mittelrhein, die Ernte hat bereits begonnen, aber ausschließlich für die frühen Sorten wie den Müller-Thurgau. Vereinzelt werden bereits Rieslingtrauben für Basisqualitäten oder für die Sektbereitung geerntet. Die Stimmung der Winzer ist durch Abwarten geprägt. Der Herbst war in den letzten Wochen warm und trocken, auf den Trauben finden sich zwar bereits einzelne Nester des Botrytispilzes, aber ohne Regen wird er sich nicht weiter ausbreiten können. Also Abwarten und Pokern. Jeder Tag bringt jetzt ein Mehr an Reife. Kommt aber der Regen, so kann dies zu explosivem Pilzwachstum führen und die Erzeugung sauberer, frischfruchtiger Weine beinahe unmöglich machen. Also spürt man im Tal die Ruhe vor dem Sturm. Den richtigen Erntezeitpunkt zu treffen, das scheint ähnlich schwierig zu sein, wie beim Braten eines Steaks den optimalen Punkt zwischen noch saftigem Innerem und bereits krosser Kruste zu erwischen. Und in durchaus passender Analogie kann man sich auch beim Wein darüber streiten, wann dieser Zeitpunkt genau getroffen ist. Eine Geschmacksfrage. Rare, medium oder well done. Auch dies wird während des Pokerspiels deutlich, wenn Matthias Müller, VDP-Zugpferd aus Spay, sein Credo deutlich macht, dass er blitzsaubere, möglichst botrytisfreie Weine erzeugen will, um so Frucht und Mineralik in ihrer reinsten Form ins Glas zu bringen. Randolf Kauer, der Ökoprofessor aus Bacharach, hält dagegen, denn er weiß, dass Botrytis Schmelz in die Rieslinge bringt. Der Erntezeitpunkt und die Art der nachfolgenden Selektion sind zwei Faktoren, die letztendlich stil- und qualitätsentscheidend sein werden.

Ich habe eine Verabredung mit Marco Hofmann, „auf dem großen Parkplatz in Steeg". Diese Beschreibung ist eindeutig, auch wenn der Parkplatz nach städtischen Maßstäben sicherlich nicht als groß durchgehen würde. Wir haben vereinbart, in die Bacharacher Weinberge zu fahren, um dort Weine seiner 2007er und 2008er Kollektion zu probieren. In seinem silbernen Renault Berlingo geht es hinauf in die Steilhänge, begleitet vom Klappern der mitgebrachten Flaschen. Unterwegs passieren wir bereits kleinere Lesemannschaften, befreundete Winzerinnen und Winzer werden gegrüßt, kurz tauscht man sich über den Lesefortschritt und die Wetterprognosen aus. Hoch oben in der Bacharacher Wolfshöhle halten wir schließlich und nehmen an einem niedrigen, hölzernern Picknicktisch Platz. Der Panoramablick auf Burg Stahleck und das Mittelrheintal ist tatsächlich atemberaubend. Ein typischer Morgen im Frühherbst. Die Sonne steht bereits niedrig, flirrender Dunst wabert über das Tal. Aus dem Fluss schauen sandige Inseln aus der Wasseroberfläche hervor, ein eher seltenes Phänomen. Touristen machen sich einen Spaß daraus, auf sandigem Untergrund bis fast in die Mitte des Stromes zu spazieren. Klimawandel, schießt es mir durch den Kopf. Fragt man die Winzer, wann der Rhein zum letzten Mal einen so niedrigen Wasserstand hatte, wird sofort das Hitzerekordjahr 2003 genannt. Damals führte der Fluss noch weniger Wasser, die Trauben wurden an ihren Stöcken geradezu gekocht und ganz Europa schwitzte unter mediterraner Hitze. Im Jahr 2004 veröffentlichte das renommierte britische Wissenschaftsmagazin Nature eine Forschungsarbeit, in der die Veränderung des Klimas im Burgund zwischen 1370 und 2003 auf der Basis der Weinerntezeitpunkte untersucht wurde. (6) Der Beginn der Traubenernte wird in vielen europäischen Weinbaugebieten seit Jahrhunderten dokumentiert. Die Autoren

berechneten nach einem Modell für die Pinot Noir-Rebe aus den Erntezeitpunkten die durchschnittliche Temperatur des jeweiligen Jahrgangs zwischen April und August. Die Korrelation dieser Daten mit der Schwankung der Dicke von Baumringen konnte aufgezeigt werden und belegt die Aussagekraft der Untersuchung. Aus dieser faszinierenden Studie geht hervor, dass es im Betrachtungszeitraum schon häufiger warme Perioden gegeben hat, mit ähnlichen Sommertemperaturen wie in den 1990er Jahren. Besonders warme Sommer häuften sich in den 1380ern und den 1420ern sowie im Zeitraum zwischen 1630 und 1680. Von den 1750ern bis in die 1970er Jahre folgte dann eine kühle Periode, doch seitdem steigen die Temperaturen wieder an. Der lange, kühle Zeitraum zwischen dem 18. und 20. Jahrhundert ist auch einer der Faktoren, die zum Niedergang des Mittelrhein-Weinbaus ab dem 18. Jahrhundert führten. Im äußerst strengen Winter von 1783 auf 1784 erfroren viele Reben in der Ebene, wodurch der Weinbau in den dafür weniger geeigneten Orten zum Erliegen kam. In den Jahren 1848 bis 1857 gab es mehrere Missernten, auch zwischen 1898 und 1916 führten nasskalte Sommer zu Missernten und großen Schädlingsproblemen. Doch zurück zur Studie der burgundischen Erntezeitpunkte. Diese Untersuchung zeigt ganz klar, dass es zwar zwischen dem 14. Jahrhundert und heute schon einige sehr heiße Sommer gegeben hat – aber keinen, der mit 2003 vergleichbar gewesen wäre. Der eindeutig heißeste Sommer seit Winzergedenken!
Die 2003er Mittelrhein-Rieslinge gerieten infolge dieses Hitzejahrgangs derartig untypisch, dass allein bei dem Gedanken daran wohl noch heute manchem Sommelier ein kalter Schauer über den Rücken läuft. Hohe Alkoholgehalte, ungewohnt tiefgelbe Farbtöne, ein Umschlagen der für den Mittelrhein so typischen Gewürznoten in bittere Aromen. Und was die Säure betrifft: an dieser fehlte es plötzlich. Erstmals wurde 2003 die

Nachsäuerung der deutschen Weine mit bis zu 1,5 Gramm Weinsäure pro Liter Most erlaubt. Manche Winzer haben mit der Nachsäuerung experimentiert, aber häufig wirkte das Ergebnis alles andere als harmonisch. Die Lese am Mittelrhein begann 2003 im Durchschnitt drei Wochen früher als sonst. Von Juni bis September lag die durchschnittliche Regenmenge unter der Hälfte des langjährigen Mittels. Ob der Trockenheit waren in diesem Jahrgang mittelschwere und schwere Böden sowie alte Rebanlagen klar im Vorteil. Die Beerenhäute wurden sehr dick, um sich gegen die Austrocknung zu schützen, was später wohl zu den Bittertönen führte. Eine Vorausschau auf den Mittelrhein-Riesling der Zukunft?

Hören wir, was ein Champagner-Winzer zum Klimawandel zu sagen hat: „Aus der Sicht der Champagner-Erzeuger können wir die Veränderung des Klimas nur begrüßen. Ich meine, solange die Erwärmung sich auf zwei Grad begnügt. Sollte das Szenario sich aber verschärfen, wir etwa fünf oder sechs Grad Erwärmung erreichen, dann bekommen wir sehr große Probleme, denn dann wird es den Champagner, den wir heute hier produzieren, nicht mehr geben". (5) Ist das Nonsens, Wunschglaube, unhaltbare These? Nach Auffassung mancher Experten gehört die Champagne zu den vom Klimawandel besonders bedrohten Anbaugebieten Europas. Viele Erzeuger haben dies bereits erkannt und betreiben daher die Ausweitung der Fläche auf bislang weniger geschätzte Randlagen oder explorieren bereits intensiv den Süden Englands als möglichen Ausweichstandort. Vielleicht stoßen die in der Champagne vorzugsweise angepflanzten Sorten Chardonnay und Pinot Noir bereits jetzt an die Grenze ihrer Tauglichkeit für die Schaumweinproduktion. Die Champagne war über Jahrhunderte ein sogenanntes Cool Climate. Weltweite Berühmtheit erlangte sie, weil Winzer und Kellermeister es verstanden, einen Wein mit einer eigentlich kurzen Verfallszeit durch die zweite Gärung und einen langen

Hefeausbau in ein langlebiges Produkt zu verwandeln. Bei einer Klima-Erwärmung von ein, zwei Grad wird dieses Produkt seinen Charakter bereits so stark verändern, dass es nur noch sinnvoll wäre, die Weine im burgundischen Stil still auszubauen. Um die typische Fruchtigkeit, Eleganz und Finesse eines Champagners zu entfalten, brauchen die Reben gemäßigte Temperaturen. Wie stark der Klimawandel die Champagne bereits heute bedroht, konnte man mancherorts bereits lesen: „Schon in 40 Jahren könnten sich die Temperaturen in der Gegend um Reims den Verhältnissen in Südfrankreich angenähert haben." (5) Dort wachsen zwar, wie wir wissen, gute Weine aber nicht solche, die dem Champagner vergleichbar wären.

Doch wir schreiben das Jahr 2009, gemeinsam mit Marco Hofmann sitze ich an dem kleinen Picknicktisch und schaue von hoch oben den Touristen im ausgetrockneten Rheinbett zu. Marco Hofmann hat zunächst in Frankfurt und München ein Physikstudium absolviert und anschließend in Geisenheim Oenologie studiert. Als wissenschaftlicher Mitarbeiter und Doktorand der Fachhochschule Geisenheim beschäftigt er sich zur Zeit mit den Auswirkungen des Klimawandels auf den Wasserhaushalt in Weinbergen. Nebenbei betreibt er Weinbau in den Steeger Steillagen. Hofmann ist ein fast asketisch wirkender Typ Ende Dreißig. Wein zu machen, das ist für ihn deutlich mehr als eine Nebenbeschäftigung oder ein zweites Standbein. Er ist sympathisch, zugänglich, selbstkritisch, nachdenklich und in sich selbst ruhend. Seine analytische Denkweise kommt mir entgegen und bringt das Gespräch schnell auf eine sehr fruchtbare Basis. Aber warum haben wir uns überhaupt inmitten der Steeger Weinberge an diesem besagten Picknicktisch platziert, anstatt uns, wie allgemein üblich, im Weingut zu treffen? Weil es ein Weingut im klassischen Sinne (noch) gar nicht gibt. Hofmanns Weinkeller befindet sich unter einer Schnapsbrennerei deren alkoholische, scharfe und esterartige Ausdünstungen eine Verkostung im Keller zu einer echten Herausforderung machen würden. Seine Kellerräume sind Teil des ehemaligen Hütwohl'schen Weingutes. Die durchgegorenen Weine des Weinhauses Hütwohl genossen einst Weltruf. Der Stil war jedoch in den siebziger Jahren nicht mehr gefragt und Teile des Weingutes wurden von Jochen Ratzenberger übernommen, heute einer der fünf VDP-Winzer des Mittelrheins. In diesem historischen Keller also hat sich Marco Hofmann eingerichtet, um Riesling und Spätburgunder zu produzieren. Mit seinem Kompagnon Martin Sturm begann er 2002 Rebflächen im Steeger St. Jost, der Bacharacher Wolfshöhle und dem Oberweseler St. Martinsberg für vergleichsweise kleines Geld zu pachten und zu kaufen. Im Fokus standen dabei Flächen von hervorragender Qualität, bestockt mit alten Reben. Die beiden richteten ihr Auge vor allem auf Rebstücke, deren Bewirtschaftung anderen Winzern trotz hoher Qualität zu aufwändig und daher unökonomisch erschien. Durchaus kein schlechtes Konzept – allerdings mit dem offensichtlichen Nachteil, dass man sich so ein Ensemble notorisch schwer zu bewirtschaftender Flächen zusammenkauft. Werbeprospekte würden diesen Ansatz gewiss mit dem Label „Rettung der Kulturlandschaft Oberes Mittelrheintal" versehen. Keineswegs falsch, aber nicht Marco Hofmanns Stil. Die beiden Nebenerwerbswinzer nannten das Weingut „Weinbauern Hofmann & Sturm" und ließen ein prägnantes Etikett, das einen kraftvoll gehörnten Mufflon-Kopf darstellt, entwerfen. Muffelwild hat zwar einen sehr ausgeprägten Geruchssinn, ist ansonsten aber eher als Feind des Weinbaus am Mittelrhein zu betrachten, da bereits einige Fälle von Weinbergschäden durch Mufflons entstanden sind. Im Jahr 2008 stieg Martin Sturm aus dem Weingut aus, seitdem managt Marco Hofmann das Weingut in Personalunion. Inzwischen hat er eine kleine aber feine Fläche von insgesamt 65 Ar zusammen, davon 8 Ar Spätburgunder, der Rest ist Riesling. Die Riesling-Reben stehen in den Steeger und Bacharacher Lagen, der Spätburgunder wächst im Oberweseler St. Martinsberg. Die Riesling-Stöcke wurden in den 60er Jahren gepflanzt und haben damit schon ein sehr achtbares Alter erreicht, die Spätburgunder-Reben hingegen stammen aus dem Jahr 1976.

Wir sitzen am Picknicktisch in der Bacharacher Wolfshöhle und probieren die Rieslinge aus 2008, die Hofmann aus den über vierzig Jahre alten Rebstöcken herausgeholt hat. Die 2008er sind noch immer unetikettiert, aus dem trockenen Kabinett vom Steeger St. Jost steigt ein Duft, der mich an Grapefruit, Schiefer und strenge Gewürze erinnert. Ein kraftvoller, kerniger Riesling mit intensiver Gaumenaromatik und schiefrig-strengwürzigem Abschluss. Ein Wein, der die Wildheit und Strenge des Mittelrheintals widerspiegelt und der eine einsame, aber schöne Melodie singt. Durchaus auch typisch für alte Reben, die viel Kraft und Stoff in die Trauben pumpen. Es folgt die trockene Spätlese aus der Wolfshöhle. Schiefer, pflanzliche Noten, Grapefruit und wiederum strenge Gewürze steigen aus dem Glas. Am Gaumen wird die herbe Zitrusfrucht von einem rassigen Säurerückgrat unterstützt. Der Nachhall ist lang, intensiv, geprägt von salzig-mineralischen und deutlichen, strengwürzigen Aromen. Zum Abschluss folgt ein halbtrockener Riesling-Kabinett aus dem Steeger St. Jost. Diesmal sind es Blüten, Aprikosen, Zitrusfrüchte und vegetative Noten, in Kombination mit strengen Gewürzen, die in meine Nase steigen. Ein filigraner, leichter Wein, der längst nicht so dominant und kraftvoll auftritt wie sein trockenes Pendant. Ein Riesling wie eine leichte, schwungvolle Melodie ohne herbe Zwischentöne.

Vielleicht das Highlight unserer Probe am Samstagvormittag ist wider Erwarten ein Rotwein: der Spätburgunder aus dem Jahr 2007. Marco Hofmann hat ihn lange liegen lassen, bis er zum jetzigen Zeitpunkt die perfekte Reife für die Flaschenfüllung erreicht hat. Der Wein weist eine intensive, sortentypische, floral-reiffruchtige und rauchig-würzige Nase auf. Ich denke an Veilchen, Brombeeren, Erdbeeren, Leder und wieder an strenge Gewürze. Am Gaumen ist er cremig, würzig, leichtgewichtig und fruchtig, aber kontrastiert von feinherbem, festem Gerbstoff. Ein Rotwein mit sehr schön geöffneter, komplexer Nase, weicher Gaumenaromatik, aber viel kraftvoll-würzigem Druck von unten. Feminin in der Nase, aber Muskeln im Untergrund, ein typischer Pinot Noir eben.

Man sollte nicht den Fehler machen, diesen Rotwein nach seiner Farbe zu beurteilen. Er kommt völlig ungeschminkt daher. Blassrot, mit schon leichten Orangereflexen. Doch bereits im Bukett offenbart er seine Verführungskunst. Ein Lehrbeispiel dafür, wie ein Spätburgunder auftreten kann, wenn man die Farbe nicht, wie sonst üblich, mit farbintensiven, aber geschmacksneutralen Rebsorten aufpeppt. Eben nachschminkt. Das deutsche Weingesetz hat nichts gegen diese farbliche Schönheits-OP. Aber es entsteht ein Gewöhnungseffekt, der in Fällen wie diesem für Überraschungen sorgt. Während wir den Spätburgunder genießen, schweift mein Blick auf die Voigtswiese hinter und über uns. Hier stehen Rotwein-Reben auf schwerem Schuttlehmboden, weiter unten in der Wolfshöhle dominiert hingegen der Riesling. Es handelt sich hier um eine der Kuriositäten der derzeitigen Einzellagen-Benennung, dass so unterschiedliche Terroirs den gleichen Namen tragen: die „eigentliche" Wolfshöhle, mit Boden aus verwittertem Hunsrückschiefer, geringem Lehmanteil und einem Steilheitsgrad von um die 50 Prozent – und die flache Voigtswiese, auf über 215 Meter über dem Meeresspiegel gelegen, mit ihrem sandig-lehmigen Boden. Die Winzer kennen diese Unterschiede natürlich und passen sich durch Pflanzen der geeigneten Rebsorten an die Verhältnisse an, doch die Einzellage trägt in beiden Fällen den Namen Wolfshöhle und suggeriert so die Identität des Terroirs. Wäre der Verbraucher wirklich überfordert, wenn man hier durch zwei unterschiedliche Namen Klarheit schaffen würde? Doch der Terroirbegriff mit seinen Qualitätsaspekten einerseits und seinen antidemokratischen Zügen andererseits soll an dieser Stelle nicht das Thema sein. Auch wenn Marco Hofmann und ich hier inmitten der Wolfshöhle nichts anderem frönen, als das Terroir zu feiern. Denn wie könnte das besser gelingen, als dem Wein direkt an seinem Ursprungsort nachzuspüren, dort wo er durch den Boden und dessen wechselnde Versorgungsbedingungen, durch die Zufälligkeiten der Wetterschwankungen und die verschiedensten Arbeiten und Eingriffe des Winzers geprägt wurde.

Wir beschließen diesen wunderschönen Herbsttag im Restaurant des Bacharacher Rheinhotels. Im Wintergarten ist es uns trotz Deckenbeheizung bereits etwas zu kühl, deshalb entscheiden wir uns für einen kleinen, gemütlichen Ecktisch im Inneren des Hauses. Der Koch Andreas Stüber hat es in den letzten Jahren zu einiger Bekanntheit gebracht, auch über Bacharach hinaus. Wir bestellen das dreigängige Welterbemenü mit Vorspeisenteller, Bacharacher Rieslingbraten und einer Creme vom Riesling und schwarzen Johannisbeeren. Das alles begleitet von einem wunderbaren, halbtrockenen Riesling vom Steeger Weingut Berhard Praß. Besonderen Eindruck macht der auf einer Schieferplatte servierte Vorspeisenteller. Hier findet sich mit Traubenkernöl und Honig verfeinerter Ziegenfrischkäse aus dem Mittelrheintal. Dazu wird Steeger Hinkelsdreck gereicht, eine Pastete aus Hähnchenleber, Rotwein, Zwiebeln und gerösteten Mandeln, serviert mit Traubengelee. Und nicht zu vergessen, ein Sushi von der Wispertalforelle sowie – Ziegensalami. Andreas Stüber hält seit einigen Jahren südafrikanische Burenziegen, die er am Bacharacher Schlossberg weiden lässt – daher rührt eine gewisse Vorliebe für Ziegenerzeugnisse auf seiner Speisekarte. Der Rieslingbraten erweist sich leider als ein wenig zu säuerlich. Auch das Dessert ist etwas säuerlich geraten und die dazu gereichten Johannisbeeren sind nicht ganz ausgereift. Entschädigt werde ich jedoch durch die Assoziation, die die intensiven Johannisbeer-Aromen mit der Aromatik eines Rieslings des Weinguts Ratzenberger aus dem Steeger St. Jost eingehen. Fazit dieses Menüs: Stübers Restaurant ist eine empfehlenswerte Adresse, auch wenn es noch Raum für Verbesserungen gibt. Und: Nicht überall, wo etwas marktschreierisch Welterbe draufsteht, muss touristischer Nepp drin sein! Nach Auffassung der einschlägigen Weinführer sind es die Bopparder Winzer, die den etablierten Bacharachern in den letzten Jahren nach und nach den Rang abgelaufen haben. Angesichts der großartigen Entwicklungen bei Florian Weingart, Matthias Müller, Jens Didinger, Thomas Perll und Toni Lorenz ist dies eine zutreffende Beobachtung. Betrachtet man jedoch das gastronomische Niveau sowie das Niveau der von den Winzern veranstalteten Events (Bastians Musikveranstaltungen – sein Weinmusiktheater, oder Josts Schiffsweinproben), so ist Bacharach nach wie vor das Maß der Dinge am Mittelrhein. Hier wird moderne, anspruchsvolle Weinkultur überzeugend inszeniert. Wir jedenfalls verlassen Stübers Restaurant mit einem bleibenden Eindruck jenseits des touristischen Mainstream und beschließen so einen grandiosen Tag zum Weinlesebeginn des Jahres 2009.

Einige Monate später, auf der Weinpräsentation der Vereinigung Bacharacher und Steeger Weingüter, die an dem denkwürdigen Tag des Grand Prix Sieges von Lena Meyer-Landruth stattfand, sollte ich Marco Hofmann und seine Weine wiedertreffen. Der Charakter-Winzer, diesmal mit rosafarbener Hose, hatte eine 2009er Riesling Auslese aus der Bacharacher Wolfshöhle dabei. Der Most brachte 120 Grad Oechsle auf die Waage, bestand zu 100 Prozent aus botrytisierten Trauben und die Gesamtmenge, die er ausgebaut hat, war ein dreißig Liter

Glasballon. Am Ende hatte der Wein noch stolze achtzig Gramm Restzucker. Das Ergebnis ist ein großartiger Tropfen, ein sehr dichter, sehr cremiger 2009er mit Spiel und Würze ohne Ende. Noch so ein unvergessliches Weinerlebnis.

## IIII. Stadtweingut. Ingrid Steiner und Janina Schmitt. Kunstparadiese.

*Winterkälte, Schneeweiß.*
*Rebstockruhe und Knospenaufbruch. Neuer Wein im Fass.*
*Neogotische Träume, versteinert.*

Ein Januarmorgen des gerade angebrochenen Jahres 2010. Winter im Rheinland, doch nur noch in Form kümmerlicher, verharschter Schneereste auf den Nebenstraßen. Für mich heißt es heute aufstehen um 6 Uhr morgens. Und das samstags. Mir schießt ein Satz von Joachim Krieger durch den Kopf: „Dieses Buch ist eine Frechheit!". Was bringt mich dazu, diesen Samstagmorgen, jedem Arbeitnehmer heiligst, zu opfern, um von Leverkusen nach Bad Hönningen zu fahren? Vielleicht ist, wie von Krieger vermutet, eine Frechheit der eigentliche Grund. Die Frechheit, das Weinanbaugebiet Mittelrhein so ernst zu nehmen. Als handele es sich beim Mittelrhein um eine Weinregion, deren Geschichte, Geographie, deren kulturelle Bedeutung es bis ins letzte Detail nach- und aufzuzeichnen gelte, um so den eigentlichen Wert dieser Region in vollem Ausmaß zu erkennen und zu beschreiben. Den Mittelrheinwein so ernst zu nehmen. Diese paar Winzerinnen und Winzer so ernst zu nehmen. Diesem Detail des großen weiten Weltweindorfs so viel akribische Aufmerksamkeit zu widmen.
Ich lege den ersten Kilometer dieser morgendlichen Reise mit dem Fahrrad zurück. Einige Male muss ich absteigen, da es sich auf dem festgefrorenen, leicht angetauten Schnee kaum noch fahren lässt. Die Temperatur schwankt um den Gefrierpunkt. Die Welt ist jetzt beinahe geruchlos. Beinahe. Geruch nach feuchtem Schnee scheint mir die passende Beschreibung. Gibt es das überhaupt, Geruch nach feuchtem Schnee? Für mich ist das ein sehr komplexer Geruch. Ein Situationsgeruch. Ein Geruch,

den ich in meinem Duftgedächtnis abgespeichert habe und den ich in eine Reihe stelle mit dem Geruch von U-Bahn-Schächten, dem Geruch geöffneter Kneipen, dem Busgeruch, dem Baustellengeruch, dem Frühlingsgeruch, dem Sommergeruch. Nicht vergleichbar mit dem Duft von Apfel, Orange, Rosenblüte und Muskatnuss. Das sind Gegenstandsgerüche, die sich viel besser fassen und notfalls analytisch-naturwissenschaftlich, gaschromatografisch, massenspektrometrisch beschreiben lassen. Geruch nach feuchtem Schnee. Diese morgendliche Radtour zum nächstgelegenen Bahnhof weckt alle meine Sinne. Ich liebe diese Art von Tagesauftakt und stelle fest, dass ich persönlich ihn einer Autofahrt jederzeit vorziehen würde. Ich fühle mich jetzt wie ein auf hochempfindlich geschalteter Detektor. Alle Regler sind auf höchste Sensitivität gedreht.

Gleis 2. Überdacht von einer sehr eigenwilligen, grau gestrichenen Holzkonstruktion. Die verblichenen Reste eines einst stolzen Vorortbahnhofs? Zunächst außer mir nur ein paar Elstern und Rabenkrähen, die in den entlaubten Zweigen herumhüpfen. Allmählich füllt sich der Bahnsteig, nach und nach sammeln sich etwa ein Dutzend Reisende, die auf den „Zug in Richtung Köln" warten. Der Habitus der meisten Reisenden deutet auf Gewohnheit, Routine, Jobticket, Jahresticket, Schülerticket, Netzkarte. Zigarettenrauch und Parfümschwaden von mittlerer Intensität. Was den Geruch betrifft, für mich die typische Kombination von Bahnsteig-am-Morgen. Frisch geduschte, parfümierte Mitmenschen, die auf meine gespannten, wachen, hochempfindlichen Geruchsdetektoren treffen. Im Winter noch zu ertragen, da die Kühlschranktemperaturen eine zu schnelle Verteilung und eine zu schnelle Sättigung der Luft mit Duftmolekülen aller Art verhindern.

Kaum zu glauben, aber von Leverkusen nach Bad Hönningen zu fahren, bedeutet auch, von einem Chemiestandort zum

nächsten zu fahren. In Bad Hönningen werden Chemikalien für die Produktion von Wasch- und Reinigungsmitteln hergestellt. Ich steige in Köln-Deutz um. Überwiegend junges Publikum beginnt die Bahnsteige nach und nach zu bevölkern. Eine Schar schmutzig grauer Tauben pickt gierig an den Resten eines Apfelkuchenstücks, dessen ursprüngliche Form nur noch zu erahnen ist. Der Himmel ist konturlos grau, es wird langsam heller, die Domspitzen liegen hinter einem dunstigen Schleier. Der Wind pfeift über Gleise und Bahnsteige, manche Reisende verstärken ihre Vermummung, ziehen die Schals über das Kinn und die Mützen tiefer ins Gesicht. Ist es eigentlich ein unverrückbares, ungeschriebenes Gesetz, dass es auf Bahnsteigen immer windig, zugig und eisig sein muss? Ist dies der unabänderliche Preis des Reisens im Regionalverkehr?
„Langsames Reisen hat den Vorteil, dass die Seele Schritt halten kann." Der Satz steht auf meiner Espressotasse, stimmt für mich aber auch. ohne dass ich einen schriftstellernden Urheber kennen müsste. Wir passieren Rhöndorf, Mittelrhein-Beginn. Der Drachenfels ist von einer fast noch geschlossenen Schneeschicht bedeckt. Durch das Abteilfenster sind die Reben nur fern als frierende Stöcke zu erkennen. Der Rhein fließt breit, grau und silbrig unter einem dunstigen Himmel. Die Unkeler Stuxterrassen ziehen vorbei, ebenfalls unter einer Schneedecke. Wahrnehmungen wie in einem hektisch geschnittenen Film. Ich denke an späte Gemälde von Max Slevogt, seine in sich ruhenden Pfälzer Weinlandschaften. Das Licht, das durch diese Weinlandschaften geistert, hatte Slevogt von seiner Ägyptenreise mitgebracht. Auch er malte schneebedeckte Weinberge, als solipsistische Landschaften, als zurückgezogenes Idyll nach der traumatisierenden Erfahrung des zweiten Weltkrieges. Ein flirrendes, transzendentes Licht durchleuchtet die Weinberge des Slevogt'schen Spätwerkes.

Bei der Ankunft in Bad Hönningen werde ich von einem stechenden Geruch nach Schwefelwasserstoff, sprich faulen Eiern, empfangen und jäh aus meinen romantischen Träumen in die Realität zurückbefördert. Also doch die Reise von einem Chemiestandort zum nächsten. In der Fußgängerzone werden gerade die letzten Reste der Weihnachtsdekoration demontiert. Goldene Paket-Imitate, verschnürt mit roten Bändern, werden von den Tannen gepflückt, die bereits kräftig zu nadeln angefangen haben.

Das Stadtweingut, das ich heute besuche, liegt an der Hauptstraße, nur ein paar hundert Meter vom Ende der Fußgängerzone entfernt. Präziser muss man eigentlich sagen, das Betriebsgelände der Bad Hönninger Fruchtsäfte und Weine GmbH, auf dem sich das Stadtweingut heute befindet. Früher war es in einem malerischen, roten Backsteingebäude am Ende der Hönninger Fußgängerzone untergebracht. 1934 eröffnete die Stadt Bad Hönningen das größte Thermalfreibad Deutschlands. Gleichzeitig wurden die Weinberge am Schloss Arenfels gerodet und neu bepflanzt, um den Tourismus zu beleben. So kam die Stadt zu ihrem eigenen Weingut, das sie selbst auch 40 Jahre lang führte. Im Jahre 1978 übernahmen Ruth und Bernhard Schneider den Betrieb und führten ihn bis 2004 als Familien- und Stadtweingut. Im Jahre 2005 übernahm der mittelständische Safthersteller den Betrieb. Nun gibt es also Säfte und Weine aus einer Hand.

Vom Hof des Betriebsgeländes fällt mein Blick auf den gegenüberliegenden Hönninger Schlossberg. Da blitzt sie plötzlich wieder auf: die Weinromantik. Das neogotische Schloss Arenfels, einstiges Bilderbuchschloss der Rheinromantik, geschaffen von Ernst Friedrich Zwirner, umgeben von den Reben des Stadtweingutes.

Zwirner war 46 Jahre alt, als er von dem Grafen von Westerholt den Auftrag bekam, Schloss Arenfels zu renovieren und gleich-

zeitig kleinere Änderungen daran vorzunehmen. 1848 hatte Westerholt das Schloss gerade von der Familie von der Leyen für 90.000 Thaler gekauft. Die Familie von der Leyen war zu diesem Zeitpunkt stark verschuldet, hatte das Schloss bereits kräftig verfallen lassen und war nun gezwungen zu verkaufen. Schloss Arenfels war im Mittelalter eine Burg, die Gerlach von Isenburg direkt auf den Fels bauen ließ. Der Hauptturm der mittelalterlichen Burg stand an der gleichen Stelle wie der heutige Bergfried. Im Innenhof der Burg befand sich ein Ziehbrunnen, der bis auf den Grundwasserspiegel des Rheins hinabreichte und bei Belagerungen den Wasservorrat sicherte. Im 17. Jahrhundert wurde die Burg zu einem dreiflügeligen Renaissance-Schloss umgebaut, das von der Familie von der Leyen als bevorzugter Sommersitz genutzt wurde. 1848 also wechselte das Schloss erneut seinen Besitzer, und Ernst-Friedrich Zwirner wurde mit dem Umbau beauftragt. Er war ein Schüler des berühmten Baumeisters Schinkel und wurde 1833, also 15 Jahre zuvor, mit der Bauleitung des Kölner Doms beauftragt. Um die Organisation der Kölner Dombauhütte hatte er sich Verdienste erworben, er hatte die Apollinariskirche in Remagen gebaut, den Rolandsbogen wiederhergestellt und Burg Ariendorf in Bad Hönningen errichtet. Ein berühmter und weiterhin aufstrebender Baumeister seiner Zeit, der nun von dem Grafen Westerholt beauftragt wurde.
Die 40er und 50er Jahre des 19. Jahrhunderts markieren den Beginn der industriellen Revolution in Deutschland, gekennzeichnet durch zunehmende Investitionen in die Schwerindustrie und in den Eisenbahnbau. 1848 veröffentlichten Karl Marx und Friedrich Engels das Kommunistische Manifest, 1859 publizierte Charles Darwin die Entstehung der Arten, Richard Wagner vollendete 1856 die Walküre, die 14 Jahre später uraufgeführt werden sollte. In der Architektur war die Neogotik gerade en vogue und Zwirner einer ihrer ganz großen Verfechter.

Die Neogotik war ein historisierender Architekturstil, dem ein idealisiertes Mittelalter-Bild zugrunde lag und der von der Romantik befeuert wurde. Auf der Berliner Museumsinsel kann man heute eine Reihe von Schinkel-Gemälden bewundern, in deren Zentrum gotische Kathedralen stehen. Die Gotik wurde zu Schinkels Zeit, in der romantischen Bewegung, fälschlicherweise als deutschen Ursprungs gedeutet. Schinkels erhabene, gleichsam aus sich selbst heraus leuchtende, in Öl gemalte Kathedralen drücken den Wunsch nach der Befreiung von den französischen Besatzern sowie nach der Schaffung eines deutschen Reiches aus.

Als Zwirner den Auftrag vom Grafen Westerholt bekam, fasste er schnell den Plan, neben dem Kölner Dom und der Apollinariskirche ein weiteres monumentales neugotisches Bauwerk im Rheinland zu schaffen. Nur den Grafen scheint er in diese Vision seines Gesamtkunstwerks nicht wirklich eingebunden zu haben. Stattdessen legte er ihm nur Teilpläne vor und ließ sie von dem architektonischen Laien absegnen. Der Umbau startete mit dem Süd- und Mittelflügel, die Fassade wurde mit zahlreichen, neogotischen Giebeln ausstaffiert. Diese Umbau- und Sanierungsarbeiten waren 1852 beendet. Anschließend wurde der kolossale Turm mit seinem Spitzkegeldach errichtet. An dieser Stelle wollte der Graf das architektonische Treiben stoppen, damit sein geliebtes Renaissance-Schloss nicht noch mehr verschandelt würde. Doch Zwirner konnte ihn zum Weiterbauen überreden und arbeitete sich bis zum Westgiebel vor. Nur der Nordwestflügel blieb in der Renaissance-Form bis heute erhalten. 1859 war die Umgestaltung von Schloss Arenfels im Sinne eines romantisch-neugotischen Erscheinungsbildes nach englischen und mittelalterlich-deutschen Vorbildern beendet. Die Giebel wurden mit Skulpturen des Gottfried von Bouillon, Richard Löwenherz und der Jeanne d'Arc verziert. Der Innenraum des

Schlosses wurde ebenfalls komplett renoviert und umgestaltet. Hier kann man noch heute eine über drei Stockwerke gehende Eisentreppe, den Rittersaal mit einer hängenden Säule, den roten Salon sowie das Innere des Hauptturms mit Netzgewölben, Marmor- und Wedgewood-Kaminen bewundern. Im zweiten Weltkrieg wurde Schloss Arenfels beschossen und erlitt beträchtliche Schäden. Gegen Ende des Krieges diente es als Ausweichbüro der Köln-Düsseldorfer Rheinschifffahrtsgesellschaft, in den Kriegswirren ging der größte Teil des Inventars verloren. Im Schloss verblieben nur die umfangreiche Westerholt'sche Bibliothek sowie eine beachtliche Waffensammlung. Beide wurden jedoch 1950 versteigert. Derzeit steht das Schloss mal wieder zum Verkauf.

Im Endergebnis hat Zwirner in Gestalt des neogotischen Schlosses Arenfels etwas geschaffen, was ich als künstliches Paradies *en miniature* bezeichnen möchte. Weitere künstliche Mittelrhein-Paradiese sind das Schloss Stolzenfels oder die Drachenburg. In diesen Kontext passt auch, dass man heute auf der japanischen Ferieninsel Miyako-jima direkt am Pazifik eine originalgetreue Kopie der Braubacher Marksburg im Maßstab 1:1 besichtigen kann. Ein waschechter Romantik-Export! Spontan erinnert mich dieser Romantik-Export auch ein wenig an die derzeit boomende Schaffung künstlicher, touristischer Paradiese, doch dazu später mehr.

Man schrieb den 2. Juli 1873, als das deutsche Handelsschiff *R. J. Robertson* während eines Taifuns am Riff vor dem japanischen Dorf Ueno auf der Insel Miyako-jima strandete. Einige Bewohner des Dorfes setzten bei hohem Wellengang in kleinen Booten aus, es gelang den Japanern schließlich, alle acht Besatzungsmitglieder zu retten. Der damalige deutsche Kaiser Wilhelm I. bedankte sich für die mutige, menschenfreundliche Tat mit einer Gedenkstele, die noch heute im Hafen von Hirara steht. Anlässlich dieser Vorgeschichte wurde 1995 in Ueno der

Themenpark *Deutsches Kulturdorf Ueno* erbaut. Neben verschiedenen Attraktionen wie einem Kinderhaus, Originalstücken der Berliner Mauer und einem Palais im Stile des 18. Jahrhunderts ragt inzwischen auch eine mittelalterliche deutsche Burg in den subtropischen Himmel: die Braubacher Marksburg. Sie wurde, nachdem ihr Besitzer der verrückten Idee des Verkaufs, Abtransports und Wiederaufbaus auf Miyako-jima nicht zugestimmt hatte, dennoch mit dessen Unterstützung Ende der 1990er Jahre originalgetreu nachgebaut und steht nun über dem Korallenriff Miyako-jimas.

Ich stelle diesen Kultur-Export in den Kontext eines derzeit boomenden Trends, der in der Schaffung künstlicher, touristischer Paradiese besteht. Es begann mit Spaßbädern anstelle der städtischen Hallenbäder und setzte sich fort in Wellness-Oasen und Center Parks. Architainment, diese Verbindung aus Entertainment und Architektur, gipfelte beispielsweise in der Anlage einer künstlichen Südseeinsel in Brandenburg, 60 km südlich von Berlin. Tropical Island – entstanden in der ehemaligen Werfthalle der inzwischen insolventen New Economy Firma Cargolifter. Cargolifter hatte sich zum Ziel gesetzt, Luftschiffe zu entwickeln, mit denen Lasten bis zu 160 Tonnen hätten transportiert werden können. Die Insolvenz wurde im Sommer 2002 angemeldet. Auf bzw. in den Ruinen der Firma Cargolifter entstand nun ein künstliches Südseeparadies.

Der Wein kann beides sein: Er kann die Antithese zum ortsungebundenen, jederzeit produzierbaren und reproduzierbaren Erlebnis sein. Indem er von seinem Ort erzählt und ihn verkörpert. Indem er Komplexität, Geschichte, Individualität und Unverwechselbarkeit mitbringt. Indem er jahrgangs- und terroirgeprägt eine vergängliche Assoziation an den Ort und die Bedingungen seiner Weinwerdung mit sich trägt. Oder er kann ein künstliches Paradies sein, ein Getränk, das einen an Orte der Erinnerung, vielleicht der Kindheit zurückführt. Das einen mit

Frühlingsblumen überschüttet oder die Reife des Herbstes spüren lässt. So ruft er vollkommen ortsungebunden freie und zutiefst subjektive Emotionen hervor, transportiert uns in seine ganz eigene, assoziative Welt.

Im Stadtweingut empfängt mich ein sehr agiler, sehr frecher, sehr sympathischer, heftig bellender und alles beschnüffelnder Hund, der mich wiederholt anspringt. Dazu eine frisch aufgebrühte, hellgelbe, first flush farbene, duftige Tasse Darjeeling, die mir nach meiner kleinen Winterreise so richtig guttut. Ingrid Steiner, die Winzerin, fährt rasant auf den Hof, und nur wenige Minuten später betreten wir ihr Reich, die geräumige, ebenerdige Halle, in der Weinbereitung, Lagerung und Verkauf erfolgen. Kühlbare Stahltanks stehen hinten rechts in Reih und Glied, davor zwei Reihen großer Holzfässer für die Rotweine. Eine sachliche, pragmatische Atmosphäre fernab traditioneller Gewölbekellerromantik. Kein Vergleich mit den dunklen, verpilzten, unterirdisch-mystischen Gewölben manch traditioneller Familienweingüter. Unter dieser geräumigen Halle befinden sich noch mehrere Kellerstockwerke, in denen riesige Mengen an Säften lagern. Diese Stahltanks sind vom Prinzip her mit den Weintanks absolut vergleichbar, nur in einer anderen Dimension, bis hin zu riesenhaften, flachliegenden Tanks.

Ingrid Steiner stammt ursprünglich aus Sinzig und arbeitete bei der Ahr-Winzergenossenschaft Walporzheim, bevor sie Mitte 2007 den Job in Bad Hönningen antrat. Nach mehrjähriger Betriebsleitertätigkeit und einem Betriebswirtschaftsstudium war sie als Weintechnikerin bei der Winzergenossenschaft Mayschoß-Altenahr beschäftigt, bevor sie im April 2005 als Kellermeisterin bei der Winzergenossenschaft Walporzheim in Waldorf startete.

Ingrid Steiner ist im Gespräch sehr klar und präzise, ruhig, konzentriert und vermittelt den Eindruck einer glasklaren Konzeption. Sie blickt durch eine randlose Brille, das Haar fällt wild gelockt auf ihre Schultern. Eine Frau, die sehr genau weiß, wo ihr Weingut derzeit steht und wo sie es hinhaben will. Sie ist eine dynamische Powerfrau, die das früher eher unbekannte Weingut nach vorne bringen will, und sie strahlt diese Ambition mit jeder Faser aus.

Natürlich ist die geräumige, ebenerdige Halle ohne großartige Wärmedämmung ausgestattet, im Sommer zu heiß und im Winter zu kalt, um für die Vinifikation perfekt geeignet zu sein. Heute haben wir gerade einmal 3°C, was man nach nur kurzem Herumstehen auch deutlich merkt. Also nichts wie hin zu den blanken Edelstahltanks, in denen die 2009er noch auf der Hefe liegen. Wegen der niedrigen Umgebungstemperatur dauert die Gärung hier schon mal etwas länger, und manchmal kann die Abfüllung erst im Mai erfolgen. Das ist bei gut laufendem Verkauf und dem allgemeinen Trend zu jungen Weinen durchaus ein Problem. Zieht sich die Gärung allzu lange hin und liegen die Außentemperaturen allzu niedrig, greift Ingrid Steiner schon mal zur Erhitzung des Tanks, allerdings maximal auf moderate 10 bis 12°C. Ich lege meine Handflächen an einen ungewärmten (3°C) und einen gewärmten (12°C) Tank – so grandios fühlt sich der Unterschied gar nicht an. Aber für die Hefe ist er recht entscheidend, denn ab einer gewissen Kühle stellt sie die Arbeit ganz einfach ein.

Ingrid Steiner dreht einen chromblitzenden Hahn auf, und der erste 2009er schießt in mein Probierglas. Ein Riesling, der mir mit seiner Stachelbeerfrucht regelrecht aus dem Glas entgegenspringt. Natürlich ist es zu kalt in der Halle, ist der Wein zu kalt und viel zu sehr von der Hefe, auf der er gerade ruht, geprägt, als dass dies hier eine aussagekräftige Probe sein könnte. Aber die Frische und jugendliche, prägnante Frucht beeindrucken mich trotzdem. Es folgt aus dem nächsten Stahltank ein Weißburgunder mit nussig-buttrigem Burgunder-Bukett, in der Nase etwas verschlossen, aber am Gaumen sehr cremig und mit ausgeprägt würzigem Nachhall. Einen Tank weiter probieren wir nun den Müller-Thurgau, der mich von seiner Frucht an den vorher probierten Riesling erinnert. Nur verbindet er diese Fruchtigkeit mit der Rebsorten-typischen Note strenger Gewürze. Auch er wartet wieder mit einem ausgeprägt würzigen Nachhall auf. Es ist für mich eine wahre Freude, diese Jungspunde schon während ihres winterkühlen Hefelagers probieren zu können!

Später, zu Hause, probiere ich diesen teilweise schon abgefüllten Rivaner nochmals. Er offenbart jetzt eine intensive, kernige, frische, grüne Nase und ruft Erinnerungen an schwarze Johannisbeeren, Orangenschalen, Pfirsiche, Sandstein und strenge Gewürze hervor. Einem kraftvoll-weichen Auftakt folgt eine intensive, feinherbe Gaumenfrucht, die an schwarze Johannisbeeren erinnert, unterstützt von lebendiger Säure. Der ebenfalls intensive, lange Nachhall wird geprägt von strengwürzigen Noten mit einem pfeffrigen Abschluss. Das ist ein kerniger, erfrischender Rivaner mit der sortentypischen Frucht schwarzer Johannisbeeren, seiner herbwürzigen Gaumenaromatik, lebendiger Säure und einem strengwürzig-pfeffrigen Finish. Die reifen Trauben aus einer fast zwanzigjährigen Rebanlage haben einen kernigen, sauberen Müller, der in seiner Nase weit mehr als die übliche Muskatnote präsentiert, hervorgebracht. Kernig wie seine Erzeugerin, denke ich. Er wächst unterhalb des Schlosses mit Süd-Südwest-Ausrichtung und nur geringer Hangneigung. Der Boden ist hier in der Nähe des Schlosses überwiegend durch carbonathaltiges Auftragsmaterial aus natürlichen Substraten der nahen und weiteren Umgebung wie Sandlöss, Schieferverwitterung und Terrassensand auf carbonatreichem Sandlöss geprägt – also eine alkalische Grundlage für den Müller, doch dazu gleich mehr.

Die in der Fassprobe in der kühlen Weinguts-Halle nun folgende Scheurebe zeigt die rebsortentypische Johannisbeere, offenbart aber erst nach einiger Erwärmung im Mund (ich erinnere daran, es sind 3°C) ihre Süße, Seidigkeit und Komplexität. Abgeschlossen wird diese faszinierende Weißweinprobe von einem bereits sehr gut trinkbaren Silvaner, der mit Sicherheit ein angenehmer und passender Begleiter der nächsten Spargelsaison werden könnte. Leider wird er hier nicht rebsortenrein abgefüllt, sondern muss sein Dasein als Verschnittpartner fristen. Ingrid Steiners Weißweine werden nach Ganztraubenpressung unter Zusatz von Reinzuchthefen langsam gekühlt vergoren. Ziel ist dabei die Erzeugung schlanker, lebendiger, fruchtbetonter Weißweine, die jung getrunken werden sollen. Das lange Feinhefelager gibt ihnen eine charakteristische Cremigkeit.

Um aus einem der großen Holzfässer eine Probe zu ziehen, muss Ingrid Steiner einen Schlauch in die Fassöffnung befördern. Nach nur kurzem Ansaugen schießt ein dunkelroter Wein ins Glas. Ein Spätburgunder mit rauchiger Sauerkirsch-Frucht, der in der Nase schon recht zugänglich, aber am Gaumen noch nicht sehr weit entwickelt ist. So beschließen wir an dieser Stelle, die Rotweinprobe aus den großen Holzfässern zu beenden, da die Kombination aus Winterkälte und frühem Entwicklungsstadium das Verständnis und die Beurteilung dieser noch jungen Weine beträchtlich erschwert. Stattdessen führt uns der Weg in den Barrique-Keller, genauer gesagt einen anderen ebenerdigen Raum, in dessen einen Ecke eine Reihe gebrauchter, amerikanischer Barrique-Fässer aufgebaut ist. Nun probieren wir den gleichen Spätburgunder wie zuvor, allerdings aus dem kleinen Holzfass. Er zeigt jetzt deutlich nussige Noten, die über der Kirschfrucht liegen. Und er ist am Gaumen bereits wesentlich weiterentwickelt als sein Pendant im großen Holzfass. Nun folgt ein Spätburgunder in Auslesequalität, der sehr reif, weich und seidig daherkommt. Das Bukett zeigt neben den kirschfruchtigen Noten, die mich heute irgendwie verfolgen, auch reifere Fruchtnoten und Blüten. Der Wein weckt bei mir Erinnerungen an manche badische Spätburgunder-Auslesen, die ich getrunken habe. Seidig, weich, feminin, blumige Aromen. Ein bisschen mehr Biss könnte nicht schaden – aber ein einfach schöner und durchaus kontemplativer Wein. Auch wenn mir bei 3°C nicht unbedingt nach Kontemplation zumute ist. Den Abschluss dieser Barrique-Probe bilden ein typischer, tiefdunkler Regent, der in seiner Entwicklung bereits sehr weit ist, sowie die Cuvée, die fruchtbetont und frisch, mit dezentem Gerbstoff und bereits trinkreif daherkommt. Die meisten dieser Rotweine aus dem kleinen Holzfass werden, bedauerlich aus meiner Sicht, nicht separat abgefüllt werden. Ihr Schicksal wird es sein, mit den Weinen im großen Holzfass vermählt zu werden und diesen den entscheidenden Touch, das gewisse Etwas zu geben. Allen Rotweinen gemein war ihr verhaltener Gerbstoff, die saubere kirschige Frucht und seidige Art. Später zu Hause probiere ich in Ruhe und bei Zimmertemperatur den trockenen 2008er, im Barrique gereiften Regent. Er zeigt eine intensive, süßfruchtige Nase, die mich an Maraschino-Kirschen, Vanille und Nüsse erinnert. Dazu ein leichter Holztouch und strenge Gewürze. Er wirkt trotz seiner 13% Alkohol geradezu leichtgewichtig. Ein dolce vita Wein, ohne zu oberflächlich zu sein, den man problemlos als feminin bezeichnen kann. Die Regent-Reben wachsen am Hangfuß in einer nach Süden ausgerichteten, 0,2 ha großen Parzelle. Die Reben wurden 2001 gesetzt und wachsen auf carbonathaltigem, sandlössgeprägtem Bodenabtragsmaterial über carbonatreichem Sandlöss. Also ein basischer, tiefgründiger Boden, der diesen samtweichen und fruchtigen Rotwein hervorbringt. Lässt man den Wein drei Tage stehen, kommt eine ruppige gerbstoffbetontere Art und mehr Holz zum Vorschein, die das dolce vita feeling etwas verdrängt.

Die Spätburgunder-Reben, die das Stadtweingut am Schlossberg stehen hat, sind sogenannte Mariafeld-Klone. Diese Sorte wurde Anfang des 20. Jahrhunderts im Rebgut des Generals Wille in Feldmeilen am Zürichsee gefunden und zeichnet sich durch besonders lockerbeerige Trauben aus. Diese Lockerbeerigkeit bewirkt, dass die Beeren sich in der Traube nicht so leicht quetschen können, was die Gefahr von Botrytis deutlich erniedrigt. Mariafeld-Klone ergeben gewöhnlich gute Öchslegrade, wegen einer höheren Säure benötigen sie jedoch etwas länger Zeit zur Reife als der klassische Spätburgunder. Die Aromatik des Mariafeld-Klons unterscheidet sich vom klassischen Geschmacksbild des Spätburgunders durch ausgeprägtere Sauerkirschnoten. Dieser Klon ist in den 1980er und 1990er Jahren so richtig in Mode gekommen, und genau in dieser Zeit wurde er auch am Schlossberg gepflanzt.

Seit kurzem gibt es im Hönninger Schlossberg, sozusagen ja Ingrid Steiners Hausweinberg, einen großartigen Service für den Besucher: Alle Parzellen sind durch informative Schilder gekennzeichnet, die Rebsorte, Pflanzjahr, Boden, Hangneigung und Ausrichtung zur Sonne mitteilen. Ergänzend gibt es grundsätzliche Informationen zur Rebsorte. Am gesamten Mittelrhein habe ich eine so vollständige und akribische Beschriftung des gesamten Weinberges noch nicht gefunden. Und das initiiert von einer Winzerin, die vom Terroir-Gedanken gar nicht so viel hält. Wie um alles in der Welt könnte man den Terroir-Gedanken denn besser illustrieren?

Der Hönninger Schlossberg ist ein halbrunder, sich an den Berg anschmiegender Weinberg, der sich unterhalb sowie oberhalb des Schlosses befindet, der Großteil jedoch östlich davon. Der Weinberg dreht sich von Südwesten bis nach Südsüdosten, ist also optimal zur Sonne ausgerichtet. Der gesamte Berg wird in der Horizontalen durch vier Hauptwege getrennt, von denen einer am Hangfuß und ein weiterer hoch oben am Waldrand verläuft. Zum Glück sind die Bodenverhältnisse im Schlossberg vor kurzem ziemlich genau kartiert worden, sodass wir uns ein präzises Bild von diesem beeindruckenden Weinberg machen können. Im Großen und Ganzen kann man den Weinberg bodenkundlich in drei horizontal verlaufende Streifen unterteilen, die durch die Wege begrenzt werden. Am Hangfuß findet sich der erste Abschnitt, oberhalb dessen man wandert, wenn man den Weinberg durch das Tor am westlichen Anbau des Schlosses betritt. Hier dominiert ein sehr kalkhaltiger, tiefgründiger Boden, der die Reben tief wurzeln lässt. In diesem Bereich des Weinberges wachsen von West nach Ost der Müller-Thurgau, Spätburgunder, Portugieser, Regent, Schwarzriesling und der Gewürztraminer. Oberhalb des mittleren Weges, sich ebenfalls von Südsüdwest bis Südsüdost drehend und bereits mit größerer Steilheit als im Hangfußbereich, dominiert mit Schiefer und Sandsteinschutt durchsetzter, carbonathaltiger Sandlöss- und Lössboden, auf einem carbonatreichen Untergrund. Hier ist also das kalkreiche Mittelstück des Weinberges. Es sei an dieser Stelle bereits angemerkt, dass stark lössgeprägte Mittelhang-Lagen eher die Ausnahme am Mittelrhein darstellen. Während die Bacharacher und Kauber Lagen vom sauren Devonschiefer-Boden geprägt sind, findet man in Teilen des Bopparder Hamm (Feuerlay) und im Oberweseler Oelsberg Lössanteile. In diesen Lagen erbringt der Lössanteil in Verbindung mit der günstigen Exposition zur Sonne sehr kraftvolle, runde und exotisch-fruchtige Rieslinge mit ausgeprägter würziger Mineralität. Im „Lössband", das den Mittelhang des Hönninger Schlossberges durchzieht, wachsen, wiederum von West nach Ost gesehen, Silvaner, Scheurebe, Riesling, Spät- und Weißburgunder, Portugieser, bis schließlich die letzte östlichste Parzelle folgt, die der Familie Schneider gehört (einer der jugendlichen Gipfelstürmer!). Im obersten Band des horizontal dreigeteilten Weinberges schließlich dominiert ein völlig anderer Bodentyp als im Rest des Schlossberges. Hier findet man einen carbonatfreien, also eher sauren oder neutralen Bodentyp, bestehend aus schuttreicher Schieferverwitterung über anstehendem, verwittertem, feinsandigem Schiefer mit Einschaltungen von Sandstein. Dieser oberste Hangbereich ist also nicht nur carbonatfrei, sondern auch viel weniger tiefgründig als der Rest des Hanges. Leider bin ich zu wenig Bodenkundler, um zu verstehen, ob die Kalkkonkretionen im mittleren Hangbereich vielleicht durch Auswaschungen von oben entstanden sind. Hier im oberen Hangbereich dominiert jedenfalls der Riesling, dazwischen finden sich Parzellen, auf denen Schwarzriesling, Portugieser und Dunkelfelder wachsen. Betrachtet man die aktuelle Verteilung der Rebsorten über den gesamten Weinberg, so fällt auf, dass Riesling, Schwarzriesling und Portugieser so über den Berg verteilt sind, dass sie sowohl in den oberen, sauren Schieferparzellen als auch in den unteren carbonatreichen, tiefgründigen Lössparzellen wachsen. Der Winzer oder die Winzerin haben nun zwei Möglichkeiten: Entweder einen gezielten, getrennten Ausbau einzelner Parzellen, um so die Unterschiede der beiden Böden herauszuarbeiten – so würde es vielleicht Florian Weingart machen. Oder aber man vermischt, verbindet, vermählt die Charaktere – so macht es Ingrid Steiner. Offensichtlich ist letztere Methode derzeit auch die einzige Strategie, die in das aktuelle Marketingkonzept des Stadtweingutes passt. Trotzdem wäre es natürlich äußerst reizvoll, gerade beim Riesling den stilistischen Unterschied zwischen oben gewachsenem, vom Schiefer der Siegen-Schichten geprägtem, vermutlich fein filigranem Riesling aus acht- bis einundzwanzigjährigen Anlagen den vermutlich überreiffruchtigen, schmelzigen Kalk-Rieslingen aus dem Mittelhang aus einundzwanzig- bis sechsundvierzigjährigen Anlagen gegenüberzustellen.

Wiederum zu Hause probiere ich drei Rieslinge des Jahres 2008 aus dem Stadtweingut. Die Nummer eins, der halbtrockene Steillagen-Riesling, ist ein leichtgewichtiger, erfrischender und mineralischer Wein mit herbfruchtiger Nase und saftiger Gaumenaromatik auf einem intensiv salzigen Untergrund. Er ist zu Beginn etwas verschlossen und erinnert mich ein wenig an Bacharacher Rieslinge. Erst erklingt eine feine, etwas herbe Melodie, dann folgt die saftige Gaumenaromatik mit Säure und Alkohol, und schließlich dröhnt ein kraftvoller Bass zum Abschluss. Welche Musik spielt dieser Wein? Durchaus klassisch, vielleicht ein Streichquartett oder ein Cello-Stück, vorgetragen von Jacqueline du Pré.

Im trockenen 2008er Hochgewächs, der Nummer zwei, bilden die bemerkenswerte Salzigkeit und die lebendige Säure ein Gegengewicht zu dem hohen Alkoholgehalt (13 Umdrehungen) und der weichen, süßen Fruchtigkeit. Die Melodiestimme ist hier schwerer, schwülstiger, kommt dem Untergrund näher, der immer noch gewaltig und stampfend das Gegengewicht bildet. Musik? Auf jeden Fall ziemlich romantisch. Der Wein erinnert mich an manchen Riesling vom Bopparder Hamm, wird aber aufgrund seines soliden Fundamentes nicht zu barock. Als dritter Riesling hat „Alte Reben trocken" seinen Auftritt. Seine Nase ist anfangs noch etwas verschlossen und braucht Zeit zur vollen Entfaltung. Dann steigen Aromen auf, die an Holunderblüten, Rosenblüten, herbe Äpfel, exotische Früchte, Rosinen, Sandstein und strenge Gewürze, mit einer regelrechten Liebstöckel-Note, erinnern. Seiner saftigen, cremigen und süßfruchtigen Gaumenaromatik folgt ein intensiver, langer Nachhall, geprägt von deutlich salzig-mineralischen und strengwürzigen Aromen, die so richtig lange im Mund bleiben. Sein Charakter liegt irgendwo zwischen dem ersten und dem zweiten Riesling. Verschlossen wie Nr. 1, offenbart er mit der Zeit eine facettenreiche Nase und einen ausgeprägten, würzig-mineralischen Unterbau.

Sehr viel Druck, Würze und Bässe im Untergrund, darüber eine verspielte Melodie, aber auch viel würziger Pfiff. Viel Pfeffer und Stakkato, ein lebendiger, kraftvoller Wein, der Assoziationen von Lebendigkeit und Kraft hervorruft.
Szenenwechsel in Bad Hönningen. Nach der Fassprobe besichtigen wir kurz das Gerätearsenal des Weingutes. Ingrid Steiner erzählt, dass sie als eine der ersten Maßnahmen zur Qualitätssteigerung die typischen, kleinen, orangen Kunststoffkisten eingeführt habe, um eine wirklich selektive und schonende Lese zu ermöglichen. Jede Kiste wird beschriftet und ermöglicht so eine Kontrolle der Lesemannschaft. Während der Ernte muss jeder Helfer locker eine Tonne Trauben durch die Gegend tragen und später in die Presse befördern. Die Kellermeisterin kommentiert dies lakonisch mit den Worten, dass nach einer solchen Lese das kleine Schwarze obenrum aufgrund der aufgebauten Muskeln einfach nicht mehr passen würde.
Terroir – das ist für Ingrid Steiner ein echtes Reizwort. Einerseits entspricht es ihrer Erfahrung, dass die Weine ihrer Vorgänger bei gleichem Klima, gleichem Boden, gleicher Topographie und denselben Rebstöcken deutlich anders geschmeckt haben als die Ihrigen. Andererseits kann man Weine so machen, dass die Terroir- und Jahrgangsunterschiede herausgekitzelt werden und die Individualität besonders betont wird. Oder man kann dem Idealbild eines Weines folgen und diesen im Keller entstehen lassen. Was mir an ihren Weinen eindeutig gefällt ist, dass sie einer klaren und nachvollziehbaren Konzeption folgen. Frische, jugendliche, dabei cremige und früh trinkbare Weißweine. Das überwiegend lössgeprägte Terroir kommt diesem Ideal entgegen. Und seidige, kirschfruchtige, gerbstoffweiche, feminine Rotweine. Der Mariafelder in Kombination mit dem Lösslehm kommt auch diesem Ideal entgegen.
Zum Abschluss probieren wir nun den frischen, lachsfarbenen 2009er Rosé vom Schwarzriesling. Aromen von Erdbeeren,

Pfirsichen, reifen Äpfeln, Sahne und leicht pfeffrige Gewürznoten steigen in meine Nase. Ein erfrischender, lebendiger Sommer- und Terrassenwein mit fruchtig-würziger Nase, reiffruchtig-verspielter Gaumenaromatik und pikant würzigem Abschluss. Durchaus *easy drinking*, aber durch den würzigen Biss ein Wein mit Kontur, kein süß-süffiger oder absolut belangloser Rosé. Er ruft nach langen Sommerabenden auf der Terrasse, mit ein bisschen Touch von *dolce vita*, Eros Ramazotti spielt im Hintergrund seinen eingängigen, aber nicht konturlosen Italorock.

Der Schwarzriesling wächst im Schlossberg sowohl auf einer Parzelle im oberen Hangbereich als auch am Fuß des Berges. Mit zehn bis zwanzig Jahren sind die Reben noch recht jung. Durch seine Pflanzung in den verschiedenen Bereichen des Schlossberges ist seine Grundlage geradezu ein buntes Gemisch sowohl carbonatfreier Schieferverwitterung als auch carbonatreicher Lössböden, geradezu ein Querschnitt der Böden des Schlossberges. An diesem Wintertag jedenfalls beamt er Ingrid Steiner und mich direkt in den sommerlichen Schlossberg. In Liegestühlen sitzen wir im mittleren Hangbereich und schauen auf das neogotische Schloss. Eine leichte Brise streicht durch die Reben, während wir uns vom gut gekühlten Rosé erfrischen lassen.

Februar 2010, ein grauer Sonntagmorgen im rheinischen Winter. Nieselregen, Konturlosigkeit, grün-rostige Schwebebahnkonstruktion über dem Fluss. Besuch der Monet-Ausstellung, die mich schnell gefangen nimmt. Ein Bild, aus dem der Frühling entgegenspringt. „Les Pruniers en fleurs à Vetheuil", die blühenden Pflaumenbäume in Vetheuils, Monet malte das Bild 1879. Im Vordergrund eine Wiese mit üppig blühenden Pflaumenbäumen, dahinter ein Dorf mit roten Ziegeldächern, wiederum dahinter ein Hügel – in rötlichen, bräunlichen und grünlichen Farben gemalt. Darüber Frühlingshimmel. Ich denke an Fahrradfahrten, im Frühjahr, am Fuße des Kaiserstuhls. Das Bild strömt intensive Blütendüfte aus. Honigartig, schwer und leicht, süßlich, opulent, verschwenderisch. Die passende Musik fällt mir sofort ein, es ist der Gesang Siegmunds am Ende des ersten Aktes der Walküre: „Winterstürme wichen dem Wonnemond..." Und natürlich ein verspielter, floral-fruchtiger Riesling, der genau diese Stimmung trifft. Vielleicht eine Spätlese von Toni Jost aus dem Bacharacher Hahn. Das wäre ein synästhetisches Experiment von höchster Perfektion, das sich jedoch leider kaum realisieren lässt. Denn es ist nur das Original oder zumindest eine perfekte Kopie in Öl, das die Verknüpfung von visuellem Eindruck, Musik und Duft so naheliegend, so bestechend einfach macht. Ein billiger Druck taugt hier höchstens als Gedächtnisstütze. Und dazu müsste sich dann konsequenterweise ein namenloser Frühlingswein aus dem Supermarktregal gesellen. Ich bin fest davon überzeugt, dass Monet in seinem Bild auch den Geruch, vielleicht auch die Musik rüberbringen wollte. Oder anders betrachtet, hat er es geschafft, durch das perfekte Einfangen einer Stimmung im Betrachter auch all die anderen Sinne zu erregen. Ein Wein, der über die gleichen Fähigkeiten in der Evozierung von Stimmungen und Erinnerungen verfügt wie dieses Bild, der alle Sinne gleichsam zu erregen vermag, muss als gleichrangiges Kunstwerk behandelt werden. Und Ingrid Steiners Rosé, ein ganz einfacher Wein, ein ganz einfaches Kunstwerk, kann das auch: Stimmungen und Erinnerungen evozieren, mich auf die Reise schicken in ein kleines, genießerisches, künstliches Paradies.

April 2011. Jetzt ist wirklich Frühling. Die phänologischen Stadien wurden in den letzten Wochen beinahe explosionsartig durchlaufen. Erst Forsythien-, dann Magnolien-, Felsenbirnenblüte und nun die Tulpen, die hochschießen. Erstfrühling, heißt das bei den Phänologen. Dionysos erwacht zu neuem Leben. Die Reben haben bereits im März zu tropfen angefangen, jetzt

schwellen die Knospen. Ich habe die stampfenden Rhythmen des Frühlingsopfers im Ohr, Strawinskys Sacre du Printemps. Ein Mädchen, im dionysischen Rausch, tanzt sich ekstatisch zu Tode und wird dem Frühling geopfert. Neuanfang. Das druckfrische Buch, das ich aufklappe. Ich rieche diesen spezifischen Geruch des Neugedruckten, freue mich auf das Vorwort, die Einleitung. Die ersten Zeilen des neuen Buches. Die Ouvertüre, nur von Hustenanfällen der anderen Zuhörer gestört. Die ersten Töne einer großen Sinfonie.
Neubeginn, auch im Stadtweingut. Ingrid Steiner hat das Stadtweingut in Richtung der Staatsdomäne Trier verlassen, seit Februar 2011 ist Janina Schmitt die neue Kellermeisterin. So mache ich mich ein weiteres Mal auf nach Bad Hönningen, um die neue Kellermeisterin kennenzulernen. A3, A59 und auf der B42 bei frühlingshaftem Wetter vorbei am Drachenfels und am Unkeler Stux. Eine Stunde später schon fahre ich wieder auf den Hof der Bad Hönninger Säfte und Weine GmbH, wo mich Janina Schmitt empfängt. Sie ist klein, drahtig, sportlich, mit zurückgekämmtem, hinten zusammengebundenem blondem Haar, in Bluejeans, grauem Top und braunen Stiefeln. Die neue Kellermeisterin, Jahrgang 1980, strahlt Selbstbewusstsein, Konzentration und Klarheit aus, ganz wie ihre Vorgängerin. Wir gehen in die immer noch kühle, ebenerdige Halle und probieren den Riesling, der noch im Stahltank liegt. Das 2010er Hochgewächs, mit achtzig Grad Öchsle geerntet, zeigt eine grüne Frucht, die kräftige 2010er Säure ist gut eingebunden und längst nicht so dominant wie bei diesem Jahrgang befürchtet. Ingrid Steiner hat das Stadtweingut im letzten Sommer verlassen, die Ernte und der Ausbau wurden vom Rest des Teams, einem Winzer und einem Küfer, besorgt. Jetzt ist das Dreierteam wieder komplett und Janina Schmitt hat sich gleich an die Aufgabe gemacht, die Weine vor der Abfüllung „sensorisch rund zu machen". Das heißt Süße einstellen, den einen oder anderen Verschnittwein in

kleiner Menge dazugeben und was sonst an schonenden kellertechnischen Eingriffen erlaubt und sinnvoll ist. Also kein Tanninpulver oder vermeintliche chemische Allheilmittel wie etwa Gummi Arabicum. Die neue Kellermeisterin ist eine echte Seiteneinsteigerin. Gebürtig aus der hessischen Äppelwoi-Region, begann sie nach dem Abitur ein Studium in Kassel, das sie nicht so richtig begeistern wollte. Durch den Job in einer Kasseler Weinhandlung entdeckte sie schließlich ihre bis dato verborgene Liebe zum Wein. Der nächste Schritt war ein Jahr im Rheingauer Vorzeigeweingut Robert Weill. Danach war Janina Schmitt sich bezüglich ihrer beruflichen Zukunft sicher: Weinbaustudium in Geisenheim und dann ein Job in der Weinbranche.

Wir setzen uns an einen hölzernen Gartentisch unter einer etwas sonderbaren, zeltartigen Konstruktion, die in der großen Halle des Stadtweingutes den Weinverkaufsbereich von dem Stahltank- und Holzfasslager, dem Flaschenlager und dem Verpackungsbereich optisch abtrennt. Wir probieren den 2010er Rivaner, der vor drei Monaten abgefüllt wurde. Ich rieche schwarze Johannisbeeren und Eisbonbons, im Mund spüre ich würzige Power. Das ist wie im Jahr zuvor ein wahrhaft kraftvoller Rivaner, der es in Kombination mit so manchem Essen gut aufnehmen wird. Janina Schmitt machte 2008 ihr Diplom in Geisenheim und wurde für ihre Diplomarbeit ausgezeichnet. Ihren ersten Job fand sie an der Mosel, in einem 6,5 Hektar großen Weingut. Hier war sie drei Jahre, drei Weinernten lang beschäftigt, bevor sie, nach ihrer eigenen Aussage, „durch die Liebe" an den Mittelrhein verschlagen wurde. Jetzt öffnet sie eine Flasche des 2010er Silvaners, der auf ihre Initiative hin zum ersten Mal trocken und rebsortenrein ausgebaut wurde – bislang diente er im Haus ja als reiner Verschnittwein.

Ich rieche reife Birnen, Zimt, grünen Spargel und – weißen Pfeffer. Weißen Pfeffer? Janina Schmitt denkt eher an kandierten

Ingwer. Wir sprechen kurz über die wohl sehr unterschiedlichen Geruchs- und Geschmackswelten, in denen Männer und Frauen zu leben scheinen. Janina Schmitt hat beobachtet, dass Frauen ihre sensorischen Eindrücke häufig spontaner äußern und sich dabei weniger Gedanken um die konventionelle Weinsprache machen. Im Kern nehmen sie das Thema vielleicht nicht ganz so „bierernst" wie wir Männer – das vorliegende Buch stellt hierfür sicherlich ein gutes Beispiel dar. In der Tat, am Ende wird es ja doch um das berühmte „schmeckt mir oder schmeckt mir nicht„ gehen – doch darüber lässt sich leider nicht ganz so ausschweifend schwadronieren.

Im Mund ist dieser Silvaner jedenfalls saftig, würzig und animierend. Das ist ein gelungener, pfeffriger Spargelbegleiter. Der Begriff Spargelwein ist zwar schon mehr als abgegriffen, richtig ist er in diesem Fall trotzdem. Seine vegetativ-würzige Kraft macht ihn zur animierenden Begleitung des Frühjahrsgemüses, nach dem er schon ein bisschen riecht. Er verkörpert erdig-pflanzliche Frühjahrskraft, ist aber trotzdem leicht zu trinken. Dieser Wein erinnert mich an einen bodenständigen, erdverbundenen Rocksong, z.B. von BAP, auch wenn er kein Kölscher, sondern ein Hönninger ist. Aber vom Schlossberg aus kann man die Domspitzen ja fast noch sehen.

Ich frage Janina Schmitt, was sie an dem Stadtweingut-Job gereizt habe. Wichtige Faktoren waren die Vielfalt der Rebsorten und Bodenarten im Schlossberg, die eine önologische Spielwiese bieten, sowie die großzügigen Räumlichkeiten und die Finanzkraft des Saftunternehmens. Natürlich müssen die önologischen Entscheidungen abgestimmt werden und in das Portfolio eines Unternehmens passen, das seine Weine auch in den Supermarktregalen der Region platziert und dessen Kunden ein gewisses Spektrum an angebotenen Weinen erwarten. Also, tabula rasa ist das für Janina Schmitt bestimmt nicht, aber eine vielfältige Spielwiese allemal.

Wir probieren jetzt den frischen 2010er halbtrockenen Weißburgunder. Der riecht intensiv nach Zitronen, Honigmelone, etwas Banane, Butterscotch und strengen Gewürzen. Am Gaumen folgt eine dichte, zitrusfruchtig-strengwürzige Gaumenaromatik, unterstützt von einem sehr prägnanten, rassigen Säurenerv. Der Riesling der Burgunder-Familie offenbart hier seine Power! Und der 2010er zeigt uns, was passiert, wenn Mineralität und Säurespiel in den Weißburgunder kommen. Ein säurestrotzender, gleichzeitig eleganter Kraftprotz von einem Weißburgunder.

Wir kommen auf die Spätburgunder des Hauses zu sprechen, und die neue Kellermeisterin macht aus ihrer Skepsis gegenüber dem Mariafelder-Klon kein Hehl. Gerade vor diesem Hintergrund zieht sie den imaginären Hut vor den Leistungen ihrer Vorgängerin mit diesem sperrigen Klon. Der 2009er Spätburgunder QbA trocken riecht jetzt nach reifen, süßen Kirschen, Vanille, Bitterschokolade, Rauch und strengen Gewürzen. Dann folgt eine kirschfruchtige, weiche Gaumenaromatik mit angenehmem, feinherbem Gerbstoff. Ein femininer Pinot Noir, ein bisschen italienische Dolcetto-Art, schmeichelnd, aber nicht oberflächlich. Kirschig-komplex, sanft und aromatisch ausgewogen. Ramazotti und Friends spielen im Innenhof des Schlosses Arenfels. Wenn dem Wein etwas fehlt, dann sind es vielleicht ein wenig Biss und Pfiff.

Von Stefan Andres ist uns eine Verkostungsnotiz aus dem Jahre 1960 überliefert, er probierte damals die Spätburgunder Auslese 1953 aus dem Schlossberg: „Mit hundertfünfzehn Grad Öchsle und acht pro mille Säure hatte dieser Wein einen glänzenden Ausgangspunkt zu seiner Entwicklung. Der 1953er ist in der Farbe dunkler als der 1949er. Außerdem ist er fruchtiger als sein großer Vorgänger. Der Jahrgang hat sich in dieser Kreszenz typisch ausgeprägt; er ist füllig, kräftig, die Rassigkeit des Quarzitbodens mildert die Schwere des Körpers." (33) Also, man kann es drehen und wenden, wie man will, der Spätburgunder war und ist hier am Schlossberg bereits seit einiger Zeit zu Hause.

Ihre Diplomarbeit hat Janina Schmitt am Zürichsee angefertigt, in der schweizerischen Forschungsstation in Wädenswil. Das Thema der Arbeit war „Der Einfluss der Vorgärphase auf die Ausprägung sortentypischer Aromastoffe bei Weinen der Rebsorte Sauvignon blanc." Aus dieser Zeit hat sie eine gewisse Begeisterung für Sauvignon blanc und aromatisch verwandte Rebsorten mitgebracht. Der Sauvignon blanc ist in Deutschland derzeit ganz schwer en vogue. Ist das eine Modeerscheinung, weil diese Rebsorte so unheimlich modern und international daherkommt? Ein Pluspunkt für die Rebsorte ist jedenfalls ihre Gastronomiefreundlichkeit. Hinzu kommt, dass es erst im Zuge der Klimaerwärmung möglich geworden ist, den frischen Franzosen, inzwischen natürlich Weltbürger, auch in Deutschland erfolgreich anzubauen. Und wenn man genau hinschaut, ist diese Modeerscheinung eigentlich ein Comeback. Denn vor 150 Jahren war die Rebe schon einmal in Deutschland als Muskat-Silvaner verbreitet. Die Nazis strichen sie aus dem „Reichsrebsortiment", und dabei blieb es auch zunächst.

Den trockenen Sauvignon Blanc kann man als typischen Sommerwein bezeichnen. Sein recht eigenwilliges Aroma erinnert oft an Stachelbeeren, schwarze Johannisbeeren, hinzu kommen grüne Noten, die Nuancen von frisch gemähtem Gras enthalten. Pionier in Deutschland war Robert Bauer aus dem württembergischen Flein. Er erstritt sich 1985/86 eine Ausnahmegenehmigung und begann mit dem Anbau des Sauvignon blanc. Mit einiger Verspätung sind jetzt auch die ersten Mittelrheinwinzer auf den Zug aufgesprungen. Karl-Heinz Broel hat 2011 am Drachenfels mit dem Pflanzen von Sauvignon blanc-Stöcken begonnen, und Peter Bahles Junior hat bereits 2008 in der Kauber Lage Pfalzgrafenstein 800 Rebstöcke gesetzt. Janina Schmitt kommt in diesem Zusammenhang jedoch auf eine andere Idee: Sie möchte der Scheurebe des Stadtweinguts ein neues Gesicht geben. Die Scheurebe, 1916 durch Kreuzung von Silvaner und Riesling entstanden, kann sensorisch große Ähnlichkeit mit dem Sauvignon blanc beanspruchen. Sie verfügt gewissermaßen über die gleiche Chemie: Es sind sogenannte Mercaptane, die das typische Aroma der beiden Sorten prägen. Leider wurde das trockene Potential der Scheurebe in Deutschland viel zu lange ungenutzt gelassen. Sie war geradezu prädestiniert für süße Weine. Auch im Stadtweingut machte man bisher aus der Scheurebe einen ziemlich süßen Wein, der in einer blauen Flasche mit einem Etikett unters Volk gebracht wurde, das wohl an Keith Haring erinnern soll. Ein Renner beim Jungvolk auf Weinfesten – und das soll er auch bleiben. Aber Janina Schmitt kann sich gut vorstellen, zusätzlich eine trockene Variante herauszubringen. Sie möchte dabei mit längeren Maischestandzeiten experimentieren und so auch die idealen Bedingungen in den Kühlräumen des Saftherstellers, ihren Standortvorteil also, nutzen.

Die trockene Scheurebe – am Mittelrhein gibt es bislang ein sehr gelungenes Beispiel vom Inselwinzer Friedrich Bastian. Etwa jedes zweite Jahr baut er sie trocken aus, die 2010er Fassprobe kommt Anfang 2011 sehr intensiv salzig und mineralisch, mit Aromen von Cassis und Blüten und viel Pfeffer am Ende daher. Eine ähnliche Scheurebe macht das rheinhessische Spitzenweingut Kühling-Gillot. Hier heißt sie Qvinterra, springt mit ihrer expressiven, kraftvollen Cassis-Frucht fast aus dem Glas und ist im Mund zugleich weich und fest. Am Ende kommt eine lange, feste Würze mit viel Pfeffer. Noch einen drauf setzt Johann Ruck aus Franken. Seine Scheurebe „Estheria" bezieht ihre Mineralität aus dem Quarzitboden. Auch hier finde ich wieder eine sehr tiefe, Cassis-ähnliche Frucht und am Gaumen einen Geschmack wie aufgelöster Stein. Mineralische Intensität ohne Ende, pfeffrige Würze und eine schier überirdisch intensive Cassis-Frucht. Ein mineralisches Scheurebe-Statement par excellence! Ich bin sehr gespannt, ob Janina Schmitt ihre Pläne Realität werden lässt. Ein trockenes Scheurebe-Statement aus dem Lössband des Hönninger Schlossbergs, das wär' doch was! Doch zurück zur Gegenwart. Wir beschließen unsere Weinprobe mit einem weiteren Wein, der die Handschrift von Ingrid Steiner trägt: der 2009er trockene Gewürztraminer Spätlese. Ich rieche Rosenblüten, überreife Bananen und Zimt. Das ist ein kraftvoller Gewürztraminer mit intensiver, dichter Gaumenaromatik und salzig-feinwürzigem Abschluss. Floral und kraftvoll zugleich. Aromen von Rosen, Bananen, Salz und Gewürzen vollführen einen kraftvollen Tanz mit Grazie und Spannung. Während dieser Aromatanz noch immer nachhallt, mache ich mich auf den Heimweg. Vor meiner Rückfahrt wird mir wieder dieses skurrile Ensemble bewusst. Mein Blick fällt auf die rauchenden Schornsteine von Solvay und den Bad Hönninger Schlossberg. Majestätisch thront das Schloss auf seinem Felssporn zwischen wieder zum Leben erweckten Rebstöcken und blickt erwartungsvoll auf das gegenüber- liegende Stadtweingut.

## IV. Drachenloch. Felix Pieper. Gipfelstürmer.

*Junger Wein, noch stürmisch und säurefrisch.*
*Drachenloch. Drachenburg. Dionysische Räume.*
*Jugendliche Gipfelstürme.*

Nach einem opulenten Abendessen im Speisesaal des Schlosses mit dem fast schwarz wirkenden Interieur haben wir es uns an dem kleinen Vierertisch im Kneipzimmer gemütlich gemacht. Es ist schummrig, fast zu düster, der von der Decke hängende goldene Leuchter mit den Gaslampen schafft es nicht wirklich, den Raum zu erhellen. Wahrscheinlich soll er das auch nicht. Stephan von Sarter schenkt aus der blauen Kristallkaraffe Rheinwein in etwas kitschige Römer mit breitem Fuß.

Wir schreiben das Jahr 1887, und für meinen Gastgeber sieht es privat momentan ähnlich düster aus wie in seinem schummrigen Schloss. Durch Spekulation an der Pariser Börse, die Herausgabe eines sehr erfolgreichen Börsenblatts für Anleger und schließlich durch die sehr geschickte Investition in Aktien des Suez-Kanal-Projektes ist Sarter zu einem gewaltigen Vermögen gekommen. Die Beteiligung am Suez-Kanal war ein gewagter Schritt. Rund 1,5 Millionen Menschen arbeiteten am Kanal während der zehnjährigen Bauzeit. Die Baukosten stiegen, wie bei solchen Projekten ja nicht ganz unüblich, in unerwartete Höhen. Nach seiner Eröffnung, 1869, sah das Projekt zunächst wie ein völliges wirtschaftliches Fiasko aus. Und genau jetzt stieg Sarter ein, kaufte Müll-Anleihen zu Schnäppchenpreisen und setzte auf alles oder nichts. Sarters Bauchgefühl trog ihn nicht, der Kanal begann sich ab 1874 zu rentieren, der Schiffsverkehr nahm zu, und die Aktien stiegen. Getreu nach Sarters, am Nordturm des Schlosses angebrachtem Lebensmotto „Wäge Wage". So hatte er, das fünfte und jüngste Kind eines Bonner Gastwirtes, es bis zu dem gekauften

Adelstitel „Baron von Sarter" gebracht. Und zu dem rheinischen Märchenschloss auf dem Drachenfels, das er von 1882 bis 1884 erbauen ließ. Ein weiteres künstliches Paradies am Mittelrhein, 25 Jahre nach der Vollendung von Schloss Arenfels. Ein Mann, ein Gipfelstürmer will ganz nach oben – das strahlt dieses Schloss mit jeder Faser aus, manchmal ein bisschen zu dick aufgetragen.

Jetzt sitzt er vor mir, der 54-jährige Börsenbaron und leert sein Glas Rheinwein ein bisschen zu hastig. Man sieht ihm seine Sorgen an, der Schnauzbart verstärkt den Eindruck herunterhängender Mundwinkel, und sein Gesichtsausdruck ist alles andere als tiefenentspannt. Hat er diesmal zu viel gewagt, ist er zu viel Risiko gegangen, wollte er einfach zu viel? „Ich spiele schon mit dem Gedanken, diese skurrile Märchenresidenz zu verkaufen", sagt er beinahe beiläufig, „zumal ich bis heute keine einzige Nacht hier in Gänze verbracht habe. Ich bin noch immer rechtzeitig wieder zurück ins Hotel geflohen. Und jetzt fängt die deutsche Presse an, Privatinsolvenzgerüchte über mich zu verbreiten. Der ewige Neidkomplex der Deutschen. Ist es so schlimm, dass es einer von euch zu etwas gebracht hat? Ich werde morgen Abend wieder nach Paris zurückkehren. Diese Stadt ist momentan der einzige Ort auf der Welt, wo ich vielleicht ein wenig zur Ruhe kommen kann."

Ich fühle den Rheinwein in meinen Adern kreisen, lehne mich zurück und richte den Blick auf die buntbemalten Wände und Decken, als hätte ich sie vorher überhaupt nicht wahrgenommen. In allen vier Himmelsrichtungen sehe ich viel nackte Haut, pummelige Knäblein, sportliche junge Männer, knackige Brüste und breite Hüften. Stephan von Sarter erklärt mir das künstlerische Konzept, das mir bei so viel Soft-Porno fast entgangen wäre. Im Norden wird die Kindheit des Gottes Dionysos dargestellt. Bei den Nymphen von Nysa. Die Schönhaarigen nährten ihn in ihrer Duftgrotte. Mit Efeu und Lorbeer bekränzt, zog er hinaus in die Wälder, und sie folgten ihm unter grellem Freudengeschrei. Darüber, im Kneipzimmer durchaus passend, eine Allegorie des Genießens. An der West- und der Ostseite des Zimmers geht es um Dionysos' große Liebe: Ariadne. Die Tochter des Minos hatte dem jungen Theseus geholfen, den Minotaurus zu töten und anschließend wieder aus dem Labyrinth herauszufinden. Dann floh sie mit Theseus gemeinsam, doch dieser ließ sie auf Naxos zurück. Dionysos fand die klagende Ariadne auf seiner Lieblingsinsel, verliebte sich sofort in sie und nahm sie zur Braut. Als Hochzeitsgeschenk bekam Ariadne eine Krone aus Juwelen, die nach ihrem Tod als Sternbild an den Himmel stieg. Ariadne selbst geleitete Dionysos aus dem Hades auf den Olymp, wo sie zur Göttin wurde.

Die Allegorien an der Decke darüber, so erklärt mir Stephan von Sarter, stellen auf der Westseite Ehre und Ruhm dar, verkörpert durch den Ritter zu Pferde, und auf der Ostseite den Reichtum. Tatsächlich, eine Art Glücksgöttin lässt hier Münzen regnen. So hat es Stephan von Sarter wohl lange Zeit selbst empfunden. An der Südseite schließlich der Triumph des Dionysos an: Der Weingott erobert Asien. Der Gott und sein Gefolge überwanden in einem Triumphzug selbst Indien, das Ende der bekannten Welt, mit dem Thyrsos anstelle des Speers und mit Fest- anstelle von Schlachtmusik, und sie führten den Wein und seine Wohltaten ein. Nietzsche-Fragmente kommen mir in den Sinn:

„Unter dem Zauber des Dionysischen schließt sich nicht nur der Bund zwischen Mensch und Mensch wieder zusammen: auch die entfremdete, feindliche oder unterjochte Natur feiert wieder ihr Versöhnungsfest mit ihrem verlorenen Sohne, dem Menschen... Mit Blumen und Kränzen ist der Wagen des Dionysos überschüttet: unter seinem Joche schreiten Panther und Tiger... Jetzt bei dem Evangelium der Weltenharmonie, fühlt sich Jeder mit seinem Nächsten nicht nur vereinigt, versöhnt, verschmolzen, sondern eins, als ob der Schleier der Maya zerrissen wäre und nur noch in Fetzen vor dem geheimnisvollen Ur-Einen herumflattere. Singend und tanzend äußert sich der Mensch als Mitglied einer höheren Gemeinschaft: er hat das Gehen und das Sprechen verlernt und ist auf dem Wege, tanzend in die Lüfte emporzufliegen...Der Mensch ist nicht mehr Künstler, er ist Kunstwerk geworden: die Kunstgewalt der ganzen Natur, zur höchsten Wonnebefriedigung des Ur-Einen, offenbart sich hier unter den Schauern des Rausches." (3)

Mannomann, in diesem Kneipzimmer lässt es sich so richtig gepflegt zechen. Die Decken-Allegorie über dem Triumph des Dionysos ist die Liebe. Jetzt haben wir sie alle vier zusammen: Ruhm, Genuss, Reichtum und Liebe – die vier Allegorien an Sarters Zimmerdecke. Das Kneipzimmer im Märchenschloss des Börsenbarons auf dem Drachenfels – ein wahrer Zechtempel des Dionysischen!

Wir parken unser Auto vor dem alten Pieper'schen Weingut, dem Haus am Domstein, am Fuß des Drachenfelsens. Da wir ein paar Minuten vor der Verabredung mit Felix Pieper angekommen sind, nutze ich die Zeit, um die steile Treppe an der Flanke des Weinberges hochzueilen. Über mir die eindrucksvolle Trachytmasse des Drachenfelsens, inklusive Drachenloch, aber auch eine bemerkenswerte Aussicht auf den sauber flurbereinigten und von Straßen durchzogenen Weinberg. Das Drachenloch sieht eher niedlich als bedrohlich aus und liegt idyllisch über der Szenerie des Weinbergs. Es fällt mir schwer, dieses winzige Felsloch mit der von Richard Wagner so eindrucksvoll im zweiten Akt des Siegfried gemalten Szene in Verbindung zu bringen. Im Zwielicht vor der Drachenhöhle, der Neidhöhle, finden sich Wotan, der Göttervater, und Alberich, der Nibelungenherrscher, als zwielichtige Gestalten ein. So lungern sie im nebligen Dunkel vor der Höhle, warten auf Siegfried und schmieden ihre egoistischen Pläne. Wotan, der sich bereits aufgegeben hat, setzt völlig auf Siegfried als den Inbegriff einer

besseren, zukünftigen Welt, mit den Worten „Was anders ist, das lerne nun auch". Alberich schmettert Wotan seinen Racheschwur entgegen. Und über allem liegt die erwartungsschwangere, düstere Luft des bevorstehenden Kampfes zwischen Siegfried und dem Drachen.
Für solche Szenen scheint mir heute das Königswinterer Drachenloch wirklich zu heiter und zu unscheinbar. Aber es ist schließlich nicht das einzige Drachenloch in Deutschland, das sich auf die Nibelungensage beruft. Unterhalb des Weinberges liegt das Haus Drachenloch, das von Felix Piepers Großmutter betrieben wird. Eine unermüdlich schaffende Drei-Generationen-Familie. Ich eile die Treppe, die mich in den Weinberg befördert hatte, wieder hinunter, gehe zu Piepers Weingut und höre schon aus einiger Entfernung einen stampfenden Beat, der aus der halb geöffneten, hölzernen Flügeltür des ebenerdigen Weinkellers tönt.
Vorsichtig betrete ich Felix Piepers Reich und finde ihn gerade beim Filtrieren eines 2009er Rieslings. Felix Pieper ist seit 2007 für den Ausbau der Weine verantwortlich, offizieller Inhaber des Weinguts ist immer noch sein Vater. Vor dem Beginn des Studiums sammelte er Erfahrungen in dem hoch angesehenen VDP-Weingut J.J. Adeneuer an der Ahr. Während des Studiums verbrachte er zudem zwei Herbste in der Church Road Winery in der Neuseeländischen Hawkes Bay. Ein Weingut, das sich selbst als „Boutique Winery" bezeichnet, aber zum globalen Pernod-Ricard-Konzern gehört. Aufenthalte, die zu seiner, für die junge deutsche Winzergeneration inzwischen typischen Horizonterweiterung beigetragen haben. Felix Pieper lernte auf seinem Ausflug ins Weltweindorf die neuseeländischen Methoden zur Bereitung internationaler Rebsorten wie Cabernet, Merlot, Chardonnay und Sauvignon blanc kennen – und brachte sie mit an den Rhöndorfer Drachenfels. Der Ausbau im Barrique-Fass hat es ihm besonders angetan – in Neuseeland

lernte er einiges über den Ausbau von Chardonnay im 225l-Eichenfass sowie über die Hyperoxidation –, eines der buzzwords der modernen Weinwelt. Hyperoxidation? Eine Weinbereitungstechnik, bei der man durch dosiertes Zuführen von Luft oder reinem Sauerstoff zum Most oder jungen Wein versucht, die farbliche oder auch die geschmackliche Entwicklung des Weines zu optimieren. Auch bekannt unter dem Stichwort „Mikrooxidation". Falsch sind aber beide Begriffe, richtig müsste es Mikrooxigenation oder Mikrooxigenierung heißen.

Wir sind noch im Keller, Felix Pieper dreht die Musik etwas leiser, der Beatrhythmus stammt jetzt nur noch von der Filtrationsanlage. Felix Pieper ist ein sportlich wirkender Anfangdreißiger, ein eher cooler Typ, der gerne mit Dreitagebart und hochgeschlagenem Kragen daherkommt. Unverkrampft verkörpert er eine neue Winzergeneration und strahlt Konzentration aus. Er filtriert gerade seinen Classic-Riesling und lässt mich kurz den Unterschied zwischen unfiltriertem und frisch filtriertem Wein schmecken. Der frisch filtrierte Tropfen schmeckt verschlossen, dumpf, und die herbfruchtige Kraft des unfiltrierten Weines wird von einem gipsartigen Geruch überdeckt. Wir riechen an dem Sack Kieselgur, jener eigentümlichen Tierskelette aus Pektin mit Kieselsäureeinlagerungen, so gut als Filtrationsmaterial geeignet, und finden dort genau diesen gipsartigen Geruch wieder. Schon klar, warum manche Winzer sich gerade auf dem Trip befinden, unfiltrierte Weine zu machen. Wir jedenfalls verlassen den Keller und platzieren uns an einem massiven, grauen Steintisch, links vor der Kellertür. Ich blicke direkt auf einen der Trachytfelsen, an die der Keller sich anlehnt, über uns eine hölzerne Dachkonstruktion und eine in diesem Kontext sehr eigentümlich wirkende, ehemalige Wohnzimmerlampe, die heute in den Sturmböen hin- und her schwankt. Wenn es jetzt

noch einen Tick wärmer wäre, hätten wir hier ein richtig lauschiges Plätzchen.
Die Reben der Piepers stehen sowohl im Königswinterer als auch im Rhöndorfer Teil des Drachenfelsens. Das Weingut steht dort, wo sich beide Teile treffen. Im Rhöndorfer Teil gehören zwei Drittel der Fläche zu Pieper, der Rest zum Weingut Broel. Hier wächst oben der Riesling und unten der Müller-Thurgau. Der Königswinterer Teil befindet sich komplett in Piepers Besitz, hier steht ein buntes Rebsortengemisch. Der wohl bekannteste Wein des Weingutes Pieper ist „Drachenblut", eine Cuvée aus Spätburgunder und Portugieser, der sowohl in einer trockenen als auch in einer halbtrockenen Variante zu haben ist. Felix Pieper verschwindet jetzt in den Tiefen des Kellers, um kurz darauf mit vier Gläsern wiederzukommen. Es sind zwei spontan vergorene Rieslinge, einer vom linken (Königswinterer) und einer vom rechten (Rhöndorfer) Teil des Drachenfelsens. Der vom linken Teil gärt noch, hinter der Süße macht sich langsam seine Mineralik bemerkbar. Der noch verhaltene Riesling integriert die Säure sehr schön. Sein Jahrgangsvorgänger (Drachenfels Riesling Selektion 2008) war ein expressiver Riesling mit Orangenschalen-Nase, kraftvoll-würziger Gaumenaromatik und salzig-strengwürzigem Abschluss. Expressiv, kraftvoll, zupackend salzig-mineralisch. Ein salziger Riesling, der richtig abrockte, fast mit der Intensität eines Großen Gewächses. Ein Hauch von Symphonic Metal in Riesling-Gestalt.
Der spontane Riesling von der anderen Seite, den wir jetzt probieren, ist schon weiter in seiner Entwicklung, kann mit seinem Pendant in puncto Komplexität und Spannung aber nicht mithalten. Er wird die Grundlage für den QbA werden. Der Jahrgangsvorgänger (Drachenfels Riesling QbA trocken 2008) war ein cremig-buttriger Trachyt-Wein mit Ananas-Nase, dichter Gaumenaromatik und ausgeprägt salzig-mineralischem,

strengwürzig-pfeffrigem Finale. Ein Riesling von sehr eigenständiger und betont mineralischer Aromatik. Eine langsam fließende, fast majestätische Melodie.

Piepers Rieslinge erinnern mich ein wenig an die Rieslinge „etwas anders" (2007) und „wieder etwas anders" (2008) von Florian Weingart. Der „wieder etwas anders" war ein Meer- und Schiefer-Riesling mit salzig-schiefriger Sponti-Nase, saftig-zitrusfruchtiger Gaumenaromatik und ausgeprägt salzig-mineralischem Abschluss.

Wie Florian Weingart schwört auch Felix Pieper auf die Spontangärung, die er bereits seit drei Jahren für alle Süßweine verwendet und nun auch konsequent auf die trockenen Weine ausdehnt.

Zurück zum schummrigen Keller, wo wir uns vorbei an Fässern und Tanks bis hin zu fünf Barrique-Fässern zwängen. Chardonnay im Barrique, genauer gesagt in amerikanischen Eichenfässern und französischen Allier-Eichenfässern in Erst- und Zweitbelegung. Wir probieren aus den Fässern. Der noch junge Wein wird kraftvoll vom Eichenfass geprägt, das amerikanische Barrique-Fass überdeckt den dunkelgelben Chardonnay mit einer soften Vanille-Note. Die Allier-Eiche hingegen prägt ihm einen kraftvolleren, kantigeren Stempel aus Kaffee- und Röstaromen auf. Versuchsweise kippt Felix Pieper mal die drei Varianten (amerikanisch und Allier erst und zweit) in meinem Glas zusammen und lässt mich diese jugendliche Cuvée probieren, die bereits auf eine gelungene Liaison hindeutet. Ich bin jetzt schon gespannt, wie sich dieser Wein nach einiger Reifezeit in der Flasche, die er mit Sicherheit brauchen wird, präsentiert. Später zu Hause probiere ich den Jahrgangsvorgänger dieses Chardonnay ganz in Ruhe. Aus dem Glas steigt ein ganzer Strauß an Aromen: Honigmelone, Birne, Kokos, Vanille, Röstnoten, Butter und Gewürznelke. Am Gaumen ist er dicht, süßfruchtig und alkoholbetont (14,5%). Es ist ein kraftvoller, cremiger und gekonnt abgestimmter Chardonnay mit tropisch-fruchtiger, holzgeprägter Nase, dichter Gaumenaromatik und feinwürzigem Finish. Ein nach internationalem Muster gemachtes, beeindruckendes Chardonnay-Statement vom Drachenfels.

Mich erinnert der Wein ganz entfernt an das Jahr 1995, in dem ich einige Monate in der amerikanischen Kleinstadt Bloomington im Bundesstaat Indiana verbrachte. In den dortigen Schnapsläden, „Big Red Liquor Shops", konnte man in zwielichtiger Umgebung zwischen Schnaps und Bier auch den einen oder anderen interessanten US-Wein erstehen. Beeindruckt haben mich damals die Chardonnays des herausragenden Jahrgangs 1994 aus dem Napa Valley mit ihrer ausgeprägten, tropisch-fruchtigen Aromatik und cremigen, aber nicht zu fetten Art.

Später, im November 2010, sollte ich die Gelegenheit haben, das Ergebnis von Piepers jüngsten Cuvée-Experimenten, den 2009er Drachenfels Chardonnay zu probieren. Ich rieche weiße Schokolade, Butter, Röstnoten und Eichenholz. Der junge Wein deutet bereits Komplexität an, ist aber noch sehr deutlich vom Barrique-Fass geprägt. Am Gaumen ist er dicht, mit Schmelz und viel pfeffriger Würze. Das ist noch so ein richtig fettes Statement vom Drachenfels, wieder mit schönem Gruß in die internationale Weinwelt. Felix Pieper hat im Vergleich zum Jahrgangsvorgänger, bei dem das Verhältnis amerikanischer zu französischer Eiche ein Drittel zu zwei Drittel betrug, jetzt auf Halbe-halbe gesetzt.

Nun geht es in einen anderen Teil des Kellers mit einer Sammlung von zwanzig Barrique-Fässern, in denen Rotwein lagert. Zunächst probieren wir einen Dunkelfelder, der schon sehr weit ist und eine sauerkirschige Frucht präsentiert. Danach dann einen äußerst kräftigen Spätburgunder. Hier hat Pieper ein kraftvolles Konzentrat geschaffen, indem er Maischereste ausgepresst hat, um eine Rotweinfraktion mit hohem Phenolgehalt zu erzielen. Dieses Kraftpaket wird später mit dem Dunkelfelder vermählt und ergibt dann die Cuvée Trachyt. Das phenolische Konzentrat also als Grundlage für den farbdichten, kirschfruchtigen Trachyt. Ebenfalls eine sehr vielversprechende Liaison.

Wir kommen jetzt zum Highlight dieser spannenden Kellerprobe. Klassischer Spätburgunder aus dem erstmals und zweitmals belegten Allier-Eichenfass. Ein bereits sehr trinkreifer, komplexer und fruchtiger Rotwein, der das Barrique-Fass schon viel besser integriert als der Chardonnay. Doch Felix Pieper hat noch zwei weitere Anekdoten parat. Er zeigt auf ein mit dunkelroten Flecken übersätes Barrique-Fass. Seine Großeltern hatten von einer Urlaubsreise nach Bordeaux Rebzweige mitgebracht, die sie wohl beim Rebenschneiden abgestaubt hatten. Zu Hause gaben sie die Zweige einem Rebveredler, der sie vermehrte und auf Unterlagsreben pfropfte. Heute weiß leider keiner mehr, um welche Rebsorte es sich eigentlich handelte. Merlot wohl eher nicht, wahrscheinlich Syrah oder Cabernet. Die beiden sind anhand ihrer Blätter nur schwer zu unterscheiden. Jedenfalls war es Felix Pieper, den diese Geschichte sowie die Tatsache inspirierte, dass er inmitten seiner Drachenfels-Rebstöcke einen internationalen Rotwein versteckt hatte. Kurzerhand separierte er die Trauben und legte sie in ein Barrique-Fass aus Allier-Eiche. Hier liegt nun ein dunkler, fast violetter Rotwein mit erdig-würziger, kraftvoller Aromatik. Noch weiß Felix Pieper nicht wirklich, was er vermarktungstechnisch mit diesem Wein anfangen soll. Mich jedenfalls hat er begeistert, der internationale Rotwein vom Drachenfels.

Als ich gerade irrtümlich denke, wir hätten die Probe beendet, kriecht Felix Pieper hinter eine Reihe von Kunststofftanks und kommt mit zwei Gläsern zurück, die mit einer sherryartig-aussehenden Flüssigkeit gefüllt sind. Sie entpuppt sich als ein

Tresterschnaps aus Gewürztraminer, den er in einem alten Jack Daniels Fass zur vollen Reife gebracht hat. Ein honigfarbener, vanillig süßer und superweicher Grappa als krönender Abschluss eines ungewöhnlichen Barrique-Erlebnisses am Fuße des Drachenfelsens.

Szenenwechsel. Wir sind für ein verlängertes Wochenende in Berlin, und ich habe mein Arbeitsgerät, nämlich Korkenzieher und INAO-Glas, eigentlich ganz bewusst, zu Hause gelassen. Und doch, es ist Samstagabend, und wir suchen ein uns aus alten Berliner Zeiten wohlbekanntes Restaurant in der Nähe vom Bahnhof Zoo. Als das Schild „Jacques' Wein-Depot" kurz hinterm Zoo überraschend auftaucht, entscheiden wir spontan, eine Flasche Rotwein für den Abend zu erstehen. Ich betrete den Laden mit der einfachen Maxime rot (wegen fehlender Kühlung im Hotelzimmer), Schraubverschluss (Arbeitsgerät vergessen, s.o.) und nicht zu gerbstoffreich (weil uns danach war). Die Empfehlung des freundlichen Verkäufers ist ein Carménère vom chilenischen Weingut De Martino, 13,5 Prozent Alkohol für 7 €. Eine fast dickflüssige, dunkelrote, süßlich-feinherbe Trinkmarmelade mit Waldbeeren-Bukett, die sich auch im dickwandigen, bauchigen Glas des sehr minimalistisch ausgestatteten Hotelzimmers zu behaupten weiß. Drei Monate Barrique haben dem Wein einen gewissen Schliff verliehen. Hier ist es, das moderne Weltweindorf, in der der vermeintlich passende Tropfen praktisch immer und überall verfügbar ist und es keinerlei Rolle spielt, dass zwischen mir und dem Ursprungsort dieses Weines ein paar Tausend Kilometer liegen. Welche Melodie, welchen Akzent kann der Mittelrhein zu diesem globalen Konzert beitragen? Definitiv seine eigene, originäre Melodie. Bis auf Jost und Ratzenberger, die es inzwischen bis ins Berliner KDW geschafft haben, muss man sich für die meisten Mittelrhein-Weine zu ihrem Ursprungsort bemühen, um sie zu probieren, um sie kennen und schätzen zu lernen. So bleiben sie fest mit ihrem Ur-

sprung verbunden – als Defizit kann ich das, ohne die ökonomische Brille aufzusetzen, beileibe nicht erkennen. Eher als unbedingte Stärke, die es auszuspielen gilt.
Ein paar Monate später, wieder zu Hause, probiere ich noch das Spitzengewächs aus Felix Piepers 2009er Kollektion: Die Riesling Beerenauslese vom Drachenfels. Eine goldgelbe Essenz, die nach reifen Zitrusfrüchten, überreifen Äpfeln, Salz und Gewürzen riecht. Natürlich ist der Wein viskos und opulent süß, doch ein anregender Säurenerv hält dagegen. Am Ende schmecke ich wieder die feinsalzig-mineralischen und feinwürzigen Aromen, die sich bereits in der Nase andeuteten. So schmeckt der Drachenfels als Riesling-Konzentrat!
Inzwischen schreiben wir den März des Jahres 2010. Um acht Uhr morgens sind es kühle 13°C. Ein grau verhangener Tag im endlich beginnenden Frühling. Der Regionalexpress fliegt auf schwarzen Schienen durch ein nebliges Einheitsgrau nach Düsseldorf. Manches Gesicht der Mitreisenden kommt mir von ähnlichen Fahrten bereits bekannt vor. ProWein 2010. Ein Hauch von Routine, gleichzeitig steigt die gespannte Neugier auf die Spuren des Mittelrheins inmitten einer der größten Weinmessen der Welt. Irgendwo zwischen Kalifornien, Südafrika, Bordeaux, Chianti, Loire, Rheinhessen und proppevollem Stand des Verbandes Deutscher Prädikatsweingüter, diesmal mit rotem Teppich. Wie werden sie sich präsentieren, wie werden sie sich schlagen, die etwas mehr als eine Handvoll Winzer, mit ihren Steillagenrieslingen inmitten der globalisierten, zum Dorf geschrumpften Weinwelt?
Erstmals auf der ProWein: die frisch gegründete Winzerinitiative „Gipfelstürmer". Vier junge Mittelrhein-Winzer haben sich zusammengetan, um es ihren Vorbildern, wie zum Beispiel den rheinhessischen „Message in a bottle"-Jüngern, gleichzutun. Als ich von der neuen Initiative hörte, war ich zunächst ein wenig skeptisch, da mir nicht immer ganz klar ist,

was solche Vereinigungen außer Jugendkult, Getöse und Marketing eigentlich leisten, ob ein tieferer Sinn hinter solcherlei Vereinen und Vereinigungen verborgen sein mag. Nun also auch eine Jungwinzerinitiative vom Mittelrhein.
Hinter den Gipfelstürmern verbergen sich neben Felix Pieper noch Thomas Philips und dessen jüngerer Bruder Martin, beide von der Philipps-Mühle in St. Goar. Das Gespann wird von Sebastian Schneider komplettiert. Er ist der Einzige der Gipfelstürmer, der nicht das „Geisenheim-Gen" in sich trägt, also nicht an der Fachhochschule Geisenheim Önologie studiert hat. Er hat im Vergleich zu den anderen Jungwinzern eine beinahe schillernde Biographie. Seine Eltern bewirtschafteten das Stadtweingut Bad Hönningen, bevor es an die Bad Hönninger Fruchtsäfte und Weine GmbH überging. Jetzt arbeitet er hauptberuflich als Kellermeister im Weingut Emrich-Montigny an der Nahe und betreibt nebenbei sein eigenes 3 Hektar-Weingut in Bad Hönningen. Wobei seine Reben bunt über den Mittelrhein verstreut sind – von Oberheimbach bis zum Drachenfels. Also, die Gipfelstürmer, das sind vier junge Winzer aus drei Weingütern zwischen St. Goar und Königswinter. Die Weine der Philipps-Mühle präsentieren sich im direkten Vergleich mit den anderen zwei Gipfelstürmern verhalten, filigran, zurückhaltend, frisch, säurebetont und vor allem mineralisch. In der 2009er Fassprobe des trockenen Steillagen-Rieslings findet sich ein leichtes Bananenaroma, ein dezenter Hinweis auf Gäraromatik und gezügelte, gekühlte Gärung. Auch in den 2008er Steillagen-Rieslingen taucht diese Gäraromatik wieder auf. Dennoch, gerade der halbtrockene 2008er Steilhang Riesling gefällt durch seine leichtgewichtige, unbeschwerte Art auf mineralischer Grundlage. Das ist ein typischer Vertreter des südlichen Mittelrheins. Irgendwie werde ich allerdings das Gefühl nicht los, dass diese zurückhaltenden, leisen und filigranen Weine zum Naturell der Brüder sehr gut passen. Einfluss der Winzerpersönlich-

keit auf die Weinpersönlichkeit. Auch ein roter Faden, der sich durchzieht, wie das Terroir, die Rebsorte, der Jahrgang.
Sebastian Schneider aus Bad Hönningen präsentiert zwei Rieslinge, einen Grauburgunder sowie eine Cuvée, diesmal aus Spätburgunder und Grauburgunder. Diese 2009er Fünfzig zu Fünfzig-Mischung hat Schneider als Fassprobe dabei: Hier entsteht ein dichter und sehr cremiger Wein, in dem die Blanc-de-Noir-Stilistik überwiegt. Der 2009er Steillagen Riesling trocken, aus Oberheimbach, ebenfalls eine Fassprobe, offenbart, noch etwas schüchtern, eine Zitrus-Schiefer-Aromatik. Der spontanvergorene 2008er Riesling „Alte Reben" ist da bereits von anderem Kaliber: mit reifer Frucht, sehr saftig und lebendig am Gaumen. Doch das Highlight dieses Spaziergangs durch Schneiders Mini-Kollektion ist ganz klar der trocken ausgebaute, aber gar nicht so trocken schmeckende Grauburgunder mit seiner expressiven Birnen-Frucht. Winzer, denke ich, bringt mehr Grauburgunder an den Mittelrhein! Hier verliert er seine gerbige und manchmal fast bittere Würze, die er oftmals in Baden bei „gekochter" Reife zeigt. Stattdessen wird er schlank und filigran, dabei dichter und säureärmer als der heimische Riesling und mit viel reiffruchtiger Aromatik. Jochen Ratzenberger zeigt uns Jahr für Jahr, was mit dieser Rebsorte am Mittelrhein alles möglich ist.
Felix Pieper stellt in Düsseldorf seine bunte Kollektion vor, die vom Riesling über Weißburgunder zu Gewürztraminer plus Riesling bis zum Barrique-Spätburgunder reicht. Sein 2009er Weißburgunder Classic erweist sich als mächtiger, alkoholbetonter Burgunder mit Bananen-Gewürz-Nase, intensiv cremiger Gaumenaroamtik und feinherb-pfeffrigem Abschluss, ein wenig Barrique hatte auch er gesehen. Der 2008er Spätburgunder hatte zehn Monate im Barrique-Fass gelegen, ein Fünftel davon waren neue Fässer. Er riecht nach reifen Brombeeren, Schwarzkirschen, Vanille, Holz und strengen Gewürzen.

Er zeigt viel, aber nicht zu viel Holz, eine softe Gaumenaromatik und einen feinherb-strengwürzigen Abschluss. Ein softer Schmeichler mit gekonnt und sparsam eingesetztem Barrique. Eine weiche, schmeichelnde, fast italienische Melodie.
Und dann das Highlight aus meiner Sicht: die Fassprobe einer 2009er Cuvée aus Gewürztraminer und Riesling, das Ganze trocken ausgebaut. Ein goldgelber Wein, dessen Fülle und Üppigkeit durch die Maischestandzeit noch verstärkt wurde. Ein sehr expressiver Wein, der in der Nase Rosenblüten, reife Bananen und strenge Gewürze zeigt. Am Gaumen ist er intensiv, reiffruchtig-strengwürzig und cremig, am Ende dominieren salzig-mineralische, feinherbe und strengwürzig-pfeffrige Aromen. Dieses Paar aus Gewürztraminer und Riesling ergänzt sich geradezu perfekt. Ein herbfruchtiger, rassiger Riesling, der in einem opulenten, schwülstig-floralen Gewürztraminer sein ideales Pendant gefunden hat, ohne dass einer von beiden dabei unterginge. Ein extrovertiertes Kraftpaket, das mich mit seiner ausgeprägten Aromatik und tiefgründigen Würze fast umwirft. Eine Cuvée, die die historische Anbauform des Mischsatzes aufgreift und in diesem Fall eine Synergie kreiert, die weit mehr als die beiden Einzelteile ergibt.
Leider findet man diese Cuvée sehr selten, am Mittelrhein noch beim Leutesdorfer Weingut Mohr & Söhne und weiter weg im Weltweindorf beim australischen Weingut „Rosemount Estate". Es sind solche Weine wie Piepers Barrique-Experimente und die Gewürztraminer-Riesling-Cuvée, die einer Jungwinzervereinigung ihren tieferen Sinn geben können. Experimentierfreude, Unvoreingenommenheit, Neuinterpretation, Sprengen von Grenzen, ohne die berühmte Bodenhaftung zu verlieren. Fast möchte man sagen „Eine Art romantischer Aufbruch", der gut zum romantischen Mittelrhein passt. Ein bisschen Schillers Homo ludens: „Um es endlich auf einmal herauszusagen, der Mensch spielt nur, wo er in voller Bedeutung des Wortes

Mensch ist, und er ist nur da ganz Mensch, wo er spielt." Bei Felix Pieper und Sebastian Schneider kann man diese spielerische Experimentierfreude spüren, und das ist genau der Geist, der mich mit dem Marketing der Jungwinzervereinigung wieder versöhnt.

Die Gipfelstürmer konstatieren die Bedrohung des Mittelrheins durch die einfachen Gleichungen: Mittelrhein = Steilhang = aufwändige Bearbeitung = Abbau von Rebflächen. 40% in den letzten 30 Jahren. Ihre Mission formulieren sie in einem Drei-Punkte-Plan: 1. Rekultivierung alter Lagen, 2. Höchste Qualität und 3. Keine Kompromisse. Als ihren (und unseren) Lohn formulieren sie echte Mittelrhein-Weine mit tiefgründiger Mineralität, vielschichtigem Bukett und konzentrierten Geschmacksstoffen. Mineralische Weine mit konzentrierten Aromen aus Reben, die in Hanglagen bei niedrig gehaltenen Erträgen auf felsigem Untergrund gekämpft und nach Halt gesucht haben. Bei den Philipps-Brüdern habe ich die Mineralität bereits gefunden und bei Pieper und Schneider die konzentrierten Aromen. Die Synthese steht noch aus und muss weiterhin als Ziel formuliert werden. Das formulierte Ziel ist die Reise allemal wert, orientiert sich jedoch noch sehr stark an dem, was die „älteren", führenden Winzer am Mittelrhein längst tun. Florian Weingart, Matthias Müller, Peter Jost, Jochen Ratzenberger, Jens Didinger, Jörg Lanius und Randolf Kauer. Sie alle haben durch die Begrenzung der Erntemenge den Fokus auf die Qualität gelegt und durch die Rekultivierung alter Lagen dem Mittelrhein zu neuem Schwung verholfen. Die Gipfelstürmer könnten hier durch etwas mehr Experimentierfreude noch eins draufsetzen, und mit Piepers Barrique-Experimenten am Fuße des Drachenfelsens ist der Anfang bereits gemacht.

## V. Stuxterrassen. Angelika und Jörg Belz. Garagenwein.

*Steinfaltige Sandsteine und Schiefer.*
*Wurzelechte Reben auf historischen Terrassen.*
*Garagenwein con fuoco im rheinischen Sommer.*

Es ist Anfang Juli 2010. Seit Wochen hat es nicht mehr geregnet, der morgendliche Wald riecht nach Staub und ächzenden Pflanzen. Ich meine, die Schreie der austrocknenden Reben in den steinigen Lagen des Mittelrheins fast bis zu mir nach Hause zu hören. Diejenigen Rasenflächen, die nicht ständig bewässert werden, sind jetzt strohgelb und erinnern eher an Ende August. Kurz vor Beginn der Ferien in NRW herrschen Stillstand, Trockenheit, Gluthitze, Apathie. Verflüchtigte Aromen, flimmerhitzige Aromatik liegen in der Luft. Oleander, Olivenbaum und Basilikum auf der heimischen Terrasse wirken längst nicht so deplatziert wie gewohnt, und italienische Antipasti zum trockenen Gutsriesling aus der Literflasche sind vielleicht das Beste, was man derzeit genießen kann.

Mitte Juli hat sich die Hitze noch weiter gesteigert. Wenn tagsüber die 35°C-Marke regelmäßig überschritten wird, freue ich mich auf die erträglichen Morgen- und Abendstunden. Dann nämlich zeigt dieser Sommer 2010 seine wahren, kontemplativen Glücksmomente, z.B. auf dem Fahrrad im morgendlichen Wald oder abends auf der Terrasse, wo der Riesling jetzt endgültig zu Hause ist und es keinen Ersatz gibt, außer vielleicht einen Weißen von der Loire oder einen herbfrischen Vino Verde. Terrassenwein. Sommerwein. Ein Klischee-triefender Begriff. Das Reihenmittelhaus mit 100 qm Rasenhandtuch, lange Sommerabende mit Glühwürmchen, Fledermäusen und der allmählichen Kühle, die aus dem Dunkel quillt. Und das Grillen mit Kartoffelsalat, allabendlich.

Mitte August hat sich das Wetterblatt gewendet. Wochenlang hat es geregnet, geschüttet, cats and dogs, wie aus Eimern, sintflutartig, Jahrhundertregen 2010, nicht nur in Pakistan. Plötzlich ist Regenpause. Wer weiß wie lange. Der morgendliche Wald riecht jetzt wie ein überdimensionaler Pilz. Pilzig, erdig, modrig, angenehm. Ich denke an unsere bevorstehende Piemontreise. In das Trüffelland, das Trüffelparadies, die Heimat der großen, berühmten und kostspieligen, tiefrot-schweren Barolos und Barbarescos. Ein weiterer Ausflug in das Weltweindorf, der meine Mittelrheinweinperspektive wieder einmal adjustieren wird.

Doch kurz vorher, an einem warmen, aber wolkenbedeckten Sonntagmittag, lenken wir unseren metallicblauen Golf in eine von Eigenheimen dominierte Straße in Bruchhausen bei Unkel. Gewachsene Einfamilienhausidylle in einem 1000-Einwohner Dorf. Wir treffen das Ehepaar Angelika und Jörg Belz, die vielleicht einzigen echten Garagenwinzer am Mittelrhein. In relaxter Sommerkleidung und Flip-Flops sitzen wir auf der oberen Terrasse vor dem Wohnzimmer auf kiesigem Untergrund um ein rundes Tischchen und werden von einem frischen, kraftvollen 2009er Rivaner aus 40 bis 45-jährigen, wurzelechten Reben begrüßt. Der Wein ist alles andere als ein blasses, unter Ertragsmaximierung leidendes Müller-Thurgau-Leichtgewicht und erzeugt in der Nase eine Vielzahl von Assoziationen, die von Äpfeln über schwarze Johannisbeeren, Grapefruit und grüne Paprika bis zu strengen Gewürzen reichen. Am Ende zeigt er ein richtiges „Pfefferl", das mich an österreichische Grüne Veltliner erinnert. So wie der 2009er Grüne Veltliner vom Löss des Weingutes Schloss Bockfließ in Niederösterreich, den ich im Winter in den Tiroler Alpen trank. Der hatte in der Nase sehr reife Äpfel, Lagerobst, Bananen und strenge Gewürze, also bereits ein bisschen Pfefferl. Am Gaumen war er dicht und cremig, mit viel Würze und einer dezenten, aber durchaus frischen Säure. Im Nachhall breiteten sich dann die typischen strengwürzigen und angenehm pfeffrigen Aromen aus. Das war ein runder, deutlich vom Lössboden geprägter Veltliner, der sich durch seine reife Frucht und dichte, runde Art deutlich aus der Masse hervorhob. Übrigens war der Begriff „Pfefferl" früher in Deutschland ein Synonym für Riesling. Der Belz-Rivaner jedenfalls rockt so richtig mit seinem Aroma von schwarzen Johannisbeeren, Kraft, Würze und eben Pfefferl.

Jörg Belz ist Geograph und arbeitet bei der Bundesanstalt für Gewässerkunde in Koblenz. Sich selbst bezeichnet er als Geoökologe. Angelika Belz arbeitet beim Amt für Denkmalpflege in Bonn. Irgendwo zwischen den beiden Arbeitsstätten liegt Unkel, und in dem Einfamilienhaus in der Grabenstraße scheint der Wein eine der Hauptrollen zu spielen. In der Garage erfolgt der Ausbau, hier stehen Stahltanks und Barrique-Fässer, im Keller ist das Flaschenlager. Vor sechzehn Jahren, 1994, begann das Ehepaar gemeinsam mit drei anderen Weinenthusiasten mit dem eigenen Weinbau. Sie traten damals mit dem Vorsatz an, „einen trinkbaren Öko-Wein zu machen." Es war eine Zeit, in der Bio- oder Ökowein quasi gleichbedeutend war mit kaum trinkbaren Weinen mit sehr spitzer Säure. Im ersten Jahr holten sie aus ihrem ersten Weinberg, dem Uhleknützchen, eine Parzelle im Unkeler Sonnenberg, ganze 180 Liter Riesling-Most mit einem Mostgewicht von 84 Öchsle aus den über 70 Jahre alten Stöcken heraus. Brachten die alteingesessenen Winzer den dilettierenden Neuweinbauern zunächst sehr große Skepsis entgegen, zollten sie ihnen von nun an Anerkennung, da solche Öchsle-Werte hier lange nicht gemessen worden waren. Von den fünf Weinenthusiasten blieben ziemlich schnell nur noch zwei übrig, und diese beiden leben ihr Winzerdasein nun mit großem Enthusiasmus, großer Zielstrebigkeit und schier unbändigem Willen. Inzwischen hat das Ehepaar Belz ein Kaleidoskop von Rebflächen durch Pacht handtuchgroßer Stücke zusammenbekommen, wobei sich die Gesamtfläche auf einen Hektar addiert. Ein ziemlich komplexes Portfolio, bestehend aus neun verschiedenen Pachtverträgen, das gemäß wirtschaftlichen Maßstäben nach Konsolidierung schreit.

Ein Hektar, bei einer so kleinen Rebfläche – verglichen mit Vollerwerbsbetrieben – denke ich leicht mal: „Das ist doch locker nebenbei zu schaffen." Aber in der Realität heißt dies, dass die beiden in der Hauptwachstumszeit der Rebe, also von Februar bis Oktober, praktisch keinen Urlaub machen können und die Abende nach der Arbeit in Weinberg und Keller zugebracht werden. Jetzt gerade, da wir hier sitzen, ist die Zeit des Traubenschlusses, in der das Größenwachstum der Beeren zum Abschluss kommt und die einzelnen Beeren in der Traube so groß werden, dass die Traube sich gleichsam schließt. Danach kommt dann die eigentliche Reifephase, in der sich die Rebe auf die Einlagerung von Zucker und den Abbau der Äpfelsäure konzentriert.

Jörg Belz erzählt nicht ohne Stolz, dass der 2008er Regent zum Bonner Beethovenwein gekürt wurde. Und der 2009er gleich mit. Beethovenwein? Ja, diese Idee gibt es mindestens zweimal, nämlich einmal vom Wiener Weingut Mayer am Pfarrplatz – hier hatte Beethoven mal gewohnt – und aus seiner Geburtsstadt Bonn. Der Bonner Beethovenwein ist ein Projekt dreier Bonner Weinhändler. Auf der Flasche prangt des Komponisten Konterfei und der Schriftzug „Ludwig van B's Bonner Weinedition". Die Erstausgabe dieser Weinserie, der 2008er Regent, trägt schlussendlich den schönen Namen „Allegro con Fuoco", mit Feuer. Pro Flasche fließen 50 Cent in das Projekt „Beethoven Bonnensis" – Bonner Bürger für Beethoven.

Jörg Belz gießt den 2009er Regent, den kommenden Beethoven-Wein, in mein Glas, ein Wein, der jetzt kurz vor der Flaschenfüllung steht. Ein dunkelvioletter, dichter Stoff mit Aromen von Veilchen und Rohkakao, seidiger und dichter Gaumenaromatik, weich, würzig und intensiv. Welches Beethoven-Stück würde hier wohl passen?

Überhaupt, der Rotwein. Unkel wirbt noch heute mit dem Slogan „Das Rotweinstädtchen am Rhein" – auch wenn sich das heute auf ganze drei Weingüter bezieht, die am Unkeler Sonnenberg Weinbau betreiben: Belz, Krupp und Thelen. Das Ehepaar Belz führt die Unkeler Rotweintradition mit zwei Weinen fort: mit dem Beethoven-Regent und mit der Cuvée Pantaleon. Doch zuvor zu einem nur beinahe roten Wein, nämlich dem Rotling. Hier greift das Ehepaar Belz in gewisser Weise die Tradition des Gemischten Satzes auf. Beim gemischten Satz standen einst verschiedene Rebsorten bunt gemischt im selben Weinberg und wurden gemeinsam gelesen und gekeltert. Es hieß damals: „Eine Rebsorte im Weingarten ist eine Geige, der gemischte Satz aber ein Orchester." Für ihren Rotling stellt das Ehepaar Belz jedes Jahr leicht wechselnde Kleinpartien unterschiedlicher weißer und roter Rebsorten zusammen. Der 2008er Rotling ist ein charaktervoller, unkomplizierter Wein, der Noten von Kirschen, Waldbeeren, Veilchen und strengen Gewürzen präsentiert. Dieses Gemisch aus roten und weißen Trauben kommt mit viel Rotwein-Charakter daher. Da gibt es manchen Spätburgunder am Mittelrhein, der weniger nach Rotwein schmeckt als dieser Rotling. Es ist ein unkomplizierter, charaktervoller, lebensfroher Wein, der richtig Spaß macht. Ein großartiger Terrassenbegleiter im rheinischen Sommer!

Rheinischer Sommer, wenn ein Wein den fast perfekt verkörpert, so ist es Belzens „In Primis". Er entsteht nur in besten Jahren, die Trauben für den 2009er reiften bis in den November hinein und wurden lange gezügelt vergoren. Der 2009er In Primis besteht zu achtzig Prozent aus Scheurebe und zu zwanzig Prozent aus Riesling. Seine Nase erinnert mich an Honig, Rosenblüten, Pfirsich und Maracuja. Im Mund ist er expressiv fruchtig, mit feinem Säurenerv und gut abgestimmter Restsüße.

So schmeckt der Sommer. Hochreife, überreife Spätsommerstimmung. Ein Wein wie eine italienische Arie an einem noch heiß glimmenden, rheinischen Spätsommerabend.
Pantaleon. Der All-Erbarmer. Einer der vierzehn christlichen Nothelfer aus dem zweiten bis vierten Jahrhundert. Als Nothelfer ist der Heilige Pantaleon der Patron der Ärzte und Hebammen. Kirchen in Unkel und Köln sind nach ihm benannt. Außerdem ist Pantaleon ein Hackbrett mit doppeltem Resonanzboden und Darm- oder Drahtsaiten, benannt nach seinem Erfinder Pantaleon Hebenstreit. Der Vorläufer des Hammerklaviers. Und: Pantaleon ist eine zwei Jahre alte „Progressive Power Metal" Band aus Köln. 4 Jungs, zwischen 20 und 30, die mit Schlagzeug, Bass, Keyboard, Gitarre und Gesang gerade durch die kleinen Clubs im Kölner Raum touren, um ihre selbstproduzierte EP bekannt zu machen. Eine Band, die über ihren Horizont blickt und Metalpower mit melodiösen, jazzigen und manchmal fast klassisch angehauchten Elementen verknüpft. Druckvolle Bass- und Schlagzeuglinien schaffen ein wuchtiges Fundament, auf dem Keyboard-Melodien tanzen, Gitarrensoli die Luft zerschneiden und der Frontmann in den Gehörgang kreischt. Ein kleiner Club in Leverkusen. Direkt vor der Bühne ein Pulk von abgedrehten Typen, die ekstatisch Pogo tanzen, sich gegenseitig wild anrempeln und sich von der musikalischen Power durchschütteln lassen. Mittendrin ein beinahe massiger Mann, irgendwo zwischen Ende 50 und Anfang 60, der hier allein durch sein Alter auffällt. Mit seinen wirren, gelockten, grauen Haaren, rauschendem Vollbart und ziegenartigem Gesicht steigert er sich wie kein anderer in die Pantaleon-Ekstase. Zu diesem Zeitpunkt habe ich noch keine Ahnung, wer dieser Typ sein könnte, noch dass ich ihn in ein paar Monaten unter ähnlich obskuren Umständen wiedersehen sollte. Doch, ganz entfernt muss ich an eine der Figuren an den buntbemalten Decken des Kneipzimmers im Schloss

Drachenburg denken – oder täusche ich mich da? Er jedenfalls verschwindet nach zwei, drei Songs aus dem Club, genauso schnell, wie er gekommen ist.
Pantaleon. Eine Cuvée aus 70% Frühburgunder und 30% Regent, im gebrauchten Barrique ausgebaut, der Parade-Rotwein des Hauses Belz. Neben Otmar Schmitz-Schlang, der den historischen Weinberg am Niederdollendorfer Heisterberg mit großem Engagement pflegt, fällt mir kein weiterer An- und Ausbauer von Frühburgunder am Mittelrhein ein. Man sagt der Rebsorte nach, dass sie oftmals gehaltvollere und samtigere Weine hervorbringe als der Spätburgunder, aus dem sie wohl durch Mutation entstanden ist. Der 2008er Pantaleon von Belz zeigt jedenfalls beides: Gehalt (13,5% Alkohol) und Samtigkeit. Ein komplexer Rotwein mit einer Nase, in der sich süßfruchtige und rauchig-ledrige Aromen umspielen: Ich rieche reife Brombeeren, Himbeeren, Vanille, Leder und süße Gewürze. Am Gaumen folgt viel samtige Kraft, dann ein von feinherbem Gerbstoff und leicht pfeffrigen Noten geprägter Abschluss. Er könnte etwas mehr Tannin-Backbone vertragen, ist aber ein richtig toller, erotischer Schmeichler, der den Frühburgunder von seiner sinnlich-erotischen Seite präsentiert. Welche Musik spielt dieser Wein? Da fallen mir spontan weniger die Kölner Metal-Namensbrüder ein, sondern vielmehr die rauchig-sinnlich-erotische Musik von Sade. Das sind die Saiten, die dieser Pantaleon zum Klingen bringt.
Seelenverwandt ist die trockene Weißburgunder Spätlese aus 2009 mit ihrer Nase, die mich an Ananas, Honigmelone, Butter, Vanille und Gewürze erinnert. Am Gaumen ist dieser Weißburgunder intensiv, buttrig und strengwürzig. Ein dichter, aber sehr leicht zu trinkender Wein. Noch mal Sade und ihre Musik, weich soft und leicht rauchig, nicht oberflächlich, aber schmeichelnd und ein bisschen erotisch. Das sind Soul und Rhythm and Blues in einem 5 Monate lang gegorenen Weißburgunder.

Die Reben des Weingutes Belz wachsen allesamt in der Lage „Unkeler Sonnenberg". Genauer gesagt auf den Terrassen des Stuxberges. Dieser Stux ist eine kleine Erhebung, die 140 Meter über dem Meeresspiegel liegt und ungefähr 80 Meter über ihre Umgebung herausragt. Er liegt südlich des Unkeler Stadtteils Scheuren, fast einen Kilometer vom Rhein entfernt, der um Unkel eine kleine Schleife zieht. Wir besuchen den Stux Anfang November 2010, wieder einmal an einem jener Tage, an denen die Sonne es kaum schafft, den Nebel zu verdrängen. Der Stuxhof verkauft passend zur Jahreszeit jede Menge Kürbisse, dazu Weine, unter anderem vom Stadtweingut Bad Hönningen und vom Bruchhausener Weingut Krupp. Wir fahren ein paar Meter weiter um den Stuxhof herum und halten auf einem sehr matschigen Parkplatz. Vor uns erhebt sich der Stux mit seinen eindrucksvollen, schichtartigen Gesteinsformationen. Das ist wirklich Geologie zum Anfassen, die horizontalen, sich abwechselnden Schichten aus Sandstein und Tonschiefer sind schon aus der Ferne gut zu erkennen. Diese Schiefer gehören zu den Siegen-Schichten, die übrigens den Mittelrheinabschnitt nördlich von Leutesdorf bis zum Siebengebirge dominieren.

Reisen wir gedanklich schlappe 400 Millionen Jahre zurück. Zu dieser Zeit war der Bereich des heutigen Mittelrheins vollständig von einem urzeitlichen, tropischen Meer bedeckt. Tropisch deshalb, weil der Äquator zu dieser Zeit genau hier verlief. Die Küste des Kontinents Laurussia, früher auch „Old Red Continent" genannt, war nicht weit von Unkel weg, lag ungefähr bei Köln. Aus der rot gefärbten Steinwüste Laurussias wälzte sich damals ein mächtiger Wasserstrom in das flache Meer. Unkel lag in diesem Deltabereich mit unruhigen Strömungsverhältnissen, und hier wurden die von Laurussia stammenden Gesteine abgelagert. Dabei entstanden die heutigen Wechselschichten aus grob- und feinkörnigem Material, die sich über Jahrmillionen am Meeresboden abgesetzt haben. Immer mehr Material wurde abgelagert, der Meeresboden sackte und machte Platz für neue Ablagerungen. Unter hohem Druck entstanden dann die heutigen Wechselschichten aus Tonschiefer und Sandstein. Vor gut 300 Millionen Jahren wurden diese Wechselschichten nahezu mit Urgewalt durch die Kollision der Kontinente Laurussia und Gondwana angehoben, und es entstand die sogenannte Unkeler Falte. Wenn man, so wie wir heute, von der Nordwestseite an den Stux herangeht, so erkennt man diese Unkeler Falte überdeutlich, weil die Wechselschichten direkt vor dem Betrachter vertikal ansteigen, um dann nach Südosten hin wieder langsam abzufallen. Es gehört gar nicht so viel Fantasie dazu sich vorzustellen, wie dieser geschichtete Felskoloss im Laufe ewiger Zeiten langsam aufgefaltet wurde und schließlich den Stux hervorbrachte. Aufgefalteter, versteinerter Meeresboden. Unkel ist auch als Fossilienfundstelle bekannt geworden, das heute „Chonetes unkelensis" genannte, kleine Schalentier wurde erstmals hier gefunden.

Es ist die dem Rhein zugewandte, felsige Seite des Stux, an dem die önologische Musik spielt, sprich der Weinbau betrieben wird. Jetzt im Spätherbst bilden die grüngelben und rotbraunen Blätter der Reben einen perfekten Gegensatz zu den dunkel steinfaltigen, alle Grau-, Braun- und Schwarztöne zeigenden Felsen. Und dazwischen, auf für den Weinbau ungeeigneten oder aufgegebenen Flächen, wachsen Gebüsche, Sträucher, Bäume und jede Menge Brombeeren. Ein nicht unbeträchtlicher Teil der Reben steht auf fast ebenem Gelände am Fuße des Stux, dann steigt die Steilheit, und schließlich erheben sich die Terrassen, auf denen die Reben wie auf kleinen Steinbalkonen wachsen. Die Sandsteinbänke verwittern zu leichten, sandigen Lehmen, die einen besonders hohen Steinanteil und das geringste Wasserspeichervermögen aller Böden des Mittelrheins besitzen. Begrenzt und gesichert werden diese Steinbalkone durch uralte Trockenmauern, von denen Angelika Belz vermutet, dass diese „zur Zeit der Säkularisation, also um 1803 angelegt wurden."

Der Weinbau in Unkel wird 886 erstmals urkundlich erwähnt, die Weinbaufläche erstreckte sich einstmals bis zum Rhein hinunter. 1906 gab es in Unkel noch 140 Hektar Weinberge, heute sind es gerade mal vier, aufgeteilt auf Stux und Elsberg. Es ist schon ein großartiges Bild, wie die Trockenmauern und die Rebterrassen den horizontalen Linien der Gesteinsschichten des Stux folgen. Ich klettere über Steilhänge und Steintreppen, die dicht an den Trockenmauern vorbeiführen, auf einen dieser Steinbalkone und genieße die Aussicht, die die Reben hier Tag für Tag haben. Auf der gegenüberliegenden Rheinseite zeichnen sich ganz schemenhaft im Gegenlicht die Türme der Apollinariskirche ab, besser zu erkennen ist das Schloss Marienfels, das Ende 2004 von dem Entertainer Thomas Gottschalk gekauft wurde. Bei aller Begeisterung für den steinfaltigen Stux und seine großartigen Weinterrassen ist es absolut verständlich, dass man schon einiges an Weinverrücktheit aufbringen muss, um auf die Idee zu kommen, sich hier abzuquälen und den Unkeler Weinbau am Leben zu erhalten.

Neben dem Weinbau gibt es eine andere Seite des Stux, denn, wie schreibt Michael Stemmer so schön, er ist „kleiner als Ayers Rock, nur vieeel schöner – und viel belebter". (12) Der Lebensraum Stux umfasst Felsen, Weinberge, Streuobstwiesen und Wald. Ein großer Teil des Stux besteht aus blankem Fels, manchmal nur von einer ganz dünnen Erdschicht bedeckt. Hier wachsen ausschließlich trockenheitsliebende Pflanzen, wie z.B. Sedum. Wo die Erdschicht dicker ist, wachsen größere, ebenfalls trockenheitsliebende Pflanzen wie Brombeeren und Berberitzen. Im unteren Drittel des Stux, dort wo die Bodenauflage am höchsten ist, ist der Stux-Weinbau zu Hause. Das Klima hier am

Stux ist trocken und warm, beinahe mediterran. Für die Wanzenart Capsodes flavomarginatus ist Unkel der nördlichste Fundort in ganz Deutschland, und die Wanze Eurydema ventralis kommt in Deutschland ansonsten nur noch am badischen Kaiserstuhl vor. Für den Laien noch beeindruckender ist die Tatsache, dass seit 2003/2004 wieder Uhus am Stux nisten. Jörg Belz erzählt mir sehr anschaulich, was für ein großartiges Naturerlebnis es sei, wenn hinter ihm im Weinberg junge Uhus das Fliegen lernen. Ein schöneres Weinbergerlebnis kann ein Öko-Winzer doch kaum haben!

Wir fahren mit dem Gefühl nach Hause, dem Stux ein ordentliches Stück nähergekommen zu sein, und um mir dies zu bestätigen, öffne ich eine Flasche des Rieslings, den man vielleicht als Parade-Weißwein des Ehepaars Belz bezeichnen kann: den Riesling „Schieferterrassen", Jahrgang 2009. In der Nase entwickelt sich ein Strauß von Aromen, die mich an süße Rosenblüten, tropische Früchte wie Banane und Honigmelone, Grapefruit, und strenge Gewürze erinnern. Dazwischen das, was ich als Mineralität bezeichne. Am Gaumen ist der Riesling intensiv aromatisch, zitrusfruchtig und sehr druckvoll. Der Nachhall ist lang und geprägt von feinsalzigen und feinherbstrengwürzigen Aromen. Mit seinen 11,5% Alkohol ist er ein Leichtgewicht. Meine Assoziation ist ein salzig würziges Schieferfundament, wie auf einem der Steinbalkone des Stux, auf dem Rosen und Früchte tanzen, Filigranität und Saftigkeit miteinander spielen. Dieser Wein hat ganze 3,5 Monate gebraucht, um die Gärung in der Belz-Garage zu beenden. Jörg Belz hatte in unserem sommerlichen Gespräch erwähnt, dass ihn dieser Wein an die Ruwer-Rieslinge der Carl von Schubert'schen Gutsverwaltung erinnere. Ein mutiger und selbstbewusster Vergleich zwischen Garagenwinzer und einem traditionsreichen, weltweit renommierten 31-Hektar-Weingut.

Ich mache die Probe aufs Exempel und entkorke einen 2006er Riesling Kabinett trocken vom Maximin Grünhäuser Herrenberg, den ich schon seit einiger Zeit im Keller habe. Carl von Schubert besitzt einen Weinberg für sich ganz alleine, der sich in die Großparzellen Abtsberg, Herrenberg und Brüderberg aufteilt. Herrenberg, das sind 19 Hektar roter Devonschieferboden. Carl von Schuberts Weinen sagt man eine tänzerische Leichtigkeit und überschwängliche Duftigkeit nach. Aus meinem Glas steigen üppig-reife und würzige Noten, die mich an Rosen, getrocknete Aprikosen, Lagerobst, Rosinen und strenge Gewürze erinnern. Nach einer üppig-reiffruchtigen und würzigen Gaumenaromatik folgt ein sehr intensiver, langer Nachhall von strengwürzigen, am Ende fast pfeffrigen Gewürznoten. Dieser Wein ist mit seinen 11% Alkohol ein Leichtgewicht. Auch hier tanzen florale und reiffruchtige Aromen auf einem strengwürzig-mineralischen Untergrund. Insofern kann ich die Analogie zwischen dem Garagenriesling vom Stux und dem Traditions-Kabinett vom Grünhäuser Berg absolut nachvollziehen und ziehe meinen Hut vor der Beobachtungsgabe von Jörg Belz. Allerdings zeigt der Ruwer-Riesling noch mehr duftige Intensität, die Frucht scheint mit einer fast übernatürlichen Konzentration zu strahlen, die 4 Jahre Reifung auf der Flasche werden hierzu auch ihren Beitrag geleistet haben. Und, nicht zu vergessen, diese Flasche trägt die Handschrift eines der besten deutschen Riesling-Erzeuger!

Die Zahl der aktuellen Werke, die mit Weinbewertungen und -beschreibungen gefüllt sind, ist Legion. Die Absurdität der Punktevergabe für Wein, wie der Gault Millau es alljährlich auf die Spitze treibt, wird von dem englischen Philosophen Roger Scruton sehr schön auf den Punkt gebracht, wenn er sagt, dass Punkte für einen Bordeaux zu vergeben, ist, als würde man eine Sinfonie nach Punkten bewerten – als lägen Beethovens Siebte, Tschaikowskis Sechste, Mozarts Neununddreißigste und

Bruckners Achte alle irgendwo zwischen 90 und 95. Weinbeschreibung tritt gerne in einer dreifachen Gestalt auf. Entweder als ein reines Bewertungssystem mit verschiedener Präzision der Skalen (100 Punkte, 20 Punkte, 3 Sterne, 3 Weingläser etc.). Oder als Versuch der möglichst objektiven sensorischen Beschreibung von Geruch und Geschmack, wobei der Verkoster gleichsam als chemisch-analytisches Messinstrument eingesetzt wird, ggf. von Aromarädern unterstützt. Oder als Beschreibung all der Gefühle, Passionen, Bilder, Töne und Metaphern, die sich beim Genuss des Weines im Verkoster einstellen. Wenn nämlich das Weinkunstwerk seine synästhetische Kraft wirken lässt und der Trinker diese Wirkung auch zulässt. Während die Punktevergabe eine im Prinzip illegitime Herangehensweise an das Kunstwerk Wein darstellt, werden durch Weinsensorik und Weinmetaphorik die sinnlichen und die ästhetischen Aspekte des Weinkunstwerks beleuchtet. Punkte können da meines Erachtens ausschließlich als Anhaltspunkte dienen, die uns helfen können, den Weg zu den Spitzenweinen leichter zu finden.

Wenn ich nun alle Puzzleteile im Geiste nebeneinander lege, den steinfaltigen Stux mit seinen Rebterrassen, die fossilen Zeugen des Urmeers, den Enthusiasmus zweier Garagenwinzer, die Uhus bei ihren ersten Flugversuchen und den Weinbau im Einklang mit der Natur, so scheinen all diese Puzzleteile durch eine innere Logik miteinander verbunden zu sein. Ein Gesamtkunstwerk, das in Frühburgunder und Riesling seinen tiefen, verflüssigten Ausdruck erhält. Das ist so weit wie nur irgend möglich entfernt von einer „Weinkultur", die Qualität verselbstständigt zu quantifizieren versucht und dem Ruwer-Riesling von der Saar oder dem Frühburgunder von der Ahr mehr Punkte zubilligt als ihren Pendants vom Stux.

Gegen Ende des Jahres 2010 erhalte ich von Jörg Belz ein kurzes Update zur vorangegangenen Weinlese, das das bewundernswerte Engagement und den großen Enthusiasmus des Wein-Ehepaars wunderschön auf den Punkt bringt. Er schreibt mir: "Die Lese war extrem schwierig, wir haben mit großem Risiko möglichst spät gelesen und dabei dann einen mordsmäßigen Selektionsaufwand betrieben. Eine üble Plackerei, ich wundere mich immer wieder über die Leidensfähigkeit (und den Ehrgeiz!) unserer Lesemannschaft. Die Erntemenge ist klein, aber dafür – zum einen von guter bis außerordentlicher Qualität (z.B. vom Mostgewicht und vom Aromapotential her der beste von uns jemals gelesene Riesling) –, zum anderen haben wir den größten Teil der Ernte eines befreundeten Ökowinzers aus Königswinter übernommen, so dass wir unsere eigenen Mengeneinbußen mit sehr vielversprechendem Traubenmaterial (Riesling, Spätburgunder, Elbling) mehr als wettmachen konnten. Ich bin gespannt, wie das alles nachher in der Flasche endet..."

## VI. Dänischer Riesling. Vivi Hasse und Lars Dalgaard. Weltweindorf.

*Wetterresistenter, dänischer roter Rondo.*
*Schieferrieslingträume reifen*
*im Weltweindorf.*

Der 1. Oktober 2010 ist ein trüber Tag, an dem es lange dauert, bis die Sonne sich ihren Weg durch die Nebelschwaden erkämpft hat. Unser Golf schraubt sich die Serpentinen hoch, um schließlich vor dem Wohnhaus von Vivi Hasse und Lars Dalgaard zum Stehen zu kommen. Wir sind ein paar Minuten zu spät und Lars Dalgaard hält bereits Ausschau nach uns. Ein paar Minuten später sitzen wir in der großzügigen Küche des dänischen Ehepaars. Der Fußboden besteht aus tiefschwarzen Schieferplatten, eine riesige Fensterfront öffnet den Blick in das Manubacher Tal. Diese Küche ist eine Art Wintergarten, dem eigentlichen Wohnhaus vorgelagert. Ein langgestreckter Holztisch nimmt die Mitte des Raumes ein.

Vivi Hasse ist Architektin, sie hat das Wohnhaus komplett selbst geplant und die Pläne dann von einer Firma umsetzen lassen. Im Jahr 2000 zog die fünfköpfige Familie in ihr Mittelrhein-Domizil ein. Die Nebenerwerbswinzerin arbeitet hauptberuflich bei der Landwirtschaftskammer, macht Bauberatung und hat zudem eine eigene Firma, in der sie Weingüter plant. Darunter unlängst ein Weingut in Dänemark, bei dessen Gestaltung sie aufgrund der finanziellen Situation des gutsituierten Besitzers aus dem Vollen schöpfen konnte.

Unser Gespräch streift den Dänischen Weinbau. Eine Weltmacht im Weinbau ist Dänemark beileibe nicht, doch Wein hat man hier schon immer gern getrunken. Einer der prominentesten dänischen Weinliebhaber war König Christian der IV., er lebte von 1577 bis 1648. Für seine zahlreichen Feste ließ sich der

dänische König den Mittelrhein-Riesling gleich fassweise anliefern. Eine höchst vergnügliche Parallele zu der heutigen Weinliaison zwischen Dänemark und dem Mittelrhein!
Seit August 2000 ist Dänemark offiziell ein Weinanbaugebiet der EU, 2007 betrug die bestockte Rebfläche 24 Hektar. Dennoch: Der bedeutsamste Beitrag Dänemarks zur Welt der Alkoholika ist nach wie vor der aus Kartoffeln oder Getreide gebrannte Aquavit mit der geschützten Herkunftsbezeichnung „Danske", der, wie Kenner wissen, erst nach der Äquator-Überquerung, dann als „Linie", zur vollen Entfaltung kommt. Die beliebteste dänische Rebsorte ist hingegen der rote Rondo, der 1964 in der CSSR durch Kreuzung klimarobuster Rebsorten mit kurzer Vegetationszeit kreiert wurde. Diese Rebe ist extrem wetterresistent und nimmt auch einen verregneten Sommer nicht krumm. Kaum eine andere Rebsorte bildet so rasch nach dem Blütenaustrieb ihre Trauben und ist in den Erträgen so konstant wie der rote Rondo. Er ergibt tiefdunkle Rotweine, die dem Blauburgunder ähneln und nach dunklen Kirschen und Brombeeren duften. Vivi Hasse allerdings verzieht deutlich den Mund beim Gedanken an den dänischen Rotwein aus der Rondo-Traube. Weltweindorf im Zeichen des Klimawandels.
2001 begannen die beiden Seiteneinsteiger als Nebenerwerbswinzer mit dem Weinbau in Manubach. Die alteingesessenen Manubacher hatten ihnen zunächst nicht zugetraut, hier guten Wein machen zu können – die Steeger und Bacharacher Winzer noch viel weniger. Und erst recht nicht im Nebenerwerb. Eine Parallele zum Bruchhausener Ehepaar Belz.
Lars Dalgaard arbeitete damals im Controlling der Telekom, heute ist er freier Unternehmensberater. Als ich vor ein paar Jahren schon einmal hier war, zeigte mir Lars Dalgaard eine umfangreiche Excel-Tabelle, in der er die Reifeentwicklung seiner verschiedenen Parzellen minutiös dokumentierte, um so das Ernteergebnis für die verschiedenen Reifestufen des Rieslings

extrapolieren und die Ernte entsprechend vorplanen zu können. Mich hatte das seinerzeit sehr beeindruckt, war dies doch der geradezu exemplarische Versuch, Erfahrung durch Wissen zu ersetzen. Vivi Hasse quittiert diesen Rückblick mit dem lakonischen Einwurf: „Das hat doch nie gestimmt." Er dagegen verweist auf den Prozess, auf den es ankäme...

Vivi Hasse ist sehr kreativ, sie plant Häuser und malt – die Staffelei steht in einem abgeteilten Eckraum mit offenem Zugang zur Küche. Ihr Ehemann ist eher der analytische, sachliche Typ, schreibt für die dänische Weinzeitung Vinbladet.

Seit dem Jahrgang 2002 besitzen die beiden ihre Rebflächen im Manubacher Mönchwingert und im Oberdiebacher Fürstenberg. Die Weinberge haben sie unter sich aufgeteilt: Er ist für den Fürstenberg verantwortlich, sie kümmert sich um den Mönchwingert. Ein wirklich spannendes Weinbau-Familienexperiment.

Im Fürstenberg stehen heute 0,35 Hektar „dänischer" Riesling, die Reben wurden in den Jahren 1954 und 1955 gepflanzt. Der mittelschwere Boden des Fürstenbergs besteht aus verwittertem Hunsrückschiefer, hinzu kommen Lehmanteile neuzeitlichen Ursprungs. Dieser Weinbergboden ist sehr tiefgründig und verfügt über eine hohe Wasserspeicherfähigkeit. Die Reben können hier tief wurzeln, die Gefahr von Wasserstress wird minimiert. Geprägt ist die Weinlage durch die im Jahre 1219 vom Kölner Erzbischof Engelbert I. erbaute Burg Fürstenberg. Die Burg, heute eine Ruine, diente der Sicherung des kölschen Besitzes um Bacharach sowie der unvermeidlichen Zollerhebung.

Im Mönchwingert stehen 0,47 Hektar „dänischer" Riesling. Der ebenfalls mittelschwere Boden dieses Weinbergs ist nach Süden ausgerichtet, er besteht aus Lehmschutt über in bereits 70 cm Tiefe anstehendem Hunsrückschiefer. Dieses ist in den Weinbergen des Mittelrheins die am häufigsten vorkommende Bodenart. Interessant ist, dass beim Übergang vom

Oberdiebacher Fürstenberg zum Manubacher Mönchwingert die Bodenart wechselt. Während man im Fürstenberg schwarzen Schiefer findet, ist dieser im Mönchberg eher grau, auch findet sich dort ein höherer Eisenanteil. Entscheidend beim Vergleich der beiden Terroirs ist aber wohl, dass die Reben im Mönchberg auf ihrem kargen Schieferboden viel mehr kämpfen müssen als die Stöcke im Fürstenberg auf dem tiefgründigen, lehmig-schiefrigen Boden.

Ihre Kellerphilosophie beschreiben die beiden Dänen mit dem Begriff „no-touch-winemaking", was bei ihnen für den Verzicht auf Entsäuerung, Anreicherung, Schönung im Weinstadium oder Aufwirbeln der Hefe steht. Die anderen weinbauphilosophischen Elemente sind die Ganztraubenpressung, die lange Vorklärung des Mostes, das lange Feinhefelager und der Ausbau in Edelstahltanks.

5000 Rebstöcke stehen in den beiden Weinbergen, alle Reben sind über 50 Jahre alt und ergeben schon deshalb sehr niedrige Erträge von weniger als 40 hl/ha. Das ist gut die Hälfte dessen, was ein Vollerwerbswinzer, der keine besondere Ertragsreduzierung vornimmt, im Durchschnitt der Jahre ernten kann.

Ich spüre, dass die beiden absolute Weinenthusiasten, ja Rieslingenthusiasten sind, die sich hier in Manubach niedergelassen haben, um ihr Weinhobby gleichsam auf die Spitze zu treiben. Wie so häufig bei Nebenerwerbswinzern durchweht das ganze Haus ein Hauch von Individualität und alternativem Lebensstil, nonkonformistisch und eigensinnig. Villa Riesling, so der Name des Weingutes, bedeutet zu 100 Prozent Riesling. Und da kommt auch schon der „Riesling" in die Küche gerannt, in Gestalt eines 20 Monate alten, afghanischen Windhundes, der, wenn er auf seinen Hinterbeinen steht, es größenmäßig locker mit Lars Dalgaard aufnehmen kann. Ihn mit in den Mönchwingert zu nehmen, so Vivi Hasse, war am Anfang keine gute Idee, weil er „frei nach Schnauze" beim Ausdünnen der

Trauben half. Der zottelige Hund mit dem langgezogenen Gesicht, der tatsächlich auf den Namen Riesling hört, wuselt um uns herum, beschnuppert uns mehr als wir mögen, doch nach einiger Zeit scheinen wir in den Kreis aufgenommen, den er zu verteidigen hat, und sein Bellen richtet sich nun gegen jeden, der draußen vorbeigeht.

Die 2009er Rieslinge sind immer noch nicht gefüllt – wir schreiben den Monat Oktober des Folgejahres! Noch immer liegen sie auf der Hefe und gewinnen dabei stetig an Cremigkeit und Mineralität. In vierzehn Tagen sollen die Flaschen gefüllt werden, dann folgt die Weinernte – wohl ohne eine große Pause dazwischen. So probieren wir heute das 2008er Sortiment, das aus fünf verschiedenen Weinen besteht: Kabinett trocken und halbtrocken sowie Spätlese halbtrocken vom Fürstenberg und Spätlese halbtrocken und mild vom Mönchwingert. Also drei von ihm und zwei von ihr.

Wir beginnen mit dem trockenen Kabinett aus dem Fürstenberg. Seine Nase erinnert mich an Zitronen, Orangenschalen und strenge Gewürze. Im Mund ist er dicht und intensiv und ebenfalls von Zitrusnoten geprägt. Am Ende folgen salzig-mineralische und strengwürzige Aromen. Dieser Riesling ist rassig, dicht, intensiv-aromatisch und kristallklar. Auf seine fast karge Art verkörpert er den felsigen Mittelrhein-Canyon. Ein Wein für echte Rieslingfans, 100% Riesling, beinahe intellektuell, falls ein Wein so etwas sein kann.

Der halbtrockene Kabinett vom Fürstenberg mit seinen zehn Gramm Restsüße – also gerade noch als halbtrocken zu bezeichnen – kommt zitrusfruchtig-mineralisch und spritzig, mit mehr Säurespiel als sein trockenes Pendant daher. Jetzt rieche ich Grapefruit, Schiefer, Salz und strenge Gewürze. Einem frischen, rassigen Ansatz folgt eine lebendige, dichte, cremige, zitrusfruchtig-mineralische Gaumenaromatik, ein sehr rassiger Säurenerv und eine dezente Restsüße. Dieser Riesling ist wie ein trockenes, karges, bodenständiges und rockiges Musikstück, irgendwo in der Nähe der lässigen Texaner von ZZ Top angesiedelt. Und so ein bisschen meine ich auch die Einsamkeit und Melancholie des Saxophons von Jan Garbarek durch den Mittelrhein-Canyon hallen zu hören.

Die 2008er Rieslinge wurden erst drei Tage vor Beginn der 2009er Weinlese auf Flaschen gefüllt und lagen dementsprechend lange auf der Hefe.

Der dritte in der Fürstenberg-Reihe, die Spätlese halbtrocken, mit schlanken 10,5% Alkohol und elf Gramm Restzucker, zeigt in der Nase Grapefruit, einen Cassis-Hauch, etwas Sahne, Schiefer und strenge Gewürze. Am Gaumen ist er intensiv, reif und zitrusfruchtig-würzig, mit kräftiger Säure und gut abgestimmter Restsüße. Der Nachhall ist lang, intensiv und von mineralischen und strengwürzigen Aromen geprägt. Das ist ein geschmacklich halbtrockener, leichtgewichtiger Fürstenberg-Riesling. Leicht, aber keinesfalls belanglos. Mozarts Musik lässt grüßen.

Wir kommen auf ein beliebtes Thema, die Gestaltung von Weinpreisen, zu sprechen. Vivi Hasse sagt, dass der unterste Preis, der die Herstellkosten in der Steillage noch decken könne, 4,67 € pro Flasche seien. Die fünf Weine, die wir heute probieren, rangieren im Verkaufspreis zwischen 7,50 € und 11,00 €. Absolut angemessen, aber für Mittelrhein-Verhältnisse fast schon ungewöhnlich. Den Gutswein für unter fünf Euro die Flasche gibt es hier nicht zu kaufen. Und ein solcher Wein würde auch nicht das widerspiegeln, was die dänischen Riesling-Winzer sich vorgenommen haben. Die Weinphilosophie der Dänen besteht aus den sieben Säulen „alte Reben, sehr niedrige Erträge, späte Ernte, Ganztraubenpressung, wenn möglich Spontangärung, lange gekühlte Gärung und extrem späte Flaschenfüllung". Praktische Erfahrungen im Weinbau haben die Riesling-Winzer bei

Randolf Kauer und Peter Jost in Bacharach gesammelt. Vorbilder haben sie heute keine mehr, aber Peter Jakob Kühn aus dem Rheingau ist einer der Winzer, für den sie sich besonders begeistern können. Auch über offizielle Ökoweine haben sie bereits nachgedacht, aber das würde summa summarum 2 € mehr pro Flasche bedeuten, da ein solcher Öko-Zertifizierungs-Prozess für ein kleines Weingut verhältnismäßig teuer ist. Und da sich das Preisniveau von Villa Riesling für Mittelrhein-Verhältnisse schon am oberen Ende der Skala befindet, wären diese zusätzlichen zwei Euro vielleicht einen Tick zu viel des Guten.

Wir kommen nun zu Vivi Hasses „weiblichen" Rieslingen aus dem Mönchwingert. Die halbtrockene Spätlese zeigt sehr viel Mineralität und eine sehr intensive, komplexe, feinfruchtig-mineralische Nase. In meine Nase steigen Aromen süßer Blüten, Grapefruit, Cassis, eine prägnante Schiefernote und Assoziationen strenger Gewürze. Es ist ein verspielter, komplexer Schiefer-Riesling mit sehr anregendem Säure-Süße-Spiel und einem mineralisch-strengwürzigen Abschluss, der zu einem intensiven Dialog einlädt. Hier findet der Spruch – Ein guter Wein ist wie ein anregendes Gespräch mit einem guten Freund – seine Berechtigung. Und wieder drängt sich der Vergleich zu einem Stück von Mozart auf, aber diesmal mit Esprit, mit Pfeffer. Dies ist lebendige Riesling-Kunst aus dem Mönchwingert!

Den Abschluss dieser kleinen Mönchwingert-Probe bildet Vivi Hasses Spätlese mild. Ein Wein mit 32 Gramm Restzucker. Aber die Säure balanciert die Süße so schön aus, dass er niemals das Prädikat „süß" verdiente. Seine Nase erinnert mich an Weinbergpfirsiche, Grapefruit, sehr reife Äpfel, Schiefer und strenge Gewürze. Sein rassiger Säurenerv boxt gegen hervorragend abgestimmte Restsüße. Und sein intensiver, langer Nachhall ist geprägt von feinsalzig-mineralischen und feinwürzigen Aromen. Eine mozartesk verspielte Frischzellenkur, ein grandioses Konzert aus Schiefermineralität, Frucht, Säure und Süße. Die Verbindung aus Leichtigkeit, Lebendigkeit, Komplexität und Tiefe. Ein Riesling, der ganz hervorragend zur Gänseleberpastete passt.

Wenn ich Villa Rieslings Weinexperimente aus Fürstenberg und Mönchwingert miteinander vergleiche, so finde ich im Fürstenberg mehr Zitrusfrüchte und eine geradlinige feste Art, beim Mönchwingert hingegen reifere Früchte und mehr restsüße Verspieltheit. Kommen hier vielleicht Winzer-, Terroir- und Weincharakter in einer glücklichen Liaison zusammen? Klare, feste, straffe Struktur versus verspielte Säure-Süße-Frucht-Gegensätze auf einem mineralisch-würzigen Fundament. Der noble, feste Fürstenberg und der etwas weichere, verspielte Mönchwingert?

Übermorgen, also am Sonntag, wird ein dänischer Reisebus hier vorbeikommen. Weininteressierte werden die dänisch-deutschen Rieslinge probieren und gleich kistenweise mitnehmen. Vivi Hasse erzählt, dass der Weintourismus der neue Trend in Dänemark sei. Diese Weinreisen führen häufig nach Frankreich – und Manubach liegt ja praktisch auf dem Weg. Die Touristen aus dem hohen Norden bekommen dann Weinbergführungen und eine Weinpräsentation im Mittelrheintal, bevor sie in das vermeintliche önologische Schlaraffenland weiterfahren. Die Vernetzung mit Dänemark ist für die Vermarktung der Villa Riesling Weine – ca. 4000 Flaschen werden pro Jahr erzeugt – eine wichtige Basis. Das Weltweindorf kommt mir wieder in den Sinn.

Zum Abschluss unserer Probe greift Lars Dalgaard in die unteren Regalfächer in seinem Keller und zieht dort zwei acht Jahre alte Weine, aus dem Jahr 2002, heraus. Dies war der zweite Jahrgang der Dänen und zugleich der erste aus dem Mönchwingert. Zunächst probieren wir den Riesling-Kabinett aus dem Fürstenberg. Die gelbe Farbe verrät bereits das Alter des Weines, in der Nase finden sich Aromen von Lagerobst und Petrol, ganz typisch für würdevoll gereifte Rieslinge. Mit seinen nur 11% Alkohol ein schlanker, aber keinesfalls dünn wirkender Wein. Er ist weich am Gaumen, die Säure ist sehr gut eingebunden und zum Abschluss folgt eine lange, würzige Spur. Die Spur des Weltweindorfes.

Ich denke zurück an die Fachmesse ProWein 2010 im März in Düsseldorf, das Kontrastprogramm in Messehalle 4, eine Probe von vier „North American Rieslings" unter dem Schlagwort „Terroir and Diversity". In den USA und Kanada wird der Riesling gerade zur Trendrebe. Wo stehen diese Rieslinge geschmacklich und was können wir von diesem Trend erwarten, möglicherweise auch als Impuls für unseren deutschen König der Weißweine?

Die Verkostung beginnt mit einem dry Riesling aus dem kalifornischen Napa Valley, aus alten Reben vom Weingut Scott Harvey. Harvey hat in Deutschland das Riesling-Handwerk gelernt und spricht ein lustiges Deutsch mit sowohl amerikanischem als auch süddeutschem Akzent. Freimütig gibt Scott zu, dass in dem heißen Klima Kaliforniens der Zusatz von Säure zum Riesling erlaubt und notwendig sei, um ihm das entsprechende Rückgrat zu geben. Trotzdem fehlen seinem Wein Spiel und Lebendigkeit. Scott wollte einen Kabinett-Stil erzeugen, doch der Wein erinnert mich eher an eine Spätlese aus dem Jahrgang 2003 mit gereifter, gekochter Nase überreifer Früchte, wenig Säureakzent und leicht bitterer Würze. Von den analytischen Eckdaten her, 10,5% Alkohol und 11 g/l Restsüße, ganz klar ein halbtrockener Riesling nach Kabinett-Art. Geschmacklich trifft es dies aber keineswegs. Scott Harvey verkauft diesen Riesling aus dem berühmten Napa-Tal für stolze 22 $.

Der zweite Wein ist ein dry Riesling aus dem kanadischen Ontario vom Weingut Cave Spring Cellars, ebenfalls aus dem Jahrgang 2007. Er riecht nach exotischen und überreifen Früchten, zeigt bereits einige petrolige Noten und eine Gaumenaromatik, vergleichbar mit Scotts kalifornischem Riesling. Er wird für 15 $ die Flasche verkauft.

Der nächste Vertreter Riesling-Amerikas, ebenfalls ein 2007er, stammt aus dem Ostküsten-Anbaugebiet Finger Lakes bei New York. Ein dry Riesling von den Sheldrake Point Vineyards, mit 12% Alkohol und 1 g/l Restsüße – der erste richtig trockene Vertreter, auch wenn bei allen „trocken" draufsteht. Auch er zeigt in der Nase zunächst gekochte Früchte, doch dann eine Aromatik, die mich an Zitroneneis erinnert. Am Gaumen sehr voll, weich, aber auch mit guter Säure und Würze ist dies der erste North American Riesling, der meine Aufmerksamkeit weckt. Offensichtlich fühlt sich der Riesling in dem etwas nördlicheren New York weitaus wohler als in Napa, der Heimat von Cabernet Sauvignon und Merlot. In diesem Fall braucht man weniger Schminke, um einen lebendigen Riesling hervorzubringen. Auch dieser Wein ist für ca. 15 $ zu haben.

Den Abschluss dieser kurzen Exkursion in die amerikanische Riesling-Welt bildet ein trockener Pacific Rim Riesling aus dem Columbia Valley, Jahrgang 2008. Mit einer reifen Zitrusfrucht, Sandstein-Mineralik bereits in der Nase, schöner Balance, Lebendigkeit, aber auch Weichheit und einem langen, würzigen Nachhall eindeutig der Gelungenste der vier Rieslinge. Und mit 10 $ gleichzeitig auch der günstigste Vertreter dieser Probe.

Welches Fazit kann man nach dieser kurzen Weinreise über den großen Teich ziehen? Das vom Markt vorgegebene und von den Winzern angestrebte Ziel, alkoholarme Weine im Stil des halbtrockenen Kabinetts zu erzeugen, wurde bislang nicht erreicht. Dazu sind die Rieslinge einfach zu reif und zu dick. Doch die wirklich trockenen Rieslinge, mit bis zu 12,5% Alkohol, kräftigem Körper und reifer Frucht, sind vielversprechend. Vielleicht manchem kraftvollen Riesling-Kabinett aus der Pfalz oder mancher Riesling-Spätlese aus dem Bopparder Hamm ähnlich. Und das Motto „Terroir and Diversity"? Vielleicht etwas zu hochgestapelt. Trotzdem dürfen wir gespannt sein auf die weitere Entwicklung dieses noch jungen Riesling-Booms in den USA, dieser neuen Facette des Weltweindorfes.

Auch auf der VDP Weinbörse 2010, der Leistungsschau der deutschen Elite-Weingüter, erlebte ich ein „Global Riesling Tasting" und damit ebenfalls einen Versuch, den deutschen Riesling in den globalen Kontext zu stellen. Und das mithilfe von faszinierenden Weinpaarungen, in denen deutsche Rieslinge ihren Verwandten aus Australien und Neuseeland gegenübergestellt wurden.

Die erste Paarung ist ein Pfälzer 2008er Kastanienbusch, Großes Gewächs von Ökonomierat Rebholz, der einem Knappstein Watervale Riesling des gleichen Jahrgangs aus dem Australischen Clare Valley gegenübergestellt wird. Der Deutsche zeigt eine intensive, sehr expressive Nase, die an Ananas und exotische Früchte erinnert. Am Gaumen ist er weich, fast süß und offenbart eine expressive Würze. Der Australier riecht nach weißer Schokolade, Orangen und Gewürzen. Auch er ist am Gaumen sehr weich, hat weniger Säure und eine ausgeprägte, fast bittere Würze am Ende. Stilistisch sind die Parallelen zwischen beiden Weinen klar erkennbar, doch der Aussie wirkt weniger elegant, gleichsam gekochter als der deutsche Riesling.

Die zweite Paarung ist ein 2008er Uhlen Laubach von dem Terroirfreak und Mosel-Star Reinhard Heymann-Löwenstein sowie der 2008er Stoneleigh aus dem bekannten neuseeländischen Anbaugebiet Marlborough. Der deutsche Kultwein zeigt sehr viel Schiefer in der Nase, am Gaumen viel würzige Mineralität, Gewürze und eine kräftige Säure. Er ist extrem intensiv und lang, seine Mineralität boxt mit Säure und Süße in einem intensiv aromatischen Fight. Es ist wohl der kalkhaltige, fossile Schiefer der Laubach-Schichten der Spitzenlage

Winninger Uhlen, natürlich in Verbindung mit den Ausbaumethoden von Heymann-Löwenstein, der diesem Wein eine geradezu wilde Exotik vermittelt.
Der Neuseeländer wurde im April 2008 gelesen. Er wuchs in der Nähe des mächtigen Wairau-River auf steinigem Flusssediment. Es gibt hier weitläufige Kieselfelder, die das Wasser nur ganz schwer halten können und in denen die Reben tief wurzeln. Hier findet man auch die sogenannten „sunstones", glatte Kieselsteine, die als Wärmespeicher in kühlen Nächten fungieren. Genau das, was man auch dem dunklen Mosel- und Rheinschiefer zuschreibt. Generell zeichnen sich die Weißweine aus der Region Rapaura in Marlborough durch komplexe Aromen, eine beeindruckende Fülle sowie eine saubere und gut eingebundene, frische Säure aus. Der 2008er Stoneleigh zeigt eine expressive Frucht, die an weiße Pfirsiche und Aprikosen erinnert, dazu Petrol und eine intensive, aber nicht bittere Würze am Gaumen. Mit dem Uhlen kann er nicht mithalten, anstelle von dessen Mineralität punktet er mit Fruchtigkeit, ihm fehlt aber dieser grandiose, individuelle Charakter.
In der dritten Paarung begegnen sich schließlich Neuseeland und der Mittelrhein, genauer gesagt ein Steeger St. Jost und ein Spy Valley aus Marlborough. Die trockene Spätlese des Jahrgangs 2007 vom Weingut Ratzenberger zeigt zunächst eine verhaltene Frucht und Würze, dann entwickeln sich Aromen von Aprikosen und exotischen Früchten. Am Gaumen folgt ein saftiges, filigranes Spiel, beendet von kraftvoller, intensiver Würze. Filigranität, reife Frucht, schöne Mineralität und Würze – so kommt dieser Mittelrheiner daher. Der Neuseeländer wurde aus Trauben erzeugt, die an verschiedenen Stellen des Wairau- und des Waihopai-Tals reiften. Gelesen wurde er im April 2007. Wie der Kiwi-Wein, der gegen den Uhlen antreten musste, hat auch der Spy Valley Riesling Zitrusfrüchte, Petrol und Lagerobst in

der Nase. Am Gaumen zeigt sich eine Verwandtschaft mit dem Mittelrheiner, bei etwas weniger Spiel, Finesse und Filigranität. Deutsche Rieslinge treffen auf ihre Pendants aus Napa Valley, Finger Lakes, Columbia Valley, Clare Valley und Marlborough. Viel Bewegung im Weltweindorf mit offenem Ausgang.

Ein geradezu kontroverser Charakterzug, den Rieslinge in alter und neuer Weinwelt teilen, ist die berühmt berüchtigte Petrolnote, französisch vornehm *„goût de petrol"* genannt. Sie scheint sich wie ein roter Faden durch Rieslinge der klimatisch heißen Weinbaugebiete zu ziehen – und das bereits in der Jugend. Bei deutschen Rieslingen findet sich die Petrolnote fast immer in fortgeschrittenem Alter, sie kann aber auch in der Jugend auftreten. Schiefer oder Petrol, das ist dann häufig die Frage. Chemisch gesehen ist das Petrolaroma gleichbedeutend mit der unaussprechlichen Verbindung 1,1,6-Trimethyl-1,2-dihydronaphthalin (TDN), einem Kohlenwasserstoff, dem man die olfaktorische Verwandtschaft zu Erdölprodukten schon fast am Namen ansieht. Der Petrolton gilt als „chemischer" Aromatyp und wird auf Aromarädern häufig zwischen erdig und oxidiert dargestellt. Die Verbindung entsteht durch den Abbau sogenannter Carotinoide. Diese Carotinoide, die Vorläufermoleküle also, müssen in ausreichender Menge vorhanden sein, um dann durch Zersetzung während der Alterung des Weines das TDN und mithin das Petrolaroma auszubilden. Faktoren, die das TDN-Potential bekanntermaßen erhöhen, sind sehr reife Trauben, niedrige Erträge, späte Lese, viel Sonnenlicht, Wasserstress und ein hoher Säuregehalt. Einige dieser Faktoren sind quasi gleichbedeutend mit hoher Weinqualität. Deshalb wird man insbesondere den jugendlichen Petrolton eher bei guten als bei schlechten Weinen finden. Der Begriff Petrol wird heute entweder als Riesling-typisch oder als Fehlaroma eingeordnet. Als das Deutsche Weininstitut (DWI) seinerzeit das Aromarad für deutsche Weißweine herausbrachte, ließ man „Petrol" einfach weg, obwohl das Aroma in dem Ursprungsrad der kalifornischen Professorin Ann C. Noble durchaus vorhanden war.

Petrol ist jedenfalls ein typisches Beispiel für mineralische Aromen im Wein. Mineralität in der Nase bedeutet für mich ein Aromaspektrum, das von Kreide, über Feuerstein, Petrol und nassen Schiefer bis hin zu Jod und Salz reicht. Am Gaumen bedeutet Mineralität für mich steinige, schiefrige und salzige Aromen, die manchmal von würzigen und pfeffrigen Noten schwer zu trennen sind. Ich erinnere mich an einen Satz von Carsten Henn: „Salzig ist das neue mineralisch!"

Mineralität ist ein Typus. Das wurde mir vor einiger Zeit klar, als ich an einem überheißen, schwülen Augustsamstag bei einem Weinladen in der Nähe vorbeifuhr. Die Verkäuferin erwies sich als glänzend in ihrem Job und ließ mich, fast gegen meinen Willen, ein Weißweinsortiment probieren, wobei sie mich nach einigen gemurmelten Kommentaren meinerseits als fruchtigen Typus klassifizierte. Fruchtiger Typus? Rot oder Weiß? Trocken oder Lieblich? Ich wehrte mich innerlich gegen die Schublade, in der ich gelandet war, und gegen diese Kategorisierung von Wein. Trotzdem verließ ich den Laden mit einem super mandarinenfruchtigen, deutschen Sauvignon blanc vom rheinhessischen Weingut Seebrich, der mir auch später noch großartig schmeckte – auch wenn er etwas fruchtbetont war. Inzwischen denke ich, dass an der Kategorisierung schon etwas dran ist und dass die Unterscheidung zwischen fruchtigen und mineralischen Weintypen nicht ganz verkehrt ist.

Wie kommt denn eigentlich diese sagenumwobene Mineralität in den Wein? Ganz offensichtlich nicht so, wie es sich so mancher Winzer und Weinfreund vorstellt. Es sind wahrscheinlich nicht die Mineralien selbst, die die Rebe aus großer Tiefe saugt und in die Beeren transportiert. Der Wein enthält zwar Mineralien, aber nur in Spuren. Wie am Beispiel des Petroltons diskutiert, sind es chemische Verbindungen in der Beerenschale, die schließlich einen Geruch und einen Geschmack nach Benzin, nach flüssigem Schiefer in den Wein bringen können, ohne dass dieser jemals wirklich Schiefer in sich aufgenommen hätte. Diese Mineralität ist dann durchaus vom Winzer, seinen Ausbaumethoden, vom Standort, also vom Terroir geprägt worden – aber nicht ganz so einfach, wie man sich das zunächst vorstellt. Ein Schieferriesling, der in seiner Mineralität die schroffen Schieferfelsen des Mittelrheins spiegelt, ist folglich ein glücklicher Zufall, eine Laune der Natur. Ein Zitat des großen portugiesischen Weinmachers Dirk van der Niepoort fällt mir in diesem Zusammenhang ein: „Wenn es um die Aromatik geht, glauben wir den Boden oft dann zu entdecken, wenn wir etwas anderes riechen als klare Primärfrucht; vielleicht eine Note, die in Richtung Kräuter oder Blüten tendiert. Ich stelle mir vor, dass bestimmte eigenwillige, aber charakteristische Aromen womöglich von einem Mangel einzelner Mineralstoffe oder Spurenelemente herrühren. Solche Mängel können also die Komplexität des Weines erhöhen. [...] Leider tendieren die Kellermeister heute dazu, alles, was nicht klar der Primärfrucht zuzuordnen ist, mit Reinzuchthefen, blitzblank geklärten Mosten und anderen Tricks zu korrigieren und zu eliminieren." (14) Ein Gedanke, der mit der französischen Idee des „Guter-Wein-entsteht-nur-durch-Kampf" eng verwandt ist.

In Gedanken halte ich meine Nase an eine Tasse Tee und rieche Heu, die Wiesenkräuter der Alpen und steinig-mineralische Aromen. Am Gaumen folgt ein weicher, cremiger, fast seifiger, steiniger, salziger und feinherb-würziger Geschmack. Diese typische, feinherbe Würze, die langsam aber sicher nachbittert, aber immer angenehm bleibt, so wie bei allen guten indischen ‚first flush' Darjeelings, die nie nach Milch und Zucker schreien. Mineralität, Phenole, eine Aromavielfalt jenseits der Fruchtigkeit. Im schottischen Single Malt Whisky erinnern sie uns an

Meer, Brandung, Wind und Salz. Und im Mittelrhein-Riesling an den schieferfaltigen, romantischen Rheincanyon. An dieser Stelle endet der Riesling-Trip auf den Spuren der Mineralität von Manubach nach USA, Australien, Neuseeland und kurz geschmacksverwandt nach Indien und Schottland.

Zurück zum Mittelrhein. Wir sitzen immer noch in der Manubacher Küche des Weinguts Villa Riesling und probieren jetzt die 2002er Spätlese aus dem Mönchwingert. Spätlese? Der Most schaffte locker das Gewicht einer Auslese, doch nach der Vorstellung des Weines bei der amtlichen Qualitätsweinprüfung sollte er zum Kabinett heruntergestuft werden. Vivi Hasse erzählt, dass sie den Wein bei sehr pikanter Säurestruktur völlig durchgegoren habe. Und so entstand ein Wein, der den amtlichen Prüfern nicht so recht munden wollte. Doch Vivi Hasse ließ nicht locker, stellte den Riesling ein zweites Mal zur Prüfung vor und verlangte ein neues Prüferteam. Ihre Hartnäckigkeit zahlte sich aus und der Wein konnte nach zweiter Prüfung schlussendlich als Spätlese etikettiert werden. Dieser Riesling zeigt nun das gleiche Gelb wie der 2002er Kabinett aus dem Fürstenberg, den wir vorher probiert haben. Ich rieche Lagerobstaromen und natürlich Petrol. Am Gaumen folgt eine sehr pikante Säure, die insbesondere nach hinten heraus sehr dominant wird. Nach Meinung von Lars Dalgaard „nur für die verzinkten Mägen eingefleischter Riesling-Trinker geeignet". Es war wohl diese Säure, die in der Jugend dieses Weines noch viel dominanter gewesen sein muss, die dem ersten Prüferteam so große Schwierigkeiten bereitet hatte. So ist Villa Riesling eben: Kompromisslos, qualitätsfanatisch, gut vernetzt im Weltweindorf. Mit Mineralität vollgepackte Terroir-Weine, die sich an den fortgeschrittenen Riesling-Fan richten.

## VII. Oelsberg. Jörg Lanius. Lärmzeit.

*Ohrenbetäubendes Schienengeratter. Es ist Lärmzeit.*
*Kellerstille. Fassruhend,*
*entfaltet sich Oelsbergs Riesling-Power.*

Wir sitzen im Gasthaus Stahl in Oberwesel und genießen ein opulentes, ausuferndes Frühstück zwischen mit grünen Rankgittern, Reben und romantischen Rheinansichten verzierten Wänden. Auf der weißgekalkten, wogenförmigen Decke fliegen gemalte Schwalben über uns hinweg. Dieses Frühstück ist schon ein bisschen spektakulär, denn selten wird man so freundlich bedient, selten gibt es selbstgebackenen Kuchen aus der Privat-Küche der superfreundlichen Frühstücks-Kellnerin. Und dazu, wenn man Glück hat, noch Wurst und Würstchen vom familieneigenen Bauernhof. Eher Brunch als Frühstück, jedenfalls mit ausgeprägtem Wohlfühlfaktor. Nach diesem Auftakt fahren wir runter nach Oberwesel, wo uns Jörg Lanius in seinem kontorartigen Empfangsraum mit Jugendstilfenstern empfängt. Jörg Lanius ist in meinem Alter, also Anfang vierzig, und strahlt Optimismus und eine sehr positive Lebenseinstellung aus. Auch sein schütteres Haar beginnt grau zu werden, Lach- und Stirnfalten durchziehen sein Gesicht. Wenn er mit helltönender Stimme spricht, vermittelt er eine konzentrierte, positive Energie.

Wir sitzen auf den alten, spanischen Stühlen mit hoher Lehne und dunkelgrünem Lederbezug und blicken kurz zurück auf die jüngere Geschichte des Weingutes. Sein Vater führte noch einen Gemischtbetrieb aus Weingut und Bauernhof, wie er früher am Mittelrhein üblich war. Am Gasthaus Stahl kann man dies noch exemplarisch erkennen, wo der eine Bruder, Paul Stahl, das Hotel und Restaurant führt, während sich andere Teile der Familie um Weingut und Bauernhof kümmern. Jörg

Lanius machte seine Winzerausbildung in den 1980er Jahren beim rheinhessischen Weingut Karl-Wilhelm Müller in Ockenheim bei Bingen sowie bei der Domäne Assmannshausen der hessischen Staatsweingüter. Der deutschen Rotweindomäne am Fuß des berühmten Höllenbergs. Betriebsleiter der Domäne war damals noch der „deutsche Rotweinpapst" Walter Mengel. Geologisch, geographisch gesehen gehört Assmanshausen, wie bereits erwähnt, ja zum Mittelrhein, weinbaurechtlich aber zum Rheingau. Natürlich bekäme es dem Mittelrhein keineswegs schlecht, wenn er die konzentrierten, nach dunklen Beeren, Schokolade, Kirsche und Lakritz duftenden Spätburgunder vom Höllenberg sein Eigen nennen könnte – doch das ist leider nicht der Fall. Erstaunlich eigentlich auch, dass Jörg Lanius trotz seiner Ausbildung bei solchen Rotweinspezialisten keinen eigenen Schwerpunkt beim Rotwein setzt: In seinen Rebbergen stehen 85% Riesling, 5% Müller-Thurgau und gerade mal 10% Spätburgunder.

Die 1980er Jahre, seine Lehrjahre, das war nach der Erinnerung von Jörg Lanius eine vollkommen andere Wein-Zeit als die heutige. Die Jahrgänge waren dünn und säurespitz, der Glykolskandal und die Weinbaupolitik der 1970er Jahre hatten das Image des Weinbaus so richtig schön ruiniert. Wer wollte in dieser Zeit schon Winzer werden? Welch ein Gegensatz zu der heutigen Situation, in der eher die Gefahr besteht, den Beruf des Winzers zu sehr zu verklären, vereinzelt gar dem Starkult zu verfallen.

Ich nehme ein Glas des feinherben 2009er Riesling-Kabinetts vom Engehöller Goldemund zur Hand. Er riecht intensiv nach Schiefer, Rauch, reifen Zitrusaromen, Honig und strengen Gewürzen wie Liebstöckel. Am Gaumen ist er intensiv, reifzitrusfruchtig und mineralisch. Der lebendige Säurenerv wird von deutlicher Restsüße kontrastiert. Sein intensiver, langer Nachhall wird von salzigen, schiefermineralischen und strengwürzigen Aromen geprägt. Das ist ein modernes, komplexes, mineralisches, verspieltes und lebendiges Riesling-Statement mit Schiefernase, anregendem Säure-Süße-Spiel und schiefer-mineralisch-strengwürzigem Abschluss. Ich genieße die kraftvolle Säure, die den halbtrockenen 2009ern so gut steht und sie erst so richtig lebendig macht. Leichtgewichtig, ernsthaft und mit sonorem Bass im Untergrund, so kommt dieser Kabinett daher. Wie ein Cello-Solo von Jacqueline du Pré, denke ich.

Wir blicken zurück in die jüngere Geschichte des deutschen Weinbaus. Bis zum Beginn des ersten Weltkrieges gehörten spät gelesene Riesling-Kunstwerke zu den teuersten Weinen der Welt, vergleichbar nur mit den besten und bestbezahlten Bordeaux. Zuerst kamen die vorwiegend aus den USA eingeschleppten Rebkrankheiten wie Reblaus, echter und falscher Mehltau. Und dann kam der erste Weltkrieg, tausende Weinbergarbeiter fielen an der Front, niemand mehr wollte Wein vom deutschen Feind kaufen. Nach dem Ende des Krieges hatte sich auch der deutsche Geschmack plötzlich verändert, man bevorzugte nun milden, säurearmen Wein – das genaue Gegenteil vom Riesling. Dann kam die Inflation, die Menschen hungerten, und die Preise für Luxusgüter verfielen. Die Nazis begannen, den deutschen Weinbau durch ein Gemisch aus Protektionismus und ihre Vorliebe fürs Deutschtum im „Reichsnährstand" mit „Blut und Boden" zu fördern. Und sie erfanden mit der Organisation „Kraft durch Freude (KDF)" den modernen Wein-Bustourismus. Die KDF-Ausflüge in die deutschen Weinlande waren der Versuch, das deutsche Weintrinken auch außerhalb der Weinregionen, da wo die Pils- und Korntrinker wohnen, zu fördern. So wurden die Menschen zu Tausenden am Wochenende aus dem Ruhrgebiet zu den Weinflüssen gekarrt. Bis dahin waren Mosel-Weine entweder trocken oder edelsüß, lieblich und halbtrocken gab es noch gar nicht. Mit den Besuchern aus den Großstädten machten die Winzer dann eine unangenehme Erfahrung, denn denen waren die Weine oftmals zu sauer, und so schütteten sie kurzerhand Zucker in den Wein. Mit der Erfindung von Anlagen zur kaltsterilen Abfüllung wurde es technisch plötzlich ein Kinderspiel, süße Touristenweine zu produzieren, so viel man wollte. Nach dem Krieg hat man diese Praxis einfach beibehalten. In der unmittelbaren Nachkriegszeit kam das wegen des permanenten Kalorienmangels auch sehr gut an. Stichwort Coca-Cola-Effekt. Mit dem Ende des zweiten Weltkrieges waren viele Weinberge zerstört, zehntausende Arbeiter umgekommen und der Weinhandel zusammengebrochen. Letzterer war vor Beginn des dritten Reiches stark von jüdischen Kaufleuten geprägt. Mit dem Wiederaufbau kam der Technologieschub, die Industrialisierung der Weinproduktion. Düngemittel, neue Kellertechniken und eine zunehmende Nachfrage nach süß und billig, den Coca-Cola-Weinen eben. Müller-Thurgau und andere Neuzüchtungen versprachen hohe Erträge und ausreichende Öchslegrade, auch auf für den Weinbau völlig ungeeigneten Lagen. Das vielgescholtene Weingesetz von 1971 setzte dann den rechtlichen Rahmen für eine nivellierende, öchslebetonte Weinwirtschaft. Die fleischig-fettige Küche der Nachkriegsjahre mit Mayonnaise, Senf, Mehlschwitze und Speck vertrug sich sehr schlecht mit dem feinen, gereiften Riesling und drängte diesen einstmals großen Wein ins Abseits. Die Bundesrepublik sonnte sich im Wirtschaftsboom, während die Weinwirtschaft von Skandalen geprägt wurde. In den 1960er und 1970er Jahren änderte sich der Weingeschmack der Deutschen abermals, diesmal durch die ersten großen Reisewellen Richtung Süden, nach Italien, Spanien und Frankreich. Darauf reagierten die deutschen Winzer leider viel zu spät und mit der Verstärkung der Massenproduktion auch noch falsch. Das führte dann schlussendlich zu den großen Weinskandalen der 1980er Jahre. Jetzt wandte sich ein Großteil der deutschen Konsumenten endgültig vom einheimischen Wein ab und trank stattdessen, je nach Geldbeutel, „Tschianti", Chablis, Bordeaux, Muscadet, Sancerre, Rioja oder gar den Elsässer Edelzwicker. Vielleicht war es der „Geheimrat J", die trockene 1983er Spätlese der Weingüter Wegeler aus den besten Lagen des Rheingaus, die den Startschuss zu einer Wende gab und den deutschen Riesling quasi neu erfand. Dann kamen die „Terroiristen" um Ernst Loosen, Bernhard Breuer und Reinhard Löwenstein, die die Terroir-Prägung des Rieslings systematisch herausarbeiteten und die Grundlage für die heutigen Ersten Lagen und Großen Gewächse des VDP legten. Und um die Jahrhundertwende befruchtete ein neues Phänomen den deutschen Weinbau: Eine neue, aufgeschlossene, coole, poppige und gut ausgebildete, zumeist studierte Winzergeneration bringt frischen Wind in das Weltweindorf. Der deutsche Riesling steht heute vielleicht wieder fast da, wo er vor hundert Jahren bereits einmal stand.

Darauf trinke ich einen restsüßen Riesling von Jörg Lanius, einen richtigen „glucon oinon", um es in der Sprache des griechischen Helden Odysseus zu sagen: Die 2009er Spätlese vom Engehöller Goldemund. Ich rieche tropische Früchte wie Maracuja und Ananas, dazu süße Blüten, Honig und süße Gewürze im Hintergrund. Dem opulent süßen, superweichen Auftakt folgt eine intensive, reiffruchtige und cremige Gaumenaromatik. Der Säurenerv ist fein und anregend, die Süße ausgeprägt. Der intensive, lange Nachhall wird von herbfruchtig-süßfruchtigen und feinwürzigen Aromen geprägt.

Das ist er wirklich, der glucon oinon. Wie ein saftig-süßer Kuss, eine verflüssigte italienische Arie im Sommer. So schmecken reife Riesling-Trauben, die viele Sonnentage im Goldemund genossen haben. Überhaupt, der Name Goldemund – wie heißt es so schön in einschlägigen Lagen-Büchern? „In der zweiten Silbe des Lagennamens steckt das lateinische Wort mons = Berg, die erste Silbe könnte entweder eine Person bezeichnen oder die

Wertschätzung der Lage ausdrücken." Ja, die Wertschätzung der Lage, die ist in diesem goldigen Wein vom Goldberg verdichtet. Wie immer bei guten Riesling-Süßweinen wird auch dieser Goldemund selbst bei molliger Süße nie langweilig, weil er über eine komplexe Aromatik, ausreichend Säure und ein würziges Fundament verfügt. Die Abenteuer des Odysseus und seiner Mannen haben immer dieselbe Form: Qual, Flucht, Opfer und dann den glucon oinon, der die Welt wieder ins Lot bringt – so wie diese wahrhaft goldige Riesling-Spätlese.

1991 übernahm Jörg Lanius das Weingut von seinem Vater. Die Situation, die er vorfand, war keinesfalls optimal und drängte ihn geradezu zur Veränderung, zu „tabula rasa". Der Außenbetrieb und die Kellerwirtschaft waren damals getrennt, der Keller zu eng und keinesfalls aktuellem Stand entsprechend. So kaufte er im Jahre 1992 das leerstehende, 1879 als Weinkellerei gebaute Gutshaus des ehemaligen Weingutes Fachinger in der Mainzer Straße, mit dem Blick auf die Bahnlinie und die Kauber Lagen auf der anderen Rheinseite. 1976 war der letzte Jahrgang des Weingutes Fachinger, nun sollte eine neue Ära beginnen. Jörg Lanius war also vergleichsweise früh, Mitte 20, gezwungen, große Investitionen in seine eigene berufliche Zukunft zu tätigen. Er baute die Weinkellerei der Fachingers 1993 um und machte sich nun entschlossen an den nächsten Schritt: Die Aufnahme in den VDP Mittelrhein. Der damalige Vorsitzende war Fritz Bastian, der Vater des Winzers mit Operndiplom, und der ließ ihn zunächst abblitzen. Nach Meinung von Jörg Lanius sei es heute weitaus einfacher, in den VDP aufgenommen zu werden, als damals, zu Beginn der 1990er Jahre. Dabei seien die Aufnahmeanforderungen unverändert hoch, lediglich das einstige „Kastendenken" gäbe es so heute im VDP nicht mehr. Heute, so Lanius, „wartet man quasi darauf, aufstrebende Weingüter, die die VDP-Satzung einhalten möchten, aufnehmen zu können. Was ich als sehr positive Veränderung ansehe!"

Statt vieler Worte entschloss sich Jörg Lanius damals, den Wein selbst sprechen zu lassen und packte sein Auto voll mit seinen Weinen, dazu auch Exemplare aus der Schatzkammer des Familiengutes. Diese Fuhre brachte er nach Bacharach und stellte sie Fritz Bastian kurzerhand in dessen Haus „Zum Grünen Baum", gegenüber der Bacharacher Münze und hinter dem „roten Haus" gelegen. Sein Kalkül war, „dieser Wein wird kaum lange unberührt stehen bleiben, nachdem Fritz Bastian vielleicht ein paar Mal um die Flaschen herumgestrichen ist". Die flüssigen Argumente überzeugten, und bereits Ende 1994 wurde das Weingut Lanius-Knab in den VDP aufgenommen. Zweifellos eine Erfolgsgeschichte, die die bemerkenswerte Zielstrebigkeit und Durchsetzungsfähigkeit des jungen Winzers beweist.

Mitte der 1990er Jahre kam dann der Oelsberg hinzu und setzte der Erfolgsgeschichte noch einen Tupfer oben drauf. Heute sind es drei Lagen, in denen die Weine des Hauses Lanius-Knab wachsen: Engehöller Goldemund und Bernstein und eben der Oelsberg. Der Oelsberg ist quasi die Entdeckung von Jörg Lanius. In den 1970er Jahren ging es mit dem Oelsberg bergab, als die benachbarten Lagen wie der St. Martinsberg flurbereinigt wurden und so kostengünstiger bewirtschaftet werden konnten. Der Oelsberg jedoch blieb ausgespart. Er liegt nördlich von Oberwesel in einer Biegung des Rheins. Es handelt sich um eine nach Süd-Südosten bis Osten ausgerichtete Lage mit außerordentlich interessanter Geologie. In Oberwesel verläuft die Grenze zwischen Hunsrückschiefer und den jüngeren Schichten des Unterems. Entsprechend stammt der Schiefer des Oelsberges aus den Schichten des Unterems, genauer gesagt aus den Singhofen-Schichten. Die Singhofen-Schichten selbst bestehen aus einer Wechsellagerung von Tonschiefer und quarzitigem Sandstein mit Porphyroiden. Diese Schichten finden sich in einer anderen großen Weinlage des Mittelrheins wieder, nämlich im Bopparder Hamm Ohlenberg und Engelstein! So gibt es folglich einige Parallelen zwischen den beiden Prallhängen Oberweseler Oelsberg und Bopparder Hamm. Nach Angaben von Jörg Lanius endet zudem im Oelsberg eine quer durch Europa bis an den Rhein reichende Bodenverwerfung, die Buntsandstein in die oberen Bodenschichten gebracht habe. Die Bodenverhältnisse im Oelsberg sind komplex. Es dominiert Lehmschutt über in 70 cm Tiefe anstehendem Schiefergestein. Besonders auf der Höhe des Oelsbergs findet sich jedoch ein tiefgründiger Lösslehmboden mit sehr hoher Wasserspeicherfähigkeit. Die Beimischung dieses gehaltreichen, neutralen bis alkalischen Bodens ist eine weitere Parallele zwischen Oelsberg und Bopparder Hamm. Dies also ist die besondere Mischung des Oelsbergs: Singhofen-Schichten mit Buntsandstein und Löss-Lehm. Nach der Flurbereinigung der Nachbarlagen wurde die Bewirtschaftung des Oelsbergs zu Beginn der 1980er Jahre Stück für Stück eingestellt, der Spitzenweinberg begann zu verwildern. Es war Jörg Lanius, der das Potential der Rebfläche im Prallhang ahnte, Parzellen kaufte, von Gestrüpp befreite, rekultivierte und 1998 seinen ersten Oelsberg-Riesling kelterte. Es war der Jahrgang 2000, in dem laut Jörg Lanius „die Charakteristik des Oelsbergs so richtig durchkam, das Würzig-Überschwängliche mit den typischen Honignoten." (8)

2003 taten sich die Bewirtschafter des Oelsbergs zusammen und begannen ein Flurbereinigungsverfahren, um die Lage endgültig zu retten. Es sollte die größte Rekultivierungsmaßnahme in der Geschichte des Mittelrheins werden. Im Zuge dieser Maßnahmen wurden 8,5 ha Weinbergsbrache entbuscht, Trockenmauern saniert und zugewachsene Felsenflächen von den Pflanzen befreit. Zudem entstand im Oelsberg eine moderne Bewässerungsanlage, die in Deutschland wohl ihresgleichen sucht und das Terroir der 17 Winzer, die sich den

Oelsberg teilen, verbessert. Hierbei wurde zu jeder Reihe eine Tropfleitung geführt, und jeder Rebstock bekam einen eigenen Tropfer. Die elektronische Steuerung ermöglicht es nun jedem Winzer, sein eigenes Bewässerungsprogramm einzusetzen. Fast zwei Millionen Euro flossen in das Rekultivierungsprojekt. 2004 bis 2005 wurden die Reben gesetzt, inzwischen hat der Oelsberg den ihm gebührenden Platz unter den großen Mittelrhein-Terroirs wiedergefunden.

Das 2009er Große Gewächs von Jörg Lanius aus dem Oelsberg erinnert in der Nase an Schiefer, Äpfel, Pfirsiche, Honig und strenge Gewürze. Am Gaumen ist es intensiv, cremig und strengwürzig-apfelfruchtig, unterstützt von festem Säurerückgrat und dezenter Süße. Der sehr intensive, lange Nachhall wird von fruchtigen, salzig-mineralischen und strengwürzig-pfeffrigen Aromen geprägt. Das ist ein mächtiges, komplexes Großes Gewächs mit fruchtig-kräuteriger Nase auf einem soliden, mineralisch-strengwürzigen Fundament. Ein wirklich beeindruckendes Riesling-Statement aus dem Oelsberg.

Dieser Wein erinnert mich ein bisschen an den ersten Satz von Mahlers 3. Sinfonie mit ihrem Gemisch aus beeindruckend bombastischen, nachdenklichen und spielerisch-grotesken Momenten. Wie heißt es so schön in Mahlers Anweisung „kräftig. entschieden." Das passt genau auf dieses Große Gewächs. Majestätisch wie Mahlers Blechbläser fließt der Rhein am Oelsberg vorbei. Vorbei an Reben, die gut mit Wasser versorgt sind, optimal ausreifen können und so viel reife Frucht, Kraft und Mineralität in ihre Riesling-Beeren pumpen können.

Eine andere Seite des Oelsbergs offenbart sich in der großartigen 2009er Riesling Auslese. Die intensive, reiffruchtig-blumige Nase weckt immer wieder neue Assoziationen: reife Äpfel, Aprikosen, Orangenmarmelade, Honig, Rosen, Lavendel und Kräuter. Dem soften, vollen Ansatz folgt eine intensive, reiffruchtig-blumige, feinwürzige und viskose Gaumenaromatik.

Die opulente Restsüße wird von einem feinen Säurenerv unterstützt. Der intensive, lange Nachhall wird von reifen, saftigen Fruchtaromen und einer ganz feinen Würze geprägt. Hier ist der mediterrane Sommer im Glas eingefangen. Mittelmeerhitze im Oelsberg. Rosen und Lavendel duften um die Wette, ich höre das Gebrumm der Bienen. Darüber liegt flirrend die Sommerhitze und brütet überreife Aromen aus. Das ist ganz große italienische Oper, die von der Liebe singt. Große Gefühle, große Intensität, große Kunst. Auch ein Süßwein, ein „glucon oinon", der nie langweilig wird, sondern entführt und verführt.

Hier gibt es eine hochinteressante Korrespondenz zwischen den Riesling Auslesen der beiden VDP-Spitzenwinzer Matthias Müller aus Spay und Jörg Lanius aus Oberwesel. Müllers 2009er Bopparder Hamm Feuerlay Riesling Auslese brilliert ebenfalls mit einer glasklaren, intensiven und sehr reinen Frucht. Der Wein erinnert mich in Stilistik und Strahlkraft an Lanius' Oelsberg-Auslese. Die beiden Winzer wissen um die große Ähnlichkeit, die unsichtbare, innere Verbindung zwischen ihren Weinen. Jörg Lanius sagt, sie könnten in Blindverkostungen manchmal selber nicht erkennen, von welchem der beiden Weingüter die jeweilige Probe stamme.

Wir wenden unseren Blick nun in die Zukunft. Jörg Lanius ist davon überzeugt, dass nach Jahrzehnten des Flächenrückgangs am Mittelrhein die Talsohle nun endlich durchschritten sei. Von 2000 Hektar im Jahre 1900 hat sich der Mittelrhein bis auf 460 Hektar heruntergeschrumpft. Hoffentlich gesundgeschrumpft. Dahinter stecken natürlich ökonomische Gründe, vor allem die aufwändige Bearbeitung der Steillagen. Im Steilhang braucht der Winzer drei- bis viermal so viele Arbeitsstunden wie in der Ebene, doch der Markt ist nicht bereit, dies auch in klingender Münze zu vergüten. An der Mosel und an der Nahe gibt es inzwischen eine parallele Entwicklung: Seit 1999 ist an der Mosel die Anzahl der Winzer-Betriebe um ein Viertel zurückgegangen,

23 Prozent der Weinbergflächen wurden aufgegeben, an der Nahe waren es 10 Prozent. Im gleichen Zeitraum ging die Rebfläche am Mittelrhein um 21 Prozent zurück. Unter den sieben Weinbaugebieten in Rheinland-Pfalz sind es ausschließlich die Steillagen-Gebiete, die unter dem Flächenrückgang zu leiden haben. Seit 1999 blieb die Rebfläche in Rheinhessen und der Pfalz konstant, an der Ahr nahm sie sogar um fast acht Prozent zu. Mit einem weiteren Rückgang der Rebfläche an der Mosel muss gerechnet werden – da hat es der Mittelrhein ja richtig gut, der diese Entwicklung offenbar schon hinter sich gebracht hat...
Oberwesel ist inzwischen die größte Weinbaugemeinde am Mittelrhein, mit den Ortsteilen Dellhofen, Engehöll und Urbar und insgesamt 90 ha bebauter Rebfläche. Doch neben dem Weinbau gibt es ein weiteres Thema, das Jörg Lanius umtreibt: der unglaubliche und immer schlimmer werdende Lärm im Rheintal. Hier kann ich ihm sofort folgen, hier trifft er bei mir einen Nerv und auf weit geöffnete Ohren. Wie schreibt Stefan Andres in seinem Weinpilgerbuch, einem Weinbestseller der 1950er Jahre, sehr zutreffend über den Mittelrhein: „Von Lorch ab, das noch halb zum Rheingau rechnet, beginnt die heiter klingende Folge der in die Länge gezogenen Weinstädtchen, die, hinter sich die steilen Berghänge und vor sich den dahinglitzernden Strom, im vorigen Jahrhundert, aber auch heute noch das Ziel zahlloser Touristen sind. Gerne verhielte sich der echte Weinfreund in manchem dieser uralten Nester den Schritt, das heißt, er parkte gerne seinen Wagen neben einem schattigen Wirtsgarten und bliebe auch ein paar Tage, wenn es da nicht den an so viel Orten von ahnungslosen Verkehrsschamanen beschworenen Reisedämon gäbe, der seine singenden, grölenden, saufenden Menschenladungen aus Schiffen, Omnibussen und Sambazügen auf die Umschlagplätze des Tourismus wirft und dadurch die echten Freunde dieser

Landschaft und auch die stillen Weinpilger nötigt, am andern Tage abzureisen." (15)
Nein, sage ich, das Mittelrheintal ist überhaupt nicht romantisch, es ist sogar vollkommen unromantisch, denn während auf der anderen Flussseite ein rostiger Güterzug, der aussieht wie kurz nach Erfindung der Eisenbahn, höllisch laute Schallwellen zu uns rüberschickt, donnern diesseits Autos und Motorräder vorbei, auf dem Fluss die Lastkähne und – klar, außerdem noch ein Regionalexpress, der nach kurzem Halt in Oberwesel weiterrattert. Ausgehend vom Lions Club Oberwesel hat sich die Bürgerinitiative „Pro Rheintal" gegründet, und Jörg Lanius ist mittendrin. Hier werden nicht nur rote Banner längs des Mittelrheins aufgehängt, nein, die Vorschläge der Lärmgegner sind konstruktiv. Alles beginnt mit einer fantastischen Utopie: „Haben Sie Phantasie? Stellen Sie sich einen Moment das Rheintal ohne Lärm vor. Stellen Sie sich vor, Sie sitzen unten am Wasser und beobachten die Schiffe, die vorbeiziehen. Was würde geschehen im Tal, wenn es wieder leise wäre?" (19) Es ist die Güterbahnstrecke Rotterdam-Genua, die mitten durch das romantische Mittelrheintal verläuft. Und klar, man versucht, den Durchsatz ständig zu erhöhen und mehr und mehr und längere Güterzüge durch das enge Tal zu quetschen. „Pro Rheintal" versucht, diese Entwicklung durch Reduktion des nächtlichen Güterverkehrs, Tempolimits, Lärmschutz durch modernere Fahrwerke, Schallabsorber, sogenannte Masse-Feder-Systeme und natürlich alle nur erdenklichen Arten von Schallschutzwänden einzudämmen. Das ist der evolutive Schritt und sicherlich ein Maßnahmenpaket, das umsetzbar erscheint. Die eher revolutionäre Komponente ist die viel weitergehende Forderung, eine moderne Gütertrasse außerhalb des Rheintals zu bauen. Wenn da mal nicht die nächste Bürgerinitiative zur Verhinderung dieses Projektes um die Ecke lugt... „Pro Rheintal" zitiert Robert Koch mit den Worten: „Eines Tages wird der

Mensch den Lärm ebenso unerbittlich bekämpfen müssen wie die Cholera und die Pest." Recht hat er – und das bereits seit hundert Jahren!

Vielleicht könnte der Wein hier auch vernunftbildend einwirken, kann doch das Lärmtreiben in seinem Weintal dem Weingott nicht ganz gleichgültig sein. Stefan Andres berichtet in seinem Weinpilgerbuch, dass bereits die alten Perser wussten, dass der Wein der Wahrheitsfindung dienlich sein kann. „Ihre Ratsherren berieten sich, wie Herodot berichtet, über die wichtigsten Fragen im Rausch und prüften dann nüchtern noch einmal die getroffenen Entscheidungen. Nicht im Wein gefasste Beschlüsse wurden dagegen noch einmal im Purpurlicht der Trunkenheit betrachtet. Das ganze deutsche Mittelalter hat mehr oder minder an dieser Weisheit der Perser festgehalten. Die Ratsherren hatten ihr Krüglein vor sich stehen, das nimmer leer wurde, und es ist in den Chroniken von manch hartem Strauß die Rede, den die Ratsherren um das ihnen zustehende Maß der Weisheit geführt haben. Wie würden wohl die heutigen Beratungen, Sitzungen, Besprechungen und Meetings verlaufen, wenn jeder der Teilnehmer dazu verpflichtet wäre, während der Beratungen stündlich eine Flasche Wein zu leeren!" (15)

Wie wäre es mit einem Wutbürger-Symposium zum Lärmtal mit Mittelrhein-Wein als Medium der Wahrheitsfindung? Ein Symposium im griechischen Sinne natürlich. Die Gäste versammeln sich nach dem Essen um den Hausaltar. Das Symposion wird mit kultischen Reinheitshandlungen wie Händewaschen und Besprengen mit wohlriechenden Essenzen eingeleitet. Man bekränzt sich und die Weingefäße mit Efeu, Myrten, Blumen, auch weiße und rote Wollbinden werden verwendet, und so bekundet man die Zugehörigkeit zum Kreis der Dionysos-Diener. Der erste Schluck Wein aus einer die Runde machenden Schale wird zu Ehren des guten Geistes, des Daimon getrunken. Als Zeichen der Gottverbundenheit spendet man den Göttern Wein, den man aus dem Becher herausschleudert. Dazu singt man unter Flötenbegleitung ein altes, dem Apollon gewidmetes Kultlied. Anschließend werden Lieder gesungen, die ausschließlich für das Symposium bestimmt sind. Improvisierte Reden zu einem vorausbestimmten Thema werden gehalten. Einer der Anwesenden wird für den Abend zum Symposiarchen gewählt. Er legt die Einzelheiten des Trinkens und der Themen fest und sorgt so für die angemessene Ordnung. Von einem ehrenvollen Mann erwartet man, dass er über dem Trinken nicht seine Tugendhaftigkeit vergisst und danach auch ohne Begleitung noch nach Hause findet. Wie gesagt, ein vom Mittelrhein-Wein befeuertes Wutbürger-Symposium zum Lärmtal, das wär's vielleicht.

Jörg Lanius versteht sich nicht als „Weinmacher", lehnt technokratische Weine kategorisch ab und bevorzugt eher traditionelle Methoden, wie zum Beispiel die Reifung im alten Holzfass. Nach nur kurzer Maischestandzeit wird abgepresst und anschließend für ca. zwei Monate im Stahltank mit den natürlichen Hefen, also spontan, vergoren. Es folgt die Reifung der Weine in alten Eichenholzfässern – eine Ausbaumethode, der Jörg Lanius eine große Renaissance prophezeit. Diese Art der Weinbereitung reduziert die flüchtigen Fruchtaromen, bringt aber besonders nuancierte, komplexe und haltbare Gewächse hervor, denen man entsprechende Zeit zur Reife lassen sollte. Jörg Lanius ist derzeit der einzige Winzer am Mittelrhein, der diese konsequente Kombination von Spontangärung und Holzfass verwendet. Er verfügt über drei große Terroirs: Oelsberg, Bernstein und Goldemund. Dem Oelsberg-Charakter haben wir uns ja bereits angenähert, einem Goldemund sind wir auch bereits begegnet.

Der Bernstein wird vielleicht durch die 2009er trockene Spätlese besonders typisch repräsentiert: Ich rieche reife Grapefruit, Orangenschalen, süße Blüten, Aprikosen, etwas Schiefer und strenge Gewürze. Am Gaumen ist er intensiv, saftig, zitrusfruchtig und feinmineralisch-feinwürzig. Sein Säurenerv ist frisch und kräftig. Der intensive, lange Nachhall wird von salzigen und strengwürzigen, am Ende leicht pfeffrigen Noten bestimmt. Ein Wein, der Komplexität, Ausdruck, Klasse und Intensität miteinander verbindet. Wenn ich nach musikalischen Analogien suche, so lande ich bei Beethoven at his best!

Ich trinke diesen Wein zu Hause nach der Rückkehr von einem 6-tägigen business trip in das kanadische Winnipeg. Temperaturen von -33°C tagsüber, gefühlte -40°C. Selbst bei optimaler Kleidung war es kaum möglich, weiter als zwei, drei Blocks draußen zu Fuß zurückzulegen. Die ultratrockene, eiskalte Luft zog mir die Lungen zusammen, schien mich innerlich gefrierzutrocknen und führte sofort zu einem unbändigen Hustenreiz. Der Wind stob den feinpulverigen Schnee vor sich her, die ultrakleinen Partikel funkelten silbrig in der Sonne.

Der kalifornische Chardonnay aus dem örtlichen Liquor Mart, ein „Coastal" mit stolzen 13,8% Alkohol, bediente eher den Geschmack der Coca Cola-Trinker als den der Weinliebhaber. Und die unaufhörlichen Versuche der Fluggesellschaften, in der business class aufgewärmte Spitzengastronomie als kulinarische Erlebnisse zu verkaufen, konnten mich nicht wirklich überzeugen. Einziger Lichtblick unter den für den Weingenuss feindlichen Flugbedingungen war ein französischer Viognier, der selbst hier mit seiner Duftigkeit und seiner Aprikosenfrucht noch glänzen konnte. Und der die Säuerlichkeit der Vorspeise aus Chorizo, Manchego und grünen Oliven freundlich überdeckte.

Und dann, an dem „after business weekend", diese Spätlese von Jörg Lanius aus dem Engehöller Bernstein. Die Reiseerfahrung hat meine Sinne geschärft und so wie ich mein Zuhause wieder in neuem Licht sehe, so auch diesen Riesling aus dem Engehöller Bernstein. Mittelrhein-Heimat, im Glas eingefangen.

Oder, um es mit Peter Mayle zu sagen, „poetry in a glass". Dem ist nichts hinzuzufügen.

Wir haben nun zwei der drei Lanius-Terroirs ein wenig besser kennengelernt: Der Oelsberg spielt mal Mahler, mal italienische Oper, der Bernstein Beethoven – und der Goldemund Jacqueline du Pré?

Die feinherbe Goldemund-Riesling-Spätlese aus 2009 hat eine intensive, feingliedrige Nase. Ich rieche Zitrone, grünen Apfel, Salz, Mineralik und strenge Gewürze. Am Gaumen ist er intensiv, lebendig, zitrusfruchtig und ausgeprägt süßsauer. Diese Säure ist mundwässernd und die Restsüße perfekt abgestimmt. Zum Abschluss folgt ein intensiver, langer, salzig-mineralischer Nachhall, der wirklich die Assoziation hervorruft, an einem süß-salzigen Stein zu lecken. Dieser Goldemund-Riesling ruft sehr lebendig die Assoziation der sauren Gurken vom Kiosk meiner Kindheit hervor. Er weckt alle Sinne, erfrischt, macht wieder lebendig. Er ist leichtgewichtig und trotzdem sehr nachhaltig am Ende. Ein verspielter Erwachsener, ein Wein wie geschaffen für den Terrassensommer, aber auch für den Rest des Jahres. Könnte fast ein spritziger, ausdrucksvoller Winzersekt sein, doch statt der Kohlensäure hat er eine süßsaure Backbone, die ihn lebendig macht. Und all das bei einem moderaten Alkoholgehalt von nur 11,5%!

So also sind sie, die drei großen Weinberge des Jörg Lanius: kraftvoll, ernsthaft konzentriert, Beethoven-klassisch, goldig und humorvoll verspielt. Vielleicht ein Spiegel des humorvollen, kraftvollen und in sich ruhenden Winzer-Charakters.

In zwei Wochen will Jörg Lanius mit der Riesling-Ernte des Jahrgangs 2010 beginnen. Ich nehme einen Schluck vom trockenen Riesling-Kabinett 2009 aus dem Engehöller Bernstein, ein charaktervoller, säurefrischer Bernstein-Riesling mit Apfelnase, lebendiger Gaumenaromatik und intensivem, feinmineralisch-strengwürzigem Abschluss. Ein typischer

2009er mit reifer Apfelfrucht auf festem, strengwürzig-mineralischem Untergrund. Ein ernstes, aber beschwingtes Stück Klassik. Beethoven lässt abermals grüßen. Wie wird der 2010er wohl schmecken, dieser erste Jahrgang seit langem, der nicht vorab als Jahrhundertjahrgang deklariert wird? Ich bin mir jedenfalls sicher, dass Jörg Lanius mit seiner geradlinigen, zielstrebigen und kompromisslosen Art auch diese Herausforderung meistern wird.

## VIII. Roßstein. Carl-Ferdinand und Stephan Fendel. Weinzeitreisen.

*Oberwesel Überrhein.*
*Hitze steigt auf zu höchsten Roßsteinchören,*
*zeitigt rauchige Riesling-Legenden.*

Der Nachmittag des zweiten Oktober 2010 ist einer jener Tage, an denen die Sonne es kaum schafft, durch den dichten, frühherbstlichen Nebel zu dringen. Auf dem Marktplatz ist Erntedankfest, es gibt Ziegen, Kunsthandwerk und frisch gegrillte Steaks, dazu Musik vom Duo Zweigeteilt. Als wir den Marktplatz erreichen, wird bereits zusammengeräumt, die Sängerin erinnert stimmlich an Vonda Shepard, und der langhaarige Gitarrist klampft etwas solipsistisch dazu. Trotzdem schade, dass die Musik so dermaßen ungehört an den Gästen vorbeischallt. Auch wenn der vergebliche Versuch, die wenigen Marktbesucher zu „Knockin' on Heaven's Door" zum Mitsingen zu bewegen, mich etwas peinlich berührt.
Vom Oberweseler Marktplatz ist es nur ein kurzer Spaziergang zurück zur Mainzer Straße, diesmal zum Weingut Heinrich Weiler. Ein großer, historischer Name am Mittelrhein, eng verbunden mit dem Wohlklang der Roßstein-Weine. Hinter dem Namen Heinrich Weiler verbirgt sich heutzutage die Familie Fendel, genauer gesagt der 78-jährige Carl-Ferdinand und sein beinahe halb so alter Sohn Stephan. Im Wiedervereinigungsjahr 1990 übernahm Carl-Ferdinand Fendel das altehrwürdige Weingut Weiler, das sich nach dem Tod des Vorbesitzers im Jahre 1987 dem Stillstand näherte. Die Familie Fendel stammt aus Niederheimbach, wo sie sich seit dem 15. Jahrhundert dem Weinbau und der Schifffahrt widmet. Carl-Ferdinand blickt auf ein bewegtes Leben zurück, in das er seine Zuhörer gerne mit hineinnimmt. Im Gesicht des kleinen, rundlichen Mannes, mit

grauem Schnäuzer und korrektem Scheitel, spiegeln sich die Wachheit, Neugier und Begeisterungsfähigkeit, die sein ereignisreiches Leben geprägt haben. Seine verwinkelte, aber spannende Art des Erzählens bietet dem Zuhörer immer neue Seitenzweige an. Kaum habe ich an einem der Seitenzweige Interesse angedeutet, geht es auf diesem Pfad mit knorrig-weicher Stimme weiter in neue, spannende Gefilde. Carl-Ferdinand Fendel ist heute ein passionierter Skatspieler auf hohem Niveau, der gerne erzählt, gegen welche (Fußball-) Berühmtheiten er schon gespielt hat. Außerdem ist er Rheinkapitän, genauer gesagt der älteste Schlepperkapitän auf dem Rhein. Die Familie betreibt in Oberwesel einen sogenannten Vorspannbetrieb. Hierbei werden Binnenschiffe und Schubschiffeinheiten „durch das Gebirge", also von St. Goar nach Bingen, zwischen Felsen, durch enges Fahrwasser, an Untiefen und gefährlichen Strömungen vorbeigeschleppt. Die drei Schlepper der Familie Fendel, „Pilot", „Glarus" und „Lorelei", werden auch bei Maschinenschäden oder havarierten Schiffen eingesetzt. 1990 übernahm er den Vorspannbetrieb von Verwandten, im selben Jahr, in dem er auch das Weingut Weiler übernahm. „Vorspann Fendel", so meldet er sich am Telefon immer dann, wenn die Unterstützung seiner Schlepper angefordert wird. Dann stehen er und ein weiterer Veteran oftmals zu nachtschlafender Zeit auf, um Schubverbände „durch das Gebirge" zu schleppen. Früher einmal gab es in Bingen 18 Vorspannboote, heute sind die drei Fendel-Schlepper fast die letzten auf dem Rhein. Und wie lange die noch gebraucht werden, weiß niemand so genau. Carl-Ferdinand Fendel jedenfalls hat eine schaurig-schöne Vision: „Einmal mit der ‚Lorelei' über den Rhein-Main-Donau-Kanal in das Schwarze Meer fahren, dort die Seeventile aufmachen und dann mit der ‚Lorelei' gemeinsam untergehen." (27) Sozusagen eine moderne Form der Seebestattung.

Im Einheitsjahr also übernahm Carl-Ferdinand Fendel das Weingut Weiler, wurde so zum veritablen Mittelrhein-Winzer. Doch halt, nicht zu vergessen ist auch das Weingut der Fendels in Niederheimbach. Hier tritt man jedoch nicht als Weingut auf, das sich direkt an den Endkunden wendet, sondern vermarktet Fasswein als Mitglied der Erzeugergemeinschaft Loreley zentral mit der Weinkellerei Trautwein. So reicht denn auch das umfangreiche Weinlagenportfolio der Familie Fendel von Niederheimbach über Oberheimbach und Oberdiebach bis hin nach Bacharach, Oberwesel und Kaub – doch dazu später mehr.

Carl-Ferdinand Fendel ist studierter Volkswirt und leitete 28 Jahre lang eine Bankfiliale in seinem Heimatort Niederheimbach, der auch eine Rebschule angeschlossen war. Eine weitere Facette dieses Mannes, der voll von Überraschungen scheint. Sein Sohn Stephan tat es ihm gleich, machte eine Banklehre und studierte anschließend Betriebswirtschaft. Und dann übernahm er das Weingut. Mir erscheint dieser Ausbildungsgang nicht ganz so zwingend, aber Stephan Fendel verweist auf die Bedeutung ökonomischer Kenntnisse für die Leitung eines Weingutes. Er gießt mir eine Oberweseler Römerkrug Riesling Spätlese trocken aus 2009 ein. Der Wein ist frisch gefüllt – bemerkenswert spät für heutige Verhältnisse. Generell füllen die Fendels keinen Wein vor März / April. Ich rieche Zitrone, Sandstein und strenge Gewürze. Im Mund ist er gradlinig, intensiv und zitrusfruchtig, mit einem kräftigen Säurerückgrat. Der Nachhall ist intensiv und lang, geprägt von zitrusfruchtigen und strengwürzig-pfeffrigen Aromen. Das ist ein kraftvoller, unkomplizierter, säurefrischer Riesling mit Zitrus-Nase, intensiver, gradliniger Gaumenaromatik und strengwürzig-pfeffrigem Abschluss. Ein unkompliziertes, kerniges Riesling-Statement, das alle Lebensgeister weckt. Fast so ein Aufwecker wie ein gradlinig geradeaus gespieltes Metal-Stück.

Wir kommen auf den Roßstein zu sprechen, die Paradelage des Hauses. Der Kauber Roßstein liegt gegenüber der Stadt Oberwesel, kurz vor der Biegung des Flusses nach Osten. Der Name wird darauf zurückgeführt, dass die Oberweseler Bürger hier einst ihren Flachs rösteten. Als Flachsrotte, auch Flachsröste, wurde einst eine mit Wasser gefüllte Grube bezeichnet, in der Flachshalme für mehrere Tage bis Wochen fermentiert („verrottet") wurden, um nach Auflösung des Pektins besser an die Leitbündel zu gelangen, die als Fasern zur Flachsgarn- bzw. Leinenherstellung genutzt wurden. Anschließend wurden die Fasern getrocknet, gebrochen und ausgekämmt. Solche Flachsrotten wurden bevorzugt an Gräben und Bächen angelegt, weil die Abbauprodukte anschließend sehr bequem entsorgt werden konnten. Daher also die Bezeichnung Rösten, die eigentlich von rotten, also verfaulen, rot werden kommt. Daraus wurde dann der Roßstein. Ein in den Fels eingehauener Pferdekopf symbolisiert heute noch die Lagenbezeichnung.

Die geologische Grundlage des Roßsteins ist der typische, klassische Hunsrückschiefer, also Ton- und Siltstein mit geringmächtigen Einschaltungen von Sandstein. Daraus entsteht der am häufigsten vorkommende Bodentyp in den Weinlagen des Mittelrheins: Lehmschutt über in bereits 70 Zentimeter Tiefe anstehendem Felsgestein. Der Roßstein umfasst heute 0,7 Hektar Rebfläche, ist nach Süden ausgerichtet, liegt auf einer Höhe von 100-180 Metern über dem Meeresspiegel und schiebt sich bis etwa 95 Meter dicht an den Rhein heran. Der klein parzellierte Weinberg ist extrem steil (unglaubliche 70 bis 80 Prozent) und kann nicht einmal mehr mit einem Seilzug bewirtschaftet werden. Kenner der Lage weisen darauf hin, dass sich an Sonnentagen das Schiefergestein der Trockenmauern so stark erhitze, dass ein warmer Wind von den untersten Terrassen bis zu den höchsten Chören des Roßstein aufsteige und diese zusätzlich erwärme. Der Kauber Roßstein befindet sich im Alleinbesitz des Weingutes Heinrich Weiler.

Der Roßstein besaß früher bereits einen legendären Ruf. In dem 1960 erschienenen Standardwerk von Stefan Andres, „Die großen Weine Deutschlands", ist der Roßstein-Riesling einer der wenigen Mittelrhein-Weine, die Erwähnung finden. Die Beschreibung der Auslese von 1957 ist kurz und bündig: „Eine Kreszenz aus der Kauber Gemarkung, doch gehören die meisten Wingerte vom Roßstein Besitzern aus Oberwesel. Ein Wein von einer fast noch rheingauhaften Fruchtigkeit. Dabei ist er rassig und bietet eine liebliche, reiche Blume." (33)

Die Weinkoryphäen Hugh Jonson und Stuart Pigott schreiben in ihrem 1995 erschienenen „Atlas der deutschen Weine": „Das Weingut Heinrich Weiler, einst bekannt für seine großartigen Rieslinge der Lagen Kauber Roßstein und Kauber Backofen, zählt leider nicht mehr zu den führenden Erzeugern der Region..." (31)

2005 setzte Weinjournalist Carsten Henn noch einen drauf, indem er den Kauber Roßstein als „vergessene Spitzenlage" apostrophierte. (23) Das nennt man wohl schlechte Presse. Im selben Jahr, 2005, gab es einen Riesenwirbel um den Roßstein, und die Lage wurde von manchem bereits etwas voreilig für tot erklärt. Was war passiert? Die Bahn hatte einen Schutzzaun quer durch den unteren Teil des Weinberges gebaut und erschwerte so das Erreichen der Roßstein-Chöre ganz erheblich. In diesem Jahr wurde keine einzige Flasche Roßstein-Riesling erzeugt, da zusätzlich zu den Problemen mit der Bahn auch noch das Muffelwild kam, das den Roßstein von oben her verwüstet hatte. Letztendlich büßten die Fendels durch die Bahnzäune ein Drittel der Roßstein-Fläche ein, inzwischen sind nur noch die bereits erwähnten 0,7 Hektar übrig. Hier aber wachsen über hundert Jahre alte, wurzelechte Riesling-Reben und erbringen spektakulär niedrige Erträge, um die zwanzig Hektoliter pro

Hektar. In den letzten Jahren haben die Fendels den Roßstein, ausgenommen seine obersten drei Chöre, bewirtschaftet. Inzwischen wurden auch diese rekultiviert, Maßnahmen zur Vertreibung des Muffelwildes wurden eingeleitet, und nun wird man schauen, ob auch diese Reben erfolgreich wieder zum Leben erweckt wurden.

Von 2006 bis 2009 gab es wieder drei Roßstein-Jahrgänge. Anfang 2011 erreicht mich leider abermals eine schlechte Nachricht vom Roßstein. Stephan Fendel schreibt: „Eine sehr bittere Mitteilung zur 2010er Ernte kann ich auch noch weitergeben. Trotz Stacheldraht und Wildgatter haben die Wildschweine und das Muffelwild im Roßstein ein Schlupfloch in den Weinberg gefunden, und wir haben auf der gesamten Fläche 3 Trauben geerntet. Alles weg. Der 3. Oktober 2010 war grausam. Und das in dem Jahr, in dem ich mich entschlossen hatte, wieder alle 7 Chörchen im Roßstein zu bearbeiten. Weit über 2000 Arbeitsstunden waren für die Katz." Von dieser Weinbergtragödie konnte ich am Tag davor, bei meinem Besuch im Weingut, noch nichts ahnen.

Doch lassen Sie uns nun mit dem Roßstein auf eine kleine Zeitreise gehen, der Fachmann nennt das Vertikalverkostung. Jahrgang 2009. Kauber Roßstein Riesling Spätlese. Ich rieche Aprikosen, Weinbergspfirsiche, Honig, eine feine Rauchnote und strenge Gewürze. Der Wein braucht Luft, um sich zu öffnen. Im Mund ist er reiffruchtig-würzig, rauchig und viskos. Sein Säurenerv blitzt fein, die Restsüße ist ausgeprägt. Sein intensiver, langer Nachhall wird von reiffruchtigen, salzigen und strengwürzigen Aromen geprägt. Das ist ein jugendlicher, vor Kraft strotzender und vor Frucht berstender Roßstein-Riesling. Im Untergrund verbirgt er Gewürz- und Rauchnoten, die bei längerem Luftkontakt zunehmend hervortreten. Ein Riesling wie ein gradliniges, kraftvolles, aber melodisches Rockstück, von einer jungen Sängerin vorgetragen. Trotz seiner Süße und

Lieblichkeit steckt er voller Kraft. Ich denke an die Beschreibung von Stefan Andres „Ein Wein von einer fast noch rheingauhaften Fruchtigkeit. Dabei ist er rassig und bietet eine liebliche, reiche Blume". Könnte passen.

Jahrgang 2007. Eine Kauber Roßstein Riesling Spätlese trocken. Die Nase zeigt Grapefruit, Limetten, Karamell, Honig, viel Rauch und strenge Gewürze. Am Gaumen ist er intensiv, frisch, zitrusfruchtig-rauchig, unterstützt von einem kräftigen Säurenerv. Der sehr intensive, lange Nachhall, wird von salzig-schiefrigen, am Ende ausgeprägt pfeffrigen Aromen dominiert. Das ist ein wirklich rauchiges Riesling-Meisterwerk, das mich an rauchigen Jazz erinnert. Komplex, animierend, intellektuell, scharfkantig und rauchig. Der Wein kommt ein wenig David Milzows Saxophon gleich. „Individualität, Kreativität, Expression" – das sind die Schlagworte, mit denen der Hannoveraner David Milzow sein musikalisches Schaffen beschreibt. Und die passen irgendwie auch auf diesen Riesling.

Zurück ins Jahr 2004. Mit der Kauber Roßstein Riesling Auslese trocken. Im Glas funkelt strahlendes Gold. Jetzt rieche ich Calvados, sehr reife Cox Orange Äpfel, Grapefruit, Schiefer, viel Kaminrauch, eine gewisse Salzigkeit und strenge Gewürze. Im Mund offenbart der Wein eine sehr intensive, reiffruchtig-strengwürzige Aromatik, unterstützt von einem kräftigen Säurenerv. Der Nachhall ist intensiv, sehr lang und wird von rauchigen, salzigen und strengwürzig-pfeffrigen Aromen geprägt. Das ist ein rauchiger, rockiger, vielleicht sogar verruchter Riesling, der sehr viel Charakter, Kraft und Kantigkeit ausstrahlt.

Gehen wir zurück in das Jahr 1998. Fußball-WM in Frankreich, uns Deutschen nicht wirklich in guter Erinnerung. In den USA ist die Lewinsky-Affäre das bestimmende Thema. Kauber Roßstein Riesling Spätlese 1998. Ein tolles Goldgelb im Glas. Meine Nase erschnuppert überreife Bananen, Rosenblüten und eine Rauchigkeit, die mich an alte Holzschränke erinnert. Im Mund ist der Riesling dezent süß, filigran, dörrobstfruchtig und feinwürzig. Darunter prickeln ein feiner Säurenerv und eine sehr gut harmonisierte Restsüße. Der intensive, lange Nachhall, geprägt von feinsalzigen, rauchigen und strengwürzigen Aromen, formt den Abschluss. Während ich diesen Roßstein Riesling trinke, öffne ich in Gedanken dreizehn Jahre alte Holzkisten und finde darin sommerliche Relikte wie getrocknete Rosenblüten. Erinnerungen an unbeschwerte Sommertage steigen in mir auf, die Zeit auf Schloss Gripsholm. „Wir lagen auf der Wiese und baumelten mit der Seele", so beschwingt drückte es Kurt Tucholsky aus. Ganz leise spielt im Hintergrund wieder ein rauchiges Saxophon. Ein Wein wie eine Kiste voller sommerlicher Erinnerungen. Kein ganz großer und aromatisch tiefer Wein, eher eine filigrane, leichtgewichtige Quelle der Inspiration.

Nun das Jahr 1991, das Jahr nach der Wende. Kauber Roßstein Riesling Spätlese. Schon die Farbe irritiert, verunsichert ein wenig: ein Riesling, gekleidet ganz in Rotgold. Seine Intensive, komplexe und hochreife Nase erinnert mich an den Duft von Pineau des Charentes, Orangenschalen, kandierten Früchten, Rosinen, getoastetem Holz, Sherry und strengen Gewürzen. Dem kraftvollen, weichen Ansatz folgt eine intensive, weiche, süßfruchtige und rauchig-strengwürzige Gaumenaromatik. Darunter tanzen ein kräftiger Säurenerv und eine dezente Restsüße. Der intensive, sehr lange Nachhall wird von anregend salzigen und strengwürzig-pfeffrigen Aromen geprägt. Das ist ein Riesling-Rocker, der schon etwas in die Jahre gekommen ist, aber immer noch über sehr viel Saft und Kraft verfügt. Ein solcher Wein braucht kein Barrique-Lager, denn er bringt die rauchig-holzigen Aromen aus sich selbst hervor, durch die erstaunliche Verwandlung seiner Primär- und Sekundärnase. Mit seiner Sherry- und Rauch-Aromatik rückt sich dieser Riesling in

die Nähe von Single Malt Whiskeys und Sherry. Er schmeckt nicht betont süß – kein „glucon oinon", und er schmeckt trotz seiner moderaten 7,5% Alkohol nicht leichtgewichtig. Das ist ein lässiger Altrocker wie die altgedienten Musiker von Guns N' Roses oder ZZ Top.
Die Alterung des Weines, Roger Scruton beschrieb sie sehr treffend mit den schönen Worten: „Bei Alterung zieht sich die Traube langsam zurück, verläßt das Dorf ihrer Jugend, sogar den Weingarten, in dem sie entstanden ist, und den Winzer, der sie geformt hat, um dann ganz mit dem Boden zu verschmelzen, ganz Boden zu werden. Die Individualität tritt zurück und es entsteht ein verklärter Zustand der Reife kurz vor dem Punkt des endgültigen Niedergangs." (16)
Ich denke an das Spätwerk von Monet. Sein Gemälde mit dem kurzen Namen „Glycines", gemalt 1917. Dünn aufgetragene Farbe, unter der die Leinwand fast durchscheint. Pastelltöne. Transzendenz. Ein Band von grünen Glyzinien mit rosafarbenen Tupfern auf blassblauem Hintergrund. Da kommt die Erinnerung an Beethovens späte Klaviersonaten hoch, die auch so durchscheinend, über sich hinausweisend und fragil wirken. Ein reifer, immer noch blumiger und fruchtiger Riesling. Eine Spätlese, die sich auf dem Höhepunkt ihrer Entwicklung, jedoch an der Schwelle zum Niedergang befindet. Hier ist sie wieder, die Vision von Synästhesie, der Einheit der Sinne, der möglichen Einheit von Malerei, Musik und Duft. Wein ist synästhetische, dynamische, sich ständig verändernde, brüchige, fragile von seiner Zeit kündende und unewige Kunst. Unewig – auch das ist eine wichtige, einschränkende und einordnende Weinerfahrung. Ich stehe vor der Büste der Nofretete, jenem Lehrbeispiel antiker Bildhauer, jener Verkörperung ewiger Schönheit, das die Jahrtausende ohne restaurierende Kosmetik und ohne Einbußen ihrer Wirkung überdauert hat. Muss Kunst nicht

genau so haltbar sein wie diese Nofretete, um als wirklich groß durchgehen zu können?

Ich denke zurück an eine andere Weinzeitreise, im März 2010, gereifte Mittelrhein-Rieslinge auf der Fachmesse ProWein in Düsseldorf, moderiert von Yvonne Heistermann. Zunächst probieren wir eine halbtrockene Riesling Spätlese aus der Bacharacher Wolfshöhle vom Weingut Ratzenberger, Jahrgang 1986. Also ein 24-jähriger Riesling. Zu der Zeit regierte Helmut Kohl, die DDR bestand noch, und ich hatte mein Abitur noch vor mir. Der Wein befindet sich jetzt, im Jahre 2010, auf dem Höhepunkt seiner Entwicklung, ist jetzt optimal zu trinken. In der Nase zeigt er eine explosive Frucht, die an Lagerobst, an sehr reife Äpfel erinnert. Dabei ist er reif, weich und harmonisiert am Gaumen. Die feine Würze steigert sich nach und nach zu einer wahren mineralischen Explosion im Mund. Das ist verflüssigte Riesling-Zeit aus den 1980er Jahren.

Friedrich Bastian, der Inselwinzer mit Operndiplom, steuerte eine Riesling Auslese von 1999 aus dem Bacharacher Posten bei. Nicht einmal halb so alt wie der Vorgänger-Wein. Er befindet sich jetzt ebenfalls auf seinem individuellen Höhepunkt, seine Säure droht gerade unterzugehen, also zu wenig geschmackliches Gegengewicht bieten zu können. Der Punkt, an dem der Riesling sein lebendiges Rückgrat verliert. Auch er zeigt eine überreife, komplexe Nase, in der ich mehlige Äpfel, Lagerobst, aber auch einen Hauch von Cassis finde.

Und dann eine Riesling Auslese Goldkapsel aus dem Jahre 1993 vom Bacharacher Hahn, natürlich von Peter Jost. 17 Jahre alt. Zeitlich genau die Mitte zwischen den beiden vorherigen Weinen. Der Riesling zeigt sich in der Nase deutlich fruchtiger und komplexer als die beiden Vorgänger. Ich denke an Aprikosen, exotische Früchte, aber auch wieder an reife Äpfel, mehlige Äpfel und anderes Lagerobst. Er wirkt leicht, dicht, cremig und lebendig, seine Säure ist perfekt in das Gesamtspiel eingebunden, am Ende folgt ein schier unendlicher Nachhall. Ein echtes Highlight, ein Weinerlebnis, das mich stillstehen, die hektische Betriebsamkeit der Düsseldorfer Messehalle 4 fast vollkommen vergessen lässt. Peter Jost empfiehlt diesen Riesling zur Foie Gras. Zu diesem Wein ein ofenfrisches, duftendes Stück Baguette, belegt mit einer Scheibe Foie Gras. Darauf grobes Meersalz und ein süßfruchtiger Klecks in der Mitte. Eine kulinarische Liaison von höchster Strahlkraft. Ich muss an den Film „Sideways" denken. Miles, der erfolglose Schriftsteller, und Maya, die Kellnerin seines Lieblingsrestaurants, sitzen abends auf der Veranda und erzählen einander, was für sie die Faszination von Wein ausmache. Es ist Maya, die beeindruckende Worte findet: "I like to think about the life of wine, how it's a living thing. I like to think about what was going on the year the grapes were growing, how the sun was shining that summer or if it rained...what the weather was like. I think about all those people who tended and picked the grapes, and if it's an old wine, how many of them must be dead by now. I love how wine continues to evolve, how every time I open a bottle it's going to taste different than if I had opened it on any other day. Because a bottle of wine is actually alive – it's constantly evolving and gaining complexity – like your '61 [Cheval Blanc] – and begins its steady, inevitable decline. And it tastes so fucking good." (21)

Wir machen abermals einen Zeitsprung, zurück nach Oberwesel im Oktober 2010. Dabei wechseln wir jetzt auch von den Oberweseler zu den Niederheimbacher Lagen des Weingutes Weiler und probieren den trockenen 2008er Loreley-Riesling. Ein einfacher, mit 3,50 € geradezu sensationell günstiger Wein aus der Niederheimbacher Lage „Froher Weingarten", auch wenn das nicht auf dem Etikett steht. Die Nase zeigt schwarze Johannisbeeren, grüne Paprika, Schiefer und strenge Gewürze. Im Mund ist er intensiv, saftig und herbfruchtig-würzig, unterstützt von einem kräftigen Säurenerv. Der sehr lange, intensive Nachhall wird von strengwürzig-pfeffrigen Aromen dominiert. Das ist ein markanter, kraftstrotzender Riesling mit herbfruchtig-schiefriger Nase, saftiger, intensiver Gaumenaromatik und strengwürzig-pfeffrigem Finale. Ein saftiges Kraftpaket für wirklich kleines Geld. Carl-Ferdinand Fendel hat beobachtet, dass die Oberweseler und die Niederheimbacher Weine des eigenen Weingutes sich ganz schlecht miteinander vertragen, wenn sie in der Flasche zusammenkommen, und dies liegt wohl an der kräftigeren, dominanteren Art seiner Niederheimbacher Weine.

Eine weitere überraschende Wendung hat Carl-Ferdinand Fendel noch in petto: 1993, so erzählt er, kaufte er eine Parzelle im Bacharacher Hahn. Mittelrhein-Spitzenlage, Paradeweinberg von Peter Jost, Erste Lage gemäß VDP usw. Die Strahlkraft der gereiften Rieslinge aus dieser Lage haben wir ja gerade kennengelernt. Bis 1993 produzierte Carl-Ferdinand Fendel einige Hahn-Rieslinge, war jedoch mit dem Ergebnis unzufrieden und stellte die Bewirtschaftung der Parzelle ganz ein. Die Erzählung hinterlässt bei mir recht ungläubiges Staunen, umso mehr, als Carl-Ferdinand Fendel in der Folge weiter ausführt, dass er auch über Parzellen in der Bacharacher Wolfshöhle, dem Steeger St. Jost und dem Oberdiebacher Fürstenberg verfüge. Die potentiell den Fendels zur Verfügung stehende Fläche summiert sich auf circa 25 Hektar, von denen derzeit aber nur 15 Hektar bewirtschaftet werden. Und davon ganze 6,5 Hektar unter der Marke Weingut Weiler, der Rest wird über die Erzeugergemeinschaft vermarktet. Doch es sind nicht die nackten Zahlen, die mich beeindrucken, sondern die aufblitzende Möglichkeit, im Weingut Weiler Weine aus Hahn, Wolfshöhle, St. Jost, Fürstenberg, Backofen und Roßstein zu produzieren. Ein kleines „Who is Who" der Spitzenlagen des oberen Mittelrhein-Tals, fehlt eigentlich nur der Oelsberg. Derzeit stehen ausschließlich die Lagenbezeichnungen Oberweseler Römerkrug, Engehöller Goldemund, Oberheimbacher Sonne und Kauber Roßstein auf den Etiketten des Hauses Weiler. Vom Binger Schelmenstück ganz zu schweigen, aber das ist eine andere (Dornfelder-) Geschichte. Ich stehe vor ungeahnten Möglichkeiten und einem sehr diversen Portfolio von Vorspannbetrieb bis zu den Roßstein-Kreszenzen. So viele Möglichkeiten. Ich verlasse das Weingut mit dem Wunsch, dass man hier die Weichen für die Zukunft richtig stellen möge, und hoffe, dass die Spitzenlagen und ihr Potential dabei nicht zu kurz kommen. Der Ball liegt nun bei Stephan Fendel, und ich wünsche ihm von Herzen viel Erfolg.

## IX. Weinforschung. Martina und Randolf Kauer. Ökowein.

*Märznebel, die das Tal umschleiern.*
*Forscherblick durchdringt mystischen Dunst,*
*Riesling-Klarheit glitzert schiefern.*

Karnevalssamstag 2011. Auf dem Weg von Köln nach Bacharach habe ich den Eindruck, dass in jedem zweiten Auto verkleidete Jecken sitzen, die Pappnase regiert zwischen den Karnevals-Hochburgen Köln, Bonn und Mainz. Wir verlassen die A61 und landen schließlich auf der Pfalzfelder Straße, die sich durch St. Goar, an der Ruine der Burg Rheinfels vorbei, in das Tal hinabschlängelt. Der Märznebel hüllt das Tal in einen silbrigen, von der Sonne durchleuchteten Schleier. Das nach der Fahrt über die bewaldeten Hunsrückhöhen fast unvermittelt aufblitzende Mittelrheinpanorama mit seinen steilen Schieferfelsen, perlenkettenartigen Dorfpanoramen, Höhenburgruinen und dem Rheinstromglitzern nimmt mich sofort wieder gefangen, so als sähe ich es zum ersten Mal.

Randolf Kauer sprintet aus dem Keller heraus, ein wenig scheint es mir, als löse er sich nur schweren Herzens von der Kellerarbeit. Wir steigen über eine steile Steintreppe in die Wohnräume der Kauers und nehmen an einem großen, dunklen, alten Holztisch Platz. Die Kauers, das sind Martina, Randolf und zwei erwachsene Töchter. Das Zimmer strahlt ein freundliches, intellektuelles Chaos aus, mit einer Unmenge an Büchern, die in Schränken und Regalen stehen, vereinzelten Weinflaschen, der über einen Stuhl gehängten Karnevalsuniform und dem unter einer Vielzahl von Papieren verborgenen Schreibtisch vor dem Fenster, durch das man die Rheinschiffe im Frühmärzgrau vorbeiziehen sieht. Randolf Kauer gießt uns die Riesling-Spätlese 2009 aus dem Oberdiebacher Fürstenberg ein. Der Wein trägt die Zusatzbezeichnung „alte Reben". Bei Randolf Kauer heißt das, dass die Reben mindestens 40 Jahre alt sind, weingesetzlich reichen bereits 25 Rebenlenze, um diese Bezeichnung zu rechtfertigen. Der Wein offenbart eine intensive, fruchtig-mineralische Nase. Ich denke an grüne Äpfel, Zitrusmarmelade, Schiefer und strenge Gewürze, zum Beispiel schwarzen Pfeffer. Er ist noch etwas verschlossen und braucht Luft zum Atmen. Doch am Gaumen offenbart er bereits die volle, mineralische Kraft und aromatische Dichte. Das ist ein kraftvoller, dichter Fürstenberg-Riesling mit zitrusmineralischer Nase, intensiver Gaumenaromatik und langem, salzig-strengwürzigem Finish. Ein Riesling, der mich mit seinen zitrusmarmeladigen Aromen empfängt und dann ganz sanft und geschmeidig in eine mineralisch-salzige Tiefe zieht. „Aus tiefem Traum bin ich erwacht: – Die Welt ist tief, Und tiefer als der Tag gedacht...", um es mit Friedrich Nietzsche zu sagen. Vielleicht ist es der besonders tiefgründige Boden des Fürstenbergs, den ich jetzt erschmecke, erspüre.

Die beiden Kauers ergänzen sich im Gespräch prächtig, und wie so häufig bei Ehepaaren scheint es die Aufgabe der Ehefrau zu sein, kleine Inkorrektheiten, die sich in die Erzählungen der Männer immer wieder einschleichen, zu korrigieren. 1982, Randolf Kauer war noch im Önologie-Studium, machten die beiden ihren ersten „offiziellen", also mit einer amtlichen Prüfnummer ausgestatteten Wein. Es ging damals eher um den Spaß an der Sache sowie um die praktische Unterstützung des Önologiestudiums. Erste Gehversuche in der Weinbereitung fanden natürlich bereits früher statt. 1996 schließlich taten Martina und Randolf Kauer den entscheidenden nächsten Schritt, indem sie das Kellereigebäude samt Wohnhaus der ehemaligen Weinkellerei Wilhelm Wasum erwarben. An der Wand hängt noch heute eine Urkunde, die bezeugt, dass der Ruf der Wasum-Weine einst bis in die USA reichte. Wasum gehörte

1987 übrigens auch zu den Gründungsmitgliedern des kleinen, aber feinen VDP Mittelrhein.
Die fast einen halben Kilometer lange, langgestreckte Wasum-Anlage mit Türmen, Erkern, Schwebegiebeln und gestreckten Hochgärten entstand um die Jahrhundertwende in mehreren Bauabschnitten zwischen 1898 und 1904. Dieter Krienke vom Landesamt für Denkmalpflege nennt das Ensemble „ein malerisches Element der Rheinromantik vor einer beeindruckenden Felsenkulisse". Kernstück der Anlage bildet das mit einem Wohnhaus kombinierte Betriebsgebäude. Die ehemalige Fabrikantenwohnung in der Beletage des Wohnhauses wird heute von den Kauers bewohnt. In der Nähe des Hauptgebäudes erhebt sich der zinnenbekrönte Belvedere-Turm, der einen großartigen Ausblick auf Bacharach und den Rhein ermöglicht. Krienke fasst zusammen: „Wasum hat schon damals mit Emotionen verkauft sowie Romantik mit moderner Wirtschaft und Technik verknüpft."
Dabei war die Kellerei Wilhelm Wasum eher ein Weinhandelsunternehmen, als ein reines Weingut. So um die fünf bis sechs Hektar eigener Weinberge wurden bearbeitet, darunter auch das Weingut Schloss Fürstenberg. Insofern war die Kellerei ein geradezu prototypisches Beispiel für ein Bacharacher Weinhandelsunternehmen. Der Bacharacher Wein hat ja seit alters her einen hervorragenden Ruf, doch rührt dieser nicht nur von den Eigengewächsen, sondern auch von all den Weinen weiter südlich gelegener Weinbaugebiete, deren Weine hier umgeschlagen wurden. Die Kellerei Wasum bestand bis zum Jahre 1988/89, dann wurde der Betrieb eingestellt. 1996 schließlich kauften die Kauers den Teil des Wasum'schen Anwesens, den sie heute ihr Eigen nennen, die anderen Teile des Anwesens wurden von zwei anderen Familien erworben.
Randolf Kauer führt heute ein echtes Doppelleben, indem er hauptberuflich Professor an der Fachhochschule Geisenheim ist,

auf der anderen Rheinseite, gute zwanzig Kilometer von Bacharach entfernt, also nicht wirklich die Welt. Die Wochenenden und die Abende sind für das eigene Weingut reserviert. Randolf Kauer hat den Job in Geisenheim über die Jahre weiterentwickelt, bis er inzwischen eine ganze Stelle an der FH bekleidet. Jetzt ist er Studiendekan und hat die Professur für Ökologischen Weinbau inne. Als FH-Professor muss er sich mit zeitaktuellen Themen wie der Umstellung der Studiengänge auf Bachelor und Master sowie mit dem altehrwürdigen Anerkennungsritus für Bewerber ausländischer Hochschulen herumschlagen – ein feines Kontrastprogramm zum 3,8 Hektar großen Familienweingut. Präzise gesagt, sind es 4,5 Hektar Anbaufläche, von denen derzeit 3,8 Hektar im Ertrag sind. Die Arbeit in den Weinbergen hat Randolf Kauer weitgehend outgesourct, anders ist der Spagat zwischen Professor und Weingutsbesitzer auch nicht zu schaffen. Er hat Bewirtschaftungsverträge für einen Teil seiner Weinberge in den Lagen Bacharacher Kloster Fürstental und Wolfshöhle, Oberweseler Oelsberg, Oberdiebacher Fürstenberg und Urbarer Beulsberg abgeschlossen. In Oberwesel und Urbar ist es zum Beispiel das Ehepaar Link, das sich um die Weinberge kümmert.
Festgeschrieben ist für alle Kauer'schen Traubenlieferanten die ökologische Bewirtschaftung. Zusätzliche Vorgaben biodynamischer Art, z.B. die Beachtung des lunaren Kalenders, macht Randolf Kauer bei der Bewirtschaftung seiner Weinberge jedoch nicht. Derzeit ist das Weingut der Kauers noch nicht darauf ausgerichtet, ein Familieneinkommen zu sichern. Um das unter den gegebenen Rahmenbedingungen zu ermöglichen, zum Beispiel unter Beibehaltung des derzeitigen geringen Ertrages von 50 Hektolitern pro Hektar, müsste die Rebfläche glatt verdoppelt werden. Randolf Kauers Blick schweift in die Zukunft. Wird eine der Töchter das Weingut später übernehmen? Wird das Weingut den Besitzer wechseln? Dann

müsste es wohl vergrößert und auf selbständig tragfähige Beine gestellt werden. Für den Mann Anfang fünfzig noch kein unmittelbar anstehendes Thema – aber seine Gedanken wird man sich ja wohl schon einmal machen dürfen.

Der 2009er Bacharacher Wolfshöhle Riesling Kabinett trocken, den wir jetzt probieren, ist ein animierendes Kraftpaket, das uns aus den Zukunftsgedanken in die Gegenwart zurückholt. Aus dem Glas steigen Grapefruit, süße Blüten, vegetative Noten (Kräuter) und eine ausgeprägte Schiefer-Mineralik. Die intensive, saftige und zitrusfruchtig-würzige Gaumenaromatik wird unterstützt von einer nervigen Säure. Es folgt ein sehr intensiver, langer Nachhall von rassiger Säure, Salz und Schiefer mit geradezu pfeffrigem Abschluss. Das ist mineralische Power. Kraftvoll und intensiv liegt der Schiefer auf der Zunge. So viel konzentrierte, mineralische Aromatik bei nur 11% Alkohol! Die Bässe dröhnen, doch darüber tanzen Melodien mit zitrusfruchtigen und floralen Aromen, und die anregende Art verführt zum nächsten Schluck. Solche Rieslinge empfinde ich als ähnlich belebend, erfrischend und das Leben feiernd wie einen guten Champagner. Ich höre die Beatles, wie sie von einer besseren Welt singen und dabei gleichzeitig die Gegenwart feiern:

"Imagine there's no Heaven
It's easy if you try
No hell below us
Above us only sky
Imagine all the people
Living for today"

Wir probieren jetzt die trockene 2009er Riesling-Spätlese vom Oberweseler Oelsberg. Ich rieche Weinbergspfirsiche, Frühlingsblüten, Sandstein und strenge Gewürze. Im Mund ist der

Riesling intensiv, dicht, cremig und pfirsichfruchtig-würzig, mit einer festen Säure. Der intensive, lange Nachhall wird von salzigen und strengwürzigen Aromen geprägt. Das ist ein kraftvoller, dichter Oelsberg-Riesling mit pfirsichfruchtig-floraler Nase, cremiger, intensiver Gaumenaromatik und salzig-strengwürzigem Finish. Mehr Frucht als Schiefer – eine kraftvolle, intensive Melodie aus Kraft, Weichheit, Schmelz und Macht. Dieser Wein erinnert mich weniger an die Beatles als vielmehr an Gustav Mahlers Lied von der Erde. „Ein Becher Weins ist mehr wert als alle Reiche dieser Erde".

Randolf Kauer ist ein schmaler, drahtiger Winzer, der von dem Rheingauer Karikaturisten Michael Apitz geradezu grandios eingefangen wurde. Dessen Karikatur bringt Kauers verschmitzt lächelnden, leicht skeptischen und leicht ironischen Gesichtsausdruck absolut auf den Punkt. Oder, um es mit Carsten Henns Worten zu sagen: „Es fällt leicht, einen Winzer wie Randolf Kauer ins Herz zu schließen. Jemanden, der so offen und selbstkritisch, dabei ebenso begeistert wie analytisch über Wein redet, findet man nicht oft." (23)

Der so hochgelobte Winzer schenkt uns nun seine 2009er Riesling-Spätlese aus dem Bacharacher Kloster Fürstental ein. Noch ein Wein aus alten Reben, nach Kauers Angabe das beste Fass „Trockener" aus 2009. Diesmal rieche ich Mandarinen, Maracujas, Sandstein und strenge Gewürze. Im Mund erwartet mich eine gelungene Verbindung aus Saftigkeit, Rasse und viel Schmelz. Hier haben wir eine kraftvoll-cremige Fürstental-Spätlese mit reifer Mandarinen-Maracuja-Nase, intensiver, schmelziger Gaumenaromatik und einem salzig-strengwürzigen Finish. Seine opulente, dichte Frucht singt eine sehr emotionale Melodie, das ist fast schon italienische Oper. „Geleeartig verdickte Frucht", wie ein Weinschreiber es einmal so schön ausgedrückt hat. Eine Verbindung aus reifer Frucht, Opulenz, Kraft, Würze, Schmelz, Körper und viel Rasse. Der Wein ist dicklich,

fast mollig für einen Riesling von Kauer. Randolf Kauer sieht diesen Wein, mit einem leichten Schmunzeln, als sein Großes Gewächs. Man kann diesen Wein also als Kauers Angriff auf das Große Gewächs bezeichnen. Allerdings ist dieser Riesling mit seinen 13 Volumenprozent Alkohol eher ein Waisenknabe in der Welt der oftmals recht alkoholischen Großen Gewächse. Der englische Philosoph Roger Scruton hat es sehr schön auf den Punkt gebracht, wie es vielleicht nur ein Nicht-Deutscher kann: „Diese Weine mit ihren schön geformten Flaschen, die wir aus den Orten des Rheintals kennen, verdanken ihre aromatische Vielfalt und die nahezu unbegrenzte Frische dem extrem geringen Alkoholgehalt, der den Gärungsprozess gerade noch in Gang hält. Die neue hektische Kultur des Exzesses hat für solche Weine keine Zeit mehr, ebenso wenig wie für die Musik Mozarts, mit der diese Gewächse eine gewisse Ähnlichkeit haben. Daher hat man in Deutschland angefangen, Rieslinge mit mehr als 13 Prozent Alkoholgehalt zu produzieren. In dem Wein alter Prägung schmeckte man all die Tugenden, die das deutsche Volk auszeichnen: den Fleiß, die Zurückhaltung, die Genauigkeit, Gelehrtheit und das Heimatgefühl. In den neuen Weinen schmeckt man nur die Laster, die sie mit uns teilen."
(16)
Randolf Kauer stellt sich und mir die sehr gute Frage, ob ein Terroirwein eher dicht und kraftvoll (das wäre der Typus Großes Gewächs) oder filigran und durchschaubar sein sollte. Letzteres bevorzugt er, das ist sein Credo, und er versucht, die Rieslinge genauso zu „machen", dass die Lagenunterschiede durch transparente Weine hindurch schmeckbar werden. Bei allem Theoretisieren über das Terroir ist dieser Ansatz ja wohl die Quintessenz. Was er in diesem Zusammenhang überhaupt nicht nachvollziehen kann, ist die Tatsache, dass manche Große Gewächse sogar noch mit Zucker angereichert werden. Dies geschieht mit dem rechtlichen Hinweis darauf, dass es sich um

QbAs handele, steht aber dem Gedanken, Herkunft möglichst optimal zu verkörpern, diametral entgegen. Auch wenn die Erfinder des Terroirs, die Franzosen, das vielleicht anders sähen – aber der Riesling als ein Wein, der seine Lage und die nördliche Lage seiner Herkunft widerspiegeln soll, wird durch das Aufzuckern nur aufgepumpt, geschminkt, und seine Herkunft wird verschleiert. Bemerkenswert ist dies ja besonders insofern, als der VDP, Erfinder und Verfechter der Großen Gewächse, vor hundert Jahren einst als Verband Deutscher Naturweinversteigerer (VDNV) gegründet wurde. Und Naturwein, das bedeutet nun mal nichts anderes als ein ungezuckerter Wein. Naturwein – so verstand sich der deutsche Wein zu seinen historischen Glanzzeiten.

Wir gehen aus Kauers Arbeits- und Verkostungszimmer wieder über die steile Steintreppe hinunter in den Hauptraum des Weingutes. Dieses bunte Gemisch aus Flaschenlager, Kartonstapeln, Theke mit Buchpräsentation, Weinetikettenschrank, Lochsteinvitrine und allerhand anderem erinnert mich irgendwie an den Requisitenraum im Backstagebereich eines Theaters oder einer großen Oper. Beinahe perfekt passt dazu der terrakottafarbene, vielleicht einen halben Meter hohe, tönerne Bacchuskopf, der direkt rechts neben der Treppe steht, die in den Keller führt – mitten hinein in das Reich des Weingottes. Und schon sind wir mitten drin im historischen Wasum-Keller. Hier stehen Holzfässer, Stahl- und Kunststofftanks, wobei noch eine Menge Platz unbenutzt ist. Es ist knackig kalt hier, der Keller mit seinem eindrucksvollen Kreuzgewölbe ist wie das ganze Haus direkt an den schwarzen Schieferfels angebaut worden. Hier entstehen sie also – Kauers Schieferrieslinge. Dieser Keller ist so kalt, dass während der Gärphase hier weniger gekühlt als vielmehr erwärmt werden muss. Hier im Keller geht Randolf Kauer undogmatisch vor. Die Frage, ob Tank- oder Holzfasslagerung erfolgt, wird schon mal aus pragmatischer Sicht getroffen, denn alle kellerwirtschaftlichen Entscheidungen müssen sowohl in das Arbeitszeitkonzept als auch in die vorhandene Infrastruktur passen. Wieder höre ich die Beatles singen, die sich gegen jeglichen Dogmatismus wenden:

"Imagine there's no countries
It isn't hard to do
Nothing to kill or die for
And no religion too
Imagine all the people
Living life in peace"

Hier jedenfalls ist Randolf Kauers Reich, und auch wenn er im Weinberg vieles delegiert – im Keller werkelt er gern allein, hier hält er Zwiesprache mit den sich entwickelnden Weinen und legt ausschließlich selbst Hand an. Kauer beschreibt seine Weine gerne als „Rieslinge für fortgeschrittene Trinker". Da 70% seiner Käufer Privatkunden sind, können er und seine Frau die Kunden noch sehr persönlich beraten und sind so auch in der Lage, erklärungsbedürftige Weine an die Frau und an den Mann zu bringen. Im Hinblick auf den Jahrgang 2010 räumt Kauer ein, dass er nach vielen Jahren zum ersten Mal wieder entsäuern musste. Entsäuerung ja oder nein und wenn ja, auf welche Weise, das wird ohnehin eines der beherrschenden Themen des 2010er Riesling-Jahrgangs sein. Kauer hat das nach langer Zeit mal wieder angewandte Verfahren der Doppelsalzentsäuerung beträchtliches Kopfzerbrechen bereitet. Bei der Doppelsalzentsäuerung muss ja, ausgehend von der analytisch ermittelten, gesamten titrierbaren Säure sowie dem angestrebten Säuregehalt, die Aufwandmenge an Kalk und das zu behandelnde Teilvolumen des Mostes ausgerechnet werden. Alles andere als ehrenrührig für einen Ökowinzer und Ökoweinbauprofessor, dass ihm hierbei die Übung fehlt!

Vor kurzem hatten die Kauers eine typische Lifestyle-Diskussion, in der einer der vielen weltanschaulichen Aspekte rund um den Wein berührt wurde. „Ist Ihr Wein vegan?", so die überraschend an Martina Kauer gestellte Frage. Was bitte schön sind denn vegane Weine? Solche wohl, die ohne Einsatz tierischer Erzeugnisse hergestellt wurden und insofern auch für Veganer ohne Bedenken trinkbar sind. Ohne Zweifel ist der Wein ein pflanzliches, also prinzipiell vegetarisches Produkt. In der Weinerzeugung sind allerdings auch Hilfsmittel zugelassen, die teilweise tierischen Ursprungs sind. So wird z.B. Gelatine oder Eiklar verwendet, um Trubteilchen zu binden. Diese flocken aus, setzen sich ab und können dann abfiltriert werden. In der Bioweinerzeugung ist die Anwendung verschiedener tierischer Produkte durch die Verbände Bioland, Ecovin oder Demeter untersagt, aber keineswegs generell verboten. Kauers Weine aber sind vegan, so das Ergebnis der Nachforschungen, denn Randolf Kauer verwendet in der Tat keinerlei tierische Produkte in der Weinbereitung.

Wir trinken nun einen dieser veganen, anspruchsvollen Kauer-Rieslinge, nämlich seine feinherbe 2009er Spätlese aus der Lage Bacharacher Kloster Fürstental. Wieder ein Wein aus alten Reben. Ich rieche Zitronenmarmelade, Blüten, Schiefer, Rauch, Salz und strenge Gewürze. Im Mund kommt der Riesling sehr intensiv, zitrusmarmeladig und salzig-würzig daher. Seine Aromatik wird von einem rassigen Säurenerv und einer sehr gut abgestimmten Restsüße unterstützt, wobei sich ein anregendes Säure-Süße-Spiel entwickelt. Sein intensiver, langer Nachhall wird von sehr salzigen und strengwürzigen Aromen dominiert. Das ist ein komplexer, irgendwie jazziger Riesling, vielfältig und animierend. Ich denke an die legendäre Aufnahme des John McLaughlin Trios vom 27. November 1989 aus der Londoner Royal Festival Hall. Trilok Gurtu vollbringt an den Percussions wahre Wunderwerke. Anspruchsvoll, komplex und für den

Kenner gemacht, genau wie dieser Kauer-Riesling, der nicht ermüdet, weil er immer wieder neue Nuancen bietet und mit dem Trinker Katz und Maus spielt, wenn der verzweifelt versucht, ihn, das heißt das Trinkerlebnis, aromatisch-metaphorisch beschreibend einzufangen.

Nun zu Kauers wissenschaftlicher Forschung an der Fachhochschule in Geisenheim, die andere Seite dieses Wein-Enthusiasten. Diese andere Seite ist zunächst einmal streng getrennt von dem, was in seinem Weingut abläuft. Die Zeiten, in denen ein Professor Studenten auch außeruniversitär einspannen konnte, sind glücklicherweise längst vorbei – der Begriff „compliance" ist vielerorts ein fester Bestandteil des neudeutschen Sprachschatzes geworden. Im Zentrum von Kauers Forschung steht ein faszinierender, sich über zehn Jahre hinziehender Langzeitversuch, in dem ein Vergleich zwischen konventionellem, biologischem und biodynamischem Weinbau durchgeführt wird. Solche sogenannten DOK-Versuche (Dynamisch, Organisch, Konventionell) haben schon eine gewisse Tradition und wurden bereits mit sehr unterschiedlichen Ergebnissen abgeschlossen. Kauers Ansatz ist derjenige, dass die drei Wirtschaftsweisen miteinander verglichen werden, ohne dass der Glaube an die Konzepte dabei eine Rolle spielt. Wirken Steiners Präparate, ohne dass man an den anthroposophischen Überbau glaubt? Kann man Wasser in Form bringen, dynamisieren, ohne dass man daran glaubt, dass es auch wirklich funktioniert? Kauer versucht hier, die metaphysische, dogmatische, vielleicht okkulte Komponente komplett auszuklammern. Wieder einmal singen die Beatles *„No Religion"*.

Biodynamik ohne geistigen Überbau in einem kontrollierten Versuch, das also ist Kauers Versuchs-Konzept. Vielleicht wäre es eine interessante Anregung, auch den Faktor „Glaube an den geistigen Überbau" in das Experiment ganz bewusst mit einzubeziehen, aber da sprengte man vielleicht den Rahmen des

Forschungsauftrages einer deutschen Fachhochschule. Ausgewertet werden in dem laufenden Versuch jedenfalls eine Menge Parameter, die den Zustand des Bodens und seiner Aktivität, seiner Lebendigkeit charakterisieren. Im Experiment geht es unter anderem um die einfache Frage, ob Rudolf Steiners Präparate wirken, ob man nun an sie glaubt oder nicht.

Der biodynamische Weinbau geht auf die Lehren des deutschen Anthroposophen Rudolf Steiner (1861-1925) zurück, der 1913 die Anthroposophische Gesellschaft gründete. Kurt Tucholsky bezeichnete ihn bissig als „Jesus Christus des kleinen Mannes". Steiner betrachtete Pflanzenkrankheiten als Ergebnis der Störung des natürlichen Gleichgewichtes, das es zu erhalten respektive wiederherzustellen gelte.

Randolf Kauer spricht von einer bereits erkennbaren Tendenz, dass die biodynamische Wirtschaftsweise qualitativ tatsächlich noch eins oben drauf setze. Aber er formuliert hier sehr vorsichtig, denn er weiß nur zu gut um das Wesen der Statistik, und ihm ist nur allzu klar, dass er eine ziemliche Menge an Daten brauchen wird, um seine Aussagen zu stützen, und dass seine aktuelle Wasserstandsmeldung noch im Rahmen der Schwankungsbreite seines Experiments liegen kann. Also erstmal die gesamten zehn Jahre abwarten. Die Kunst wird für Randolf Kauer darin bestehen, im steten Wechsel der Doktoranden den Langzeitversuch überhaupt am Laufen zu halten. Auf das Ergebnis dürfen wir jedenfalls gespannt sein, denn es wird ganz bestimmt Einfluss haben auf die Diskussionen in der deutschen Weinszene. Hier gibt es einige Analogien zu Professor Ulrich Fischer von der Universität Kaiserslautern, der mit seinen Untersuchungen wissenschaftlich reproduzierbar bewiesen hat, dass der Bodengeschmack tatsächlich existiert.

Wir probieren zum Abschluss einen süßen Riesling, die 2009er Oberdiebacher Fürstenberg Riesling Spätlese. Ihre Nase ist komplex, floral und zitrusfruchtig-mineralisch. Ein Hauch von

Bananen steigt aus dem Glas, dann folgen reife Zitrusfrüchte, Schiefer, süße Blüten und Kräuter. Im Mund finde ich eine intensive, verspielte, weiche, reif-zitrusfruchtige und würzige Aromatik. Ein belebendes Spiel von fester, animierender Säure und großartig abgestimmter Restsüße nimmt mich gefangen. Der intensive Nachhall wird von festen mineralischen, salzigen und feinwürzigen Aromen dominiert. Das ist ein verspielter Mozart mit Substanz und Tiefe, ganz so wie Roger Scruton ihn sich vorgestellt hat. Eine großartige Verbindung von Leichtigkeit und Tiefe, so ermüdet Süße nicht. Die Aromen eines Frühlingsmorgens auf einem mineralisch-würzigen Untergrund. So dürfen wir mit Kauers Rieslingen weiterträumen, von veganen Weinen, von der Wissenschaft, die Licht in manches Dunkel bringt, auch ohne dieses zu entmystifizieren, und vom verflüssigten Ausdruck des Schiefergesteins. Und nochmals, zum Abschied, höre ich die Beatles ihren optimistischen Ohrwurm singen:

"You may say that I'm a dreamer
But I'm not the only one
I hope someday you'll join us
and the world will be as one"

## X. Leutesdorf. Horst-Peter Selt. Bimsnuggets.

*Vulkanische Eruptionen.*
*Regen aus Asche und Bimsgestein*
*lässt Rosenriesling-Archetypen erscheinen.*

Ein römischer Weinhändler, dessen Name uns nicht überliefert ist, im Pompeji des Jahres 79 nach Christus. In der blühenden Stadt pulsiert das pralle Leben zwischen luxuriösen Stadtvillen, stolzen Tempeln, prächtig ausgestatteten Bädern und brodelnden Bordellen. Die römische Weltmacht hat sich hier, am Golf von Neapel, ein echtes Sommerparadies geschaffen, eine veritable Côte d'Azur der Antike. Unser Weinhändler hat den ganzen Tag, es ist der 23. August, auf seinem Privatboot verbracht und ist auf dem Mare Nostrum umhergeschippert. Die Falerner-Probe, eine Art „Schiffsweinprobe" mit zwanzig ausgewählten Gästen, hat ihm volle Konzentration abverlangt. Doch die leichte Meeresbrise machte den glimmerhitzigen Sommertag einigermaßen erträglich. Die Schiffsgesellschaft hatte sich durch die drei Geschmackstypen *„austerum", „tenue"* und *„dulce"* sowie durch roten und weißen Falerner verschiedener Jahrgänge durchgetrunken. Und wie so häufig waren es erst die reifen, mindestens zwanzig Jahre alten Kreszenzen, die die Verkoster zu wahren Begeisterungsstürmen hinrissen. Im Taumel der Begeisterung zögerten seine superreichen Gäste denn auch nicht mit großzügigen Bestellungen, sodass der Tag für unseren Weinhändler rundum gelungen verlief.

Nun bricht der Abend an und die Gesellschaft findet sich in der mondänen Villa des Weinhändlers ein, um dem einzigartigen Sommertag einen stilvollen Ausklang zu geben. Zunächst werden frische Austern serviert, dazu passt perfekt der junge, trockene weiße Falerner mit seiner zitrusfruchtigen Nase und dem spritzigen Säurerückgrat. Auch die Seeigel und die Hummer, die bald folgen, gehen mit dem trockenen Falerner eine perfekte Paarung ein. Es folgt ein kleines kulinarisches Highlight, begleitet von einem halbtrockenen Falerner: in Honig und Mohnsamen panierte Mäuse. Ein, zwei Tierchen für jeden der ausgewählten Gäste reichen völlig aus, um das elektrisierende Zusammenspiel von knusprigem Fleisch, süßer Kruste, feinherben Mohnkörnern und dem floral-honigduftigen Weißwein zu genießen. Plötzlich betritt ein schwer beladener Trupp Sklaven den Saal und bringt ein herrlich duftendes Wildschwein herein. Als sie kunstvoll das Schwein tranchieren, fliegt aufgeregt ein Schwarm Drosseln aus der Bauchhöhle. Der Saal tobt und beruhigt sich erst wieder, als auch der letzte Vogel hektisch flatternd den Ausgang gefunden hat. Jetzt fließt der trockene, elegant gereifte rote Falerner *„austerum"* und bereitet auf weitere Gaumenkitzeleien vor: Storchenzungen und Nachtigallenlebern. Und doch: So ganz unbeschwert kann unser römischer Weinhändler das große, luxuriöse Fressen leider nicht genießen. Der Rotwein in seinem bleiernen Becher beginnt plötzlich zu vibrieren, auf seiner Oberfläche bilden sich konzentrische Kreise. Es erinnert ihn an Gerüchte, die in den letzten Tagen immer wieder die Runde in Pompeji machten und die um Warnsignale des gefürchteten Vulkans kreisten. Manche Bewohner hatten bereits begonnen, ihre Sachen zu packen und das Paradies am Golf von Neapel zu verlassen. Zur Mittagszeit des nächsten Tages, am 24. August des Jahres 79, beginnt die Katastrophe. Mit der Energie von 100.000 Hiroshima-Bomben bricht der Vesuv aus. Zunächst verdunkeln Aschewolken den Himmel, dann prasselt ein Bimssteinregen herab, gefolgt von dicken Gesteinsbrocken, unter denen die Dächer der Häuser Pompejis zusammenbrechen. Schließlich begräbt eine ungeheure Glutlawine die Stadt unter sich. Eine Katastrophe aus Bims, Gesteinsbrocken und flüssiger Lava.

Szenenwechsel. Vor 13.000 Jahren ähnelt das Neuwieder Becken eher dem heutigen Mittelskandinavien. Birken, Zitterpappeln, Weiden und Traubenkirschen bilden einen lichten, aber geschlossenen Auwald mit dichtem Unterholz. Rotwild, Rehe, Elche und Auerochsen bevölkern den Wald, vereinzelt durchstreifen Bären sowie der beeindruckende Riesenhirsch die Gegend. Es ist Frühsommer, als eine Gruppe von Jägern mit großem Anhang aus Frauen, Kindern und Alten ihr Lager im Gebiet des heutigen Andernach, gegenüber von Leutesdorf, in Besitz nimmt. Die Jäger und Sammler gehören zu den altsteinzeitlichen Federmesser-Gruppen, zu erkennen an ihren typischen Pfeilspitzen aus Stein, den sogenannten Federmessern. Pfeil und Bogen hatten gerade die über Jahrtausende benutzten Speere abgelöst. Die Gruppe hat ein geräumiges Zelt in Andernach aufgebaut, davor natürlich die obligatorische Feuerstelle. Bis zum nächsten Federmesser-Lager ist es einige Dutzend Kilometer weit, trotzdem kennt man sich untereinander, besucht sich dann und wann, bemüht sich, den Kontakt zu halten. In den letzten Tagen hatte es einige kurze Erschütterungen gegeben, die den Auwald des Neuwieder Beckens zum Erzittern brachten. Beunruhigend – aber für diese hartgesottenen Jäger und Sammler kein Grund zur Ängstlichkeit. Doch als der Laacher See-Vulkan dann plötzlich ausbricht, ist Panik angesagt. Heftige Erdstöße gehen der Eruption voraus, gewaltige Druckwellen erschüttern das Mittelrheingebiet. Über dem Vulkan bildet sich eine 20 bis 40 km hohe Eruptionssäule, aus der es Aschen und Bims zu regnen beginnt. Unsere Federmesser-Menschen fliehen in wilder Panik. Manche werden von Bimsbrocken erschlagen, andere suchen Unterschlupf und werden dort verschüttet. Am Ende des Ausbruchs bedeckt eine mehr als einen Meter hohe Bimsschicht die Landschaft. Eine Bimswüste bleibt dort zurück, wo kurz zuvor noch das Leben im Auwald blühte. Das Mittelrhein-Pompeji der Altsteinzeit.

Horst Peter Selt steht im Leutesdorfer Rosenberg, es ist die Zeit der Weinlese. Der Blick auf den Rhein wird durch wabernden Herbstnebel verschleiert. Er bückt sich, um ein paar unscheinbare, gelblichbraune, längliche und nur ein paar Zentimeter lange Gesteinsbröckchen vom Boden aufzusammeln und sie in seiner Handfläche zu präsentieren. Lächelnd hält er uns die Bimsbrocken, seine „Goldnuggets" entgegen. Er ist überzeugt davon, dass genau diese Bimsnuggets, die im Rosenberg so gehäuft vorkommen und die während des ungeheuren Ausbruchs des Laacher See- Vulkans hier abgelagert wurden, den Geschmack der Rosenberg-Weine ganz entscheidend prägen. Machen wir doch die Probe aufs Exempel, und zwar mit seinem 2010er halbtrockenen Rosenschiefer Riesling Kabinett. Er riecht nach Rosenblüten, Zitrusfrüchten, Birnen, Schiefer und strengen Gewürzen. Im Mund ist er intensiv, animierend und cremig, unterstützt von seinem harmonischen Säurerückgrat und der gut abgestimmten Restsüße. Dieser Riesling ist unkompliziert, er animiert geradezu zum Trinken. Sein langer, feiner Nachhall wird von feinsalzigen und strengwürzigen Aromen geprägt. Rosenblüten und Zitrusfrüchte tanzen im Walzertakt auf einem cremig-kraftvollen Untergrund. Dieser Wein ist eine Verbindung aus Leichtigkeit, Duftigkeit und geschmeidiger Kraft, ganz wie ein Walzer von Chopin. Vielleicht sollte man zu diesem Wein generell Chopins Grande Valse in Es-Dur, Opus 18 empfehlen.

Bims ist ein poröses, glasiges Vulkangestein, so leicht, dass es auf Wasser schwimmt. Letztlich ist Bims nichts anderes als Lava, die durch Wasserdampf und Kohlendioxid aufgeschäumt wurde. Von der chemischen Zusammensetzung her ist Bims also ein typisches Vulkangestein. Sind es wirklich die leichtgewichtigen Bimsbrocken, denen wir die duftigen, floralen und gleichzeitig cremig-kraftvollen Rosenberg-Rieslinge verdanken? Oder ist es nicht vielmehr Selts Idee des bimsgeprägten Weines,

die hier Riesling geworden ist? „Das Erscheinen der Idee im Sinnlichen" anstelle des Terroirs, das sich im Wein ausdrückt? (Winzer-) Kunst statt Terroir? Oder eine Mischung von beidem?
Es ist derjenige Maisamstag, an dem der Lena-Hype noch einmal zu ganz großer Form aufläuft und die Dortmunder Borussia die Meisterschale überreicht bekommt. Feierlaune, wohin man schaut – außer bei zwei bereits abgestiegenen Fußballvereinen. Der schwarze Holunder hat am Mittelrhein bereits zu blühen begonnen, phänologisch gesehen sind wir also bereits im Frühsommer, die Vegetation ist ihrer gewohnten Entwicklung wohl gute zwei Wochen voraus. Als wir vor Horst-Peter Selts Weinstube parken, hat es leicht zu tröpfeln begonnen – nach langer Durstzeit sind das die ersten Regentropfen auf einem staubtrockenen, verdursteten Boden. Das Wetter schlägt Anfang 2011 wieder gewaltige Kapriolen, in anderen Weinbaugebieten ist es bereits zu massiven Schädigungen durch Spätfröste gekommen. In den Nächten vom 3. auf den 4. und vom 4. auf den 5. Mai gab es vorgezogene Eisheilige mit Bodenfrost, der erhebliche Schäden beim Wein zur Folge hatte. Dies betraf vor allem typische Frostlagen wie Senken und Ebenen ohne ausreichenden Kaltluftabfluss. Die Steillagen sind deshalb verschont geblieben. In Weinbaugebieten wie Franken, Württemberg oder Rheinhessen wurden bis zu 60% der Rebfläche in Mitleidenschaft gezogen, wobei die Schäden von einzelnen Triebschäden bis zu Totalausfällen reichten, bei denen alle grünen Triebe abgefroren sind. Die Steillagen mit ihrem sehr effizienten Kaltluftabfluss haben den Mittelrhein vor diesem Desaster bewahrt. Selt hat jetzt vor allem Angst um seine Junganlagen, da die noch zarten, kleinen Pflänzchen sehr unter der Trockenheit leiden und noch keine Chance haben, sich das Wasser aus großer Tiefe zu saugen.
Seine Riesling-Junganlage im Leutesdorfer Forstberg ist ein sehr positives Signal für die Zukunft des Selt'schen Weingutes, da es

die Rebfläche von drei auf vier Hektar vergrößern wird. Lange Zeit hatte Selt eine solche Erweiterung ausgeschlossen, aber jetzt stehen Tochter und Schwiegersohn in den Startlöchern, sodass der Blick weiter nach vorne gerichtet werden kann. Der Schwiegersohn macht gerade seine Winzerausbildung, und Selt merkt an, dass das RMS außerdem die Arbeit im Steilhang erheblich erleichtere. RMS? Das ist das sogenannte Raupen-Mechanisierungs-System. Im Zentrum steht eine kettenangetriebene Multifunktions-Maschine, die mehr als eine Tonne auf die Waage bringt. Das kompakte Raupenfahrzeug ist durch einen Seilzug gesichert und ermöglicht es, zwischen den Rebzeilen der steilen Hänge rauf- und runterzufahren. Die Raupe kann zeit- und kraftaufwändige Weinbergsarbeiten wie den winterlichen Vorschnitt, Mulchen, Laubschneiden, Fräsen und Pflanzenschutz übernehmen und spart so eine Menge Arbeitsstunden in der Steillage – ein Beitrag zur Rettung derselben. Das genau meint Horst-Peter Selt, wenn er auf das RMS verweist und sich heute eine größere Rebfläche zutraut als bis dato.

Horst Peter Selt ist in Leutesdorf tief verwurzelt, dennoch entschied er sich zunächst dagegen, das väterliche Weingut zu übernehmen. Während sein Vater Lothar sich mit Reben und Vieh gleichzeitig herumplagte, zog sein Sohn Horst-Peter die Ausbildung zum Chemie-Laboranten vor und arbeitete zunächst in der Industrie. Diese Arbeit, mit ihrer eisernen Routine, wollte ihm auf Dauer jedoch nicht so recht schmecken. Zudem wurde sein Vater krank und wollte den Betrieb verkaufen. Selt war dies nicht geheuer, wollte er doch die schönen Plätze seiner Kindheit, die Weinberge und den faszinierenden Keller, nicht so einfach aufgeben. So ergriff er schnell die sich bietende Gelegenheit, als der Betreiber des Leutesdorfer Weinlabors dem damals 19-Jährigen eine Stelle anbot. Nach Feierabend verbrachte Selt mehr und mehr Zeit im Keller des väterlichen Weingutes und begann nach und nach, auf zwei Standbeinen zu stehen: der Arbeit im Weinlabor und im eigenen Weinkeller. So rutschte er in den Jahren von 1976 bis 1979 gewissermaßen immer tiefer in den Winzerjob und begann, sich immer stärker mit diesem Beruf zu identifizieren.

Früh fing Horst-Peter Selt an, sich besonders für trockene Rieslinge zu interessieren. In den 1970er Jahren trank der Deutsche süßen Wein, und die Winzer verwendeten für das Randsegment „trocken" keinesfalls das beste und gesündeste Traubenmaterial. In Verbindung mit vorwiegend schwächeren Jahrgängen, hohen Säurewerten und unreifen Trauben war das Trinken trockener Weine damals sicher nicht immer ein Hochgenuss. Wenn er daran zurückdenkt, erinnert sich Horst-Peter Selt, der in seiner Zeit im Weinlabor täglich um die fünfzig Weine probiert hat, an die vielen Weinfehler, die er in dieser Zeit kennengelernt hat. Wohl kaum ein Weinfehler, dem er nicht persönlich begegnet wäre. Noch immer hat er den sogenannten Geranienton in der Nase, einen eigenartigen, leicht bitteren Geruch. Man kann ihn riechen, wenn man seine Nase zwischen blühende Geranien in Blumenkästen steckt – erdig, blumig und duftig – so kommt dieser Fehlton daher. In den 1970ern war es plötzlich en vogue, den Wein mit Kaliumsorbat gegen die Aktivität von Schimmelpilzen und Bakterien zu schützen. Sorbinsäure ist ja auch heute noch eine der Allzweckwaffen zur Konservierung von Lebensmitteln – wo sie sich jedoch häufig durch einen unangenehm sauren Geschmack bemerkbar macht. Auch im Weinkeller war Kaliumsorbat keineswegs das erhoffte Allheilmittel. Der Stoff wirkt nur bei geringer Keimdichte und nur zusammen mit konventionellem Schwefel. Sind etwa Essig- oder Milchsäurebakterien vorhanden, so wirkt Kaliumsorbat überhaupt nicht. Stattdessen wandeln die Bakterien die Sorbinsäure in einen Stoff um, den man noch in zehnmilliardenfacher Verdünnung als Geranienton wahrnehmen kann. Selt erinnert sich daran, dass damals ein Mittelrhein-Weingut seinen gesamten Fasswein entsorgen musste und aufgrund der Konservierungsstoffe dies nicht einmal über die örtliche Kläranlage tun durfte. Selt jedenfalls lernte in dieser Zeit eine Menge über Kellertechnik und vor allem alles darüber, was man dabei falsch machen kann. Von seinem Vater, so erinnert er sich, hätte er das nicht lernen können, weil der blitzsauber und höchst akribisch arbeitete und dabei praktisch keine fehlerhaften Weine erzeugte. 1979 war es dann endlich so weit: Der 22-jährige Horst-Peter Selt übernahm das elterliche Weingut und begann, es peu à peu zu vergrößern, die Qualität zu steigern und zu seinem alleinigen Broterwerb zu machen. Selt sagt, dass es letztlich „eine Reihe glücklicher Zufälle, so etwas wie Vorsehung" war, die ihn zu seinem heutigen Traumberuf hingeführt habe. Heute ist Horst-Peter Selt der wohl beste Mittelrhein-Winzer nördlich von Koblenz. Sein Keller blitzt von Edelstahl, und der aktuelle Jahrgang ist jeweils ruckzuck ausverkauft. Der Ausbau der Selt'schen Weine erfolgt fast ausschließlich in diesen Edelstahltanks. Der langsamen, gekühlten Gärung, nicht unter 12°C und meistens mit Reinzuchthefe, schließt sich in der Regel eine zweite, malolaktische Gärung an, gefolgt von einem dreimonatigen Feinhefelager. Der biologische Säureabbau ist das prägende Stilelement der Weine dieses Gutes. Diesen natürlichen Säureabbau hat Selt während seiner Experimentierphase als genau die Methode identifiziert, mit der man harmonische, trockene Mittelrheinrieslinge erzeugen kann. Ich spreche in diesem Zusammenhang gerne vom „typisch Selt'schen Säuremanagement".

Im Säurejahrgang 2010 musste jedoch auch Selt sowohl chemisch als auch biologisch entsäuern und dazu noch deutlich mehr Restsüße übrig lassen als gewöhnlich, um das von ihm angestrebte Maß an Harmonie in seinen Weinen zu erreichen. Wir probieren den gerade gefüllten 2010er Blauschiefer Riesling QbA trocken. Er riecht noch sehr frisch und jugendlich nach

Eisbonbons, grünen Granny Smith Äpfeln und Weinbergspfirsichen, hinzukommen Salz und strenge Gewürze (Liebstöckel). Im Mund dominieren die herbgrüne Frucht und strenge Gewürze. Das Säurerückgrat ist fest, aber nicht dominant. Der intensive, sehr lange Nachhall wird von salzigen und strengwürzig-pfeffrigen Aromen bestimmt. Dieser Riesling ist so richtig erfrischend, er weckt alle Lebensgeister. Dabei zeigt er die ganz typische 2010er Salzigkeit. Eine Liaison von herbgrüner Frucht, Salzigkeit und strengen Gewürzen. So schmeckt das Frühjahr, und dazu passt dann gegrillter Fisch. Das ist ein Riesling mit Sauvignon-Aromatik, eine Verbindung aus Coolness und Power, wie wir sie vielleicht im Rap von „50 Cent" wiederfinden.

Horst Peter Selt ist ein kleiner, drahtiger Mann mit vollem grauem Haar, kurzgeschnittenem Vollbart und flinken Augen hinter seiner Brille. In seinem wettergegerbten, optimistisch-fröhlichen Gesicht dominieren die Lachfalten. Er scheut nicht die Arbeit, nach seiner Einschätzung kommt er auf fünfzig bis sechzig Stunden pro Woche. An seinem Winzerjob hat er über die Jahre sehr großen Gefallen gefunden. Er sagt, dass es die Vielfalt seiner Aufgabe sei, die ihn so besonders reize. Weinberg, Keller, Marketing und Verkauf konzentriert in einer Person und dazu viele, viele Begegnungen mit sehr verschiedenen Menschen unterschiedlichster Provenienz – das prägt heute sein Berufsbild.

Früher gab es in Leutesdorf einmal 30 einzelne Weinlagen mit so klingenden Namen wie Berg, Engwetter, Laurentiusberg, Martinsley, Olterberg oder Schalmuth. Im Zuge der Lagenkonsolidierung mit dem 1971er Weingesetz wurden die Leutesdorfer Lagen auf ganze drei zurückgestutzt: Forstberg, Gartenlay und Rosenberg. Diese drei Namen prangen heute noch in großen weißen Lettern an den Weinbergmauern, die Beschriftungen sind bereits von weit her gut zu erkennen und werben für die Leutesdorfer Lagen. Mit dem Jahrgang 2006 entschieden die Leutesdorfer Winzer, ihren Wein hinfort nur noch unter der Lage „Gartenlay" zu verkaufen, und gaben die anderen beiden Lagennamen auf. Ist das jetzt eine konsequente Entscheidung, die Leutesdorf ein klareres Profil gibt? Hatte man den Verbraucher mit drei verschiedenen Lagennamen bis dato überfordert? Führt dies nun zu einer Portfoliostraffung bei den Leutesdorfer Winzern, die Klarheit für den Verbraucher bringt? Sind die Unterschiede in den Leutesdorfer Lagen ohnehin so marginal, dass man kaum von Terroir-Unterschieden sprechen kann, sondern der Weinstil immer ausschließlich vom Winzer geprägt sein wird?

Meine eigene Analyse auf der Basis von Bodenkarten und topografischen Daten hatte jedenfalls ergeben, dass man die Leutesdorfer Lagen in mindestens acht einzelne Terroirs unterscheiden müsste: 3x Forstberg, 3x Gartenlay und 2x Rosenberg – wenn man es halbwegs ernst nähme. Selts Reben wachsen jedenfalls bunt verstreut in verschiedenen Parzellen, die die ganze Vielfalt der Leutesdorfer Standorte abdecken. Der findige Winzer hat für sein Weingut die wegweisende Entscheidung getroffen, die alten Lagennamen implizit weiterzuverwenden. So heißen die Forstberg-Weine bei Selt heute „Blauschiefer", die Gartenlay-Weine heißen „Goldschiefer", und die Rosenberg-Weine tragen die schöne Bezeichnung „Rosenschiefer".

Im unteren, flacheren Teil des südlichen Forstberges, auf tiefgründigem Boden, wächst bei Selt alles außer Riesling: Kerner, Portugieser, Rivaner, Dornfelder und ganz unten der Weißburgunder. Hier hat man bei der letzten Bodenuntersuchung kieselsteinartigen Schiefer, den sogenannten Schieferkies, gefunden. Der Blauschiefer Weißburgunder QbA trocken des Jahrgangs 2010 aus dem Schieferkies präsentiert sich als ein kraftvoller Pinot Blanc mit fruchtig-würziger Nase, intensiver, cremiger Gaumenaromatik und feinherb-pfeffrigem Finish.

Der Blauschiefer-Riesling hingegen sitzt in zwei weiter oben gelegenen und weitaus steileren Parzellen. Hier entsteht einer der drei Riesling-Archetypen des Hauses Selt: der trockene, kraftvoll-cremige Blauschiefer-Riesling mit Sauvignon Blanc ähnlicher Nase, dichter, cremiger Gaumenaromatik, gelungenem Säuremanagement und strengwürzig-pfeffrigem Abschluss. Die junge Blauschiefer Riesling Spätlese trocken 2010 riecht nach Eisbonbons, reifen Äpfeln, Blüten, schwarzen Johannisbeeren, Sandsteinen und strengen, anisartigen Gewürzen. Im intensiven, langen Nachhall dominieren mineralische, salzige und pfeffrig-würzige Aromen. Geschmeidig, kraftvoll und gleichzeitig ein bisschen klassisch mit herb-reifer Frucht und strenger Würze, so kommt dieser Riesling daher. Deep Purple lassen grüßen. „Smoke on the water" sowie Werke der Rockband mit deutlichem Klassik-Einfluss wie etwa das jüngere „Perfect Stangers" spielen in diesem Wein auf. Der Kabinett aus dem Forstberg spielt also den Rap von „50 Cent", die Spätlese spielt „Perfect Strangers" – an Sauvignon blanc erinnern sie mich beide ein wenig.

Ebenfalls im Forstberg, genauer gesagt im Taleinschnitt des Mühlbaches, in bevorzugter mittlerer Hanglage, ist auch der neu angelegte, ein Hektar große Riesling-Weinberg, um den Selt sein Weingut jüngst vergrößert hat. Das verbindende Element der Forstberg-Parzellen ist ihre Geologie: In Leutesdorf finden sich die auch für das Ahrtal typischen Siegen-Schichten, wobei im Rosenberg und im Gartenlay Unter- und Mittelsiegen dominieren. Der Forstberg hingegen wird von den Schichten des Obersiegen bestimmt und unterscheidet sich insofern geologisch von den anderen beiden Leutesdorfer Lagen.

Selts Gartenlay-Rieslinge wachsen in fünf einzelnen Parzellen, die alle drei unterschiedlichen Gartenlay-, also gemäß der Selt'schen Terminologie Goldschiefer-Terroirs abdecken. Der trockene 2010er Goldschiefer Riesling Kabinett riecht nach Rosenblüten, grünen Äpfeln, Bananen, Ananas, Sahne, Sandstein und strengen Gewürzen. Er ist intensiv, kraftvoll, frischfruchtig-würzig und schmelzig, unterstützt von einem kräftigen Säurenerv. Sein intensiver, sehr langer Nachhall wird von salzigen und strengwürzigen Aromen dominiert. Ein Riesling, der mich in seiner kraftvollen und weichen, jugendlichen und charmanten, lebendigen und tiefen, salzigen und schmelzigen Art an die Habanera aus Carmen erinnert: „*L'amour est un oiseau rebelle, Die Liebe ist wie ein wilder Vogel.*"

Die wohl interessanteste unter den fünf Selt-Parzellen im Gartenlay ist gleichzeitig der älteste Weinberg am gesamten Mittelrhein, bestockt mit wurzelechten Riesling-Reben, die zwischen 1895 und 1898 gepflanzt wurden. Diese Reben haben die Entdeckung der Röntgenstrahlen, die erste öffentliche Filmvorführung in Paris durch die Brüder Lumière und die Uraufführung der 2. Sinfonie von Gustav Mahler bereits miterlebt! Gehen wir jetzt auf eine andere Art von Weinzeitreise mit einem weiteren der Selt'schen Riesling-Archetypen: der Goldschiefer Auslese aus 2009, gekeltert aus dem ältesten Weinberg am Mittelrhein. Der Wein präsentiert eine intensive, komplexe und reiffruchtige Nase. Ich habe Assoziationen an Zitronenmarmelade, Honig, eine irgendwie geleeartig verdickte Mandarinenfrucht, Sahne und süße Gewürze. Im Mund ist er intensiv, süß, dicht und supersoft. Seine üppige Süße wird von einem feinziselierten Säurenerv umspielt. Der intensive, lange Nachhall wird geprägt von reiffruchtigen, feinsalzigen und feinwürzigen Aromen. Hier hat Selt den Leutesdorfer Sommer des Jahres 2009 im Glas eingefangen. Üppig-reife, süße Melodien singen auf einem Bett aus Süße und ganz feiner Würze. Süß, aber nicht zuckrig, weich, aber nicht konturlos. Wie eine Arie aus einer Mozart-Oper, die aus dem Herzen der Leutesdorfer Weinberge erklingt. Goldschiefer, der Name ist nicht vollkommen frei erfunden, sondern bezieht sich auf den gelblich-bräunlichen Schieferverwitterungsboden mit höherem Feinerdeanteil, den man in dieser Lage findet. Passt wirklich prima zu diesen gülden funkelnden Auslesen!

Lassen wir die Selt'sche Riesling Musik noch einmal in einer kurzen Leutesdorf-Durchfahrt Revue passieren, so meinen wir, zunächst die kernigen, rappenden und rockenden Blauschiefer-Gewächse am Ortseingang zu hören. In der Ortsmitte, aus dem Goldschiefer, erklingen Carmens Habanera und Arien von Mozart. Kurz vor dem Ortsausgang schließlich kommen die Rosenschiefer-Rieslinge, in der ehemaligen Lage Rosenberg, aufgeteilt in fünf dicht beieinander liegende Parzellen. Hier liegen die Bimsnuggets im Weinbergboden – was vom Vulkanausbruch übrig blieb –, und hier tanzen Rosenblüten und Zitrusfrüchte Walzer auf einem cremig-kraftvollen Untergrund – Selts Rosenriesling-Archetypen.

## XI. Mittelrheinsekt. Jochen Ratzenberger. Dionysische Begegnungen.

*Rheinsekt prickelt japanisch amourös.*
*Hüt wohl den Ruf der Traube, weltbekannt.*
*Hüt wohl den Berg in seinem Sonnenglanze.*

Wir schreiben den 28. Mai 2011, und wieder sitze ich in einem Zug, der mich rheinaufwärts befördert. Spargelfelder, mit schwarzen Plastikrippen auf ausgetrocknet sandigem Untergrund, ziehen vorbei. Mittelrhein-Weinmesse in Bacharach. Auch wenn der Name nach wie vor ein wenig irreführend ist: Es sind insgesamt dreiundzwanzig Weingüter, zehn davon aus Steeg, sechs aus Bacharach, zwei aus Oberwesel, je eins aus Manubach, St. Goar, Dörscheid, Kaub und Spay. Niemand aus der Gegend nördlich von Koblenz. Nicht gerade repräsentativ für den Mittelrhein von Oberdollendorf bis Trechtingshausen. Aber trotzdem eine höchst interessante Zusammenstellung, vom vollzählig angetretenen VDP bis zu Nebenerwerbswinzern wie Marco Hofmann. Bei Bonn zunächst penetranter Kaffeegeruch im Eurocity, dazu der typische Geruch nach verbranntem Gummi von den Bremsen des Zuges. Ein mürrisches Schweizer Ehepaar, er mit Krücke, sie mit verlebt-rauchiger Stimme, entledigt sich gerade zweier sehr höflicher junger Japanerinnen, indem es die ganz offensichtlich noch freien Plätze in ihrer Vierergruppe als besetzt ausgibt. Wie unzählige Male vorher sauge ich den in der Sonne flimmernden Flusslauf geradezu in mich auf.
Bacharach, dieses verwinkelte, touristisch geprägte und immer rührige Weindorf, strahlt auf mich stets eine sehr selbstbewusste Ruhe aus. Die Reben im Bacharacher Posten recken jetzt, Ende Mai, ihre hellgrünen Gescheine in den Himmel, der inzwischen etwas bewölkt daherkommt.

Wenn es nicht bald regnet, so sagte mir Randolf Kauer, dann geht es den Reben richtig an die Substanz. Für die nächsten Entwicklungssschritte mit rasanter Zellteilung wird die Rebe sehr viel Power benötigen, und wenn ihr weiterhin der Saft abgedreht wird, könnte es zur Verrieselung und damit zu drastischen Ertragseinbußen kommen. Randolf Kauer hat seine Beregnungsanlage im Oelsberg bereits ein paarmal tröpfeln lassen, eine Möglichkeit, die außer den Oelsberg-Winzern praktisch nur Peter Jost und Jochen Ratzenberger haben. Letzterer hat seinen Paradeweinberg St. Jost direkt hinterm Haus und kann von zu Hause aus die Bewässerung steuern.
Gegen Ende der Mittelrhein-Weinmesse, nach dem Genuss einer Vielzahl frischer, mineralisch-würziger, ausgeprägt salziger Riesling-Tropfen des Jahrgangs 2010, packt Jochen Ratzenberger mich in seinen silbermetallic farbenen BMW. Keine fünf Minuten später sitzen wir im großbürgerlichen Ambiente des Ratzenberger'schen Gutes an einem großen dunklen Holztisch, blicken auf dunkle, mit Schnitzereien versehene Holzmöbel und trinken ein Gläschen Mittelrheinsekt, genauer gesagt den 2007er Bacharacher Kloster Fürstental Riesling Sekt brut. Dessen intensive, komplexe, reife und süßfruchtig-mineralische Nase weckt vielfältige Assoziationen: Ich meine, sehr reife Äpfel, Bananen, süße Blüten, Orangen, Butter, etwas Schiefer und strenge Gewürze zu riechen. Das Mousseux ist feinperlig und kräftig. Die intensive, dichte und reiffruchtig-würzige Gaumenaromatik wird unterstützt von einem kräftigen Säurenerv. Der sehr lange Nachhall wird von feinsalzigen und feinwürzigen Aromen mit angenehmem, strengwürzig-pfeffrigem Abschluss geprägt. Das ist ein dichter, cremiger und rassiger Aufwecker. Ein Riesling-Sekt in Weingestalt, der mir ganz viel Freude macht und bei dem ich aufpassen muss, dass das Glas sich nicht gar zu schnell leert. Jochen Ratzenberger erläutert gerne die stilistischen Unterschiede zwischen deutschem

Riesling-Sekt und französischem Champagner. Der Riesling-Sekt habe bedeutend mehr Frucht als der Champagner, Ratzenberger beschreibt den Champagner im Gegensatz zum Sekt als eher oxidativ, mit deutlichen Gärungsnoten und sehr kräftig. Er habe nie die aromatischen Feinheiten, die ein Sekt haben könne. Der Sekt sei verspielt-fruchtig, der Champagner hingegen eher sehr kräftig und voll. Vergleiche, die geradezu nach einer praktischen Probe auf das Exempel schreien!

1987 haben die Ratzenbergers mit der Produktion von Sekt begonnen, inzwischen werden jährlich etwa fünfzehn- bis zwanzigtausend Flaschen produziert. Das sind circa zwanzig Prozent der Gesamtproduktion des Hauses. Erst nach einem dreijährigen Hefelager auf der Flasche geht der Sekt in den Verkauf. Dieses lange Hefelager ergibt schließlich die sehr feinperlige Perlage des Ratzenberger-Sektes. Dieser Sekt schreibt eine echte, aktuelle Globalisierungsgeschichte. Er hat es nämlich bis in den japanischen Wein-Manga „Kami no shizuku", Französisch „Les Gouttes de Dieu" und Englisch „The drops of god" gebracht. Ja, wirklich, ein Wein-Manga, den das britische Weinmagazin „Decanter" bereits als „die einflussreichste Weinpublikation der vergangenen 20 Jahre" bezeichnet hat. Der Manga handelt von einem greisen Weinliebhaber, der seinen beiden Söhnen einen gut gefüllten Weinkeller sowie ein kryptisches Testament hinterlassen hat. In seinem Testament hat er festgelegt, dass der Weinkeller demjenigen Sohn gehören möge, dem als erstem gelänge, zwölf Wein-Rätsel zu lösen. Jedes dieser Rätsel bezieht sich auf einen hervorragenden Tropfen, den es aufzuspüren gilt. Der Sieger schließlich muss dann noch einen dreizehnten Wein finden, den Wein der Weine, den Tropfen Gottes.

29 Bände von 40 sind inzwischen erschienen. Doch als bekannt wurde, dass der letzte Wein, der Gottestropfen, Château Le Puy aus dem Bordelais sein würde, brach der Wahnsinn über den

ahnungslosen Winzer herein. Als der 72-Jährige eines Morgens in seine E-Mailbox schaut, traut er seinen Augen kaum, weil er statt der üblichen fünf bis sechs Bestellungen plötzlich hunderte vorfindet. Und die Bestellungen kommen nicht etwa aus dem Umland, wie er es gewohnt ist, sondern aus USA, Taiwan, Korea und natürlich vor allem aus Japan. Und alle wollen nur den einen Wein: Château Le Puy, Jahrgang 2003. Erst die Nachfrage bei dem japanischen Vertriebspartner für Château Le Puy klärt das Rätsel auf: Sein Fünfzehn-Euro-Wein war in einem japanischen Wein-Manga zum Göttertropfen gekürt worden. Doch Jean-Pierre Amoreau verzichtete darauf, seinen Wein von nun an für die tausend Euro zu verkaufen, für den man ihn inzwischen in Hongkong handelte. Er erhöhte den Preis nur moderat von fünfzehn auf achtzehn Euro, verkaufte nur noch an Stammkunden und behielt 1200 Flaschen im Keller. Davon will er erst in zehn Jahren, wenn der Hype vermutlich vorbei ist, dreihundert Flaschen freigeben, in weiteren zwanzig Jahren dann abermals zweihundert Flaschen. Eine Globalisierungsgeschichte um einen Comic-Hype, in der letztlich der gesunde Menschenverstand doch noch siegt. Und Jochen Ratzenberger zeigt mir diejenigen Seiten des japanischen Comics, in denen sein eigener Sekt mitspielt. Eine mystische Geschichte um Bacchus und Bacharach, so hat man ihm erzählt – und auf einer Seite prangt klar und deutlich der Bacharacher Kloster Fürstental Riesling Sekt brut. Natürlich hat dieses prominente Erscheinen auch den Verkauf des Ratzenberger-Sektes in Japan in bislang ungekannte Dimensionen getrieben. Das quietschbunte Manga-Büchlein wirkt auf mich wie ein sehr lustiger Fremdkörper in den traditionsbeladenen Räumen der Ratzenberger'schen Probierstube...
Wir trinken darauf eine halbtrockene 2008er Riesling Spätlese aus dem Bacharacher Posten, dem Weinberg am Eingang zum Steeger Tal, mit Blick auf Burg und Rhein. Ich rieche Rosen-

blüten, reife Äpfel, Orangen, Schiefer und strenge Gewürze. Am Gaumen ist er intensiv, frischfruchtig-würzig und mit erfrischender Kohlensäure. Sein fester Säurenerv spielt mit der angenehmen Restsüße, verführt zum Trinken. Der intensive Nachhall wird von feinsalzig-feinmineralischen und strengwürzigen Aromen geprägt. Ein verspielter, mineralischer Riesling mit floralfruchtig-schiefriger Nase, saftiger Gaumenaromatik und intensivem, mineralisch-strengwürzigem Finish. Das ist verspielte und eingängig melodiöse, gleichzeitig ernsthafte, tiefe Mozart-Lebenslust. Eine echte Mozart-Sinfonie vom Mittelrhein!

Ein Wein, der perfekt zu Jochen Ratzenberger passt – einem sehr offenen, sympathischen und zumeist gut gelaunten Winzer. Dabei ist er selbstbewusst, ein bisschen moderner Marketeer und forscher Manager, der seinen Vater, Jochen Ratzenberger Senior, der meist eher seine intellektuelle Seite zeigt, als sehr genau und fast ein wenig pedantisch bezeichnet. Der junge Ratzenberger ist eher ein Macher, sehr von seinem Produkt begeistert, schnell, zackig, gut organisiert und hart arbeitend – so kommt der stets jugendlich wirkende Winzer daher.

Vorgänger des Weingutes Ratzenberger ist das traditionsreiche und einst sehr renommierte Weingut Hütwohl, das uns schon im ersten Kapitel gemeinsam mit Marco Hofmann begegnet ist. Die Familie Ratzenberger verschlug es nach der Flucht aus Ostpreußen und dem Verlust des Familiengutes in das Dörfchen Steeg. Opa Hans war es, der 1956 das Weingut Hütwohl kaufte. Bereits drei Jahre später, nach Beendigung seiner Winzerlehre, übernahm Jochen Ratzenberger Senior die Leitung des Weingutes. Das Weingut Hütwohl bestand seit 1647 und war also schon mehr als bemerkenswerte dreihundert Jahre alt, als die Ratzenbergers es übernahmen. Wie die zwei anderen großen Bacharacher Namen, Wasum und Jeiter, hat die Familie Hütwohl sich gleichermaßen einen Namen mit dem Weinhandel wie der Produktion eigener Weine gemacht. Johann Daniel Hütwohl, geboren 1726, führte ein Hausbuch, in dem er die Weinjahrgänge in den 1750er Jahren schilderte. Diese Beschreibungen sind in der Hütwohl'schen Familienchronik erhalten und erlauben uns einen kleinen Zeitsprung in die Geschichte.

1750, beispielsweise, „war durchgängig rauhes Wetter. Im Juni hat auf den Bergen Schnee gelegen. Besonders hat das Korn, welches damals eben in der Blüte war, großen Schaden gelitten, so daß man von 100 Garben aufs Höchste 3 bis 31/2 Malter Korn gedroschen hat. Johann Daniel Hütwohl hat in diesem Jahr nur zwei Fuder Weißwein und ein Ohm Rotwein eingekeltert." und weiter: „1752 war ein gutes Weinjahr. In der ersten Hälfte des Jahres war warmes Wetter, so daß die Blüte besonders vorzüglich stand. In der zweiten Hälfte des Jahres kamen häufig warme Regen, so daß der Weinstock außerordentlich üppig stand, so daß Johann Daniel Hütwohl 4 Fuder Weißwein, also doppelt so viel als 2 Jahre vorher, legen konnte."

Es muss in der Mitte des neunzehnten Jahrhunderts gewesen sein, dass der eigentliche Aufstieg des Hauses Hütwohl begann. 1823 nämlich wurde Johann Jacob Hütwohl geboren. Er beendete seine Küferlehre 1841 und übernahm vierzehn Jahre später, 1855, das elterliche Haus, damals noch inklusive Bierbrauerei und Gastwirtschaft. Die Chronik schreibt dazu: „Des Weinbaus und der Pflege der Weine gründlich kundig, führte er selbsterzogene gute Weine, die seinem Hause einen Ruf und Verkehr verschafften, der nach dem Bau der rheinischen Eisenbahn und der Straße Bacharach-Hunsrück 1858 bis 1860 stetig lebhafter wurde. Es gelang ihm auch, den Steeger Weinen auswärts Anerkennung zu verschaffen und einen Weinhandel zu beginnen, der nun von seinen Söhnen Peter und Jacob weitergeführt wird." Das Weinhaus Hütwohl stieg so unter anderem zum Vertriebspartner des renommierten Bordeaux-Châteaux Beycheval auf.

Während ich mit Jochen Ratzenberger über das Weinhaus Hütwohl spreche, unterbricht er uns kurz und eilt die große Holztreppe hoch in den ersten Stock des Hauses. Von dort bringt er ein unscheinbares, dunkelgrünes Heftchen mit, die bereits erwähnte Familienchronik der Hütwohls, gedruckt 1901 in Boppard. Vorne drin finde ich die Kopie eines Briefes, den Jacob Hütwohl (Weinbau und Weinhandel, Steeg bei Bacharach am Rhein) am 27. September 1944 verfasste:

„Liebe Soldaten! ... Bei uns hier in Steeg wird es naturgemäß auch immer unruhiger und manche Arbeitsstunde geht verloren, weil das Kontorpersonal sich im Keller unterstellen muß und weil dann auch im Packraum nicht gearbeitet werden kann. Wenn wir das auch nicht für möglich halten, daß das kleine Steeg absichtlich beworfen wird, so erleben wir es doch, daß in der näheren und weiteren Umgebung immer wieder einmal Bomben fallen, und so ist es unsere Pflicht, uns nach Möglichkeit zu schützen. Die jetzigen Regentage sind uns für die Weinberge noch recht willkommen, dann brauchen wir aber warmes, sonniges Wetter bis zur Traubenlese, denn nur dann können sich die Hoffnungen erfüllen, die sich herausbildeten, als es im August so furchtbar heiß war. Hoffentlich können wir unsere Trauben noch ordnungsgemäß heim holen. Das ist der nächstliegende Wunsch, der von jedem geäußert wird, mit dem man spricht. Wir wünschen Ihnen auch weiterhin Soldatenglück und wir alle grüßen Sie herzlich. Ihr Jacob Hütwohl." Ein beeindruckendes Zeitdokument aus der Zeit des Weltkrieges.

Ich probiere die trockene Riesling Spätlese aus dem Steeger St. Jost, Jahrgang 2010. Grüner Apfel, Honigmelone, süße Blüten, Mandarinen, Salz und strenge Gewürze steigen aus dem Glas. Die Gaumenaromatik ist intensiv, schmelzig, reiffruchtig und salzig-würzig. Darunter liegt ein prägnanter, sehr gut eingebundener Säurenerv. Der Nachhall ist intensiv und sehr lang, geprägt von salzigen und strengwürzigen Aromen. Das ist ein Kraftpaket, dessen mineralische Power trotz seiner jugendlichen Art schon sehr gut zum Vorschein kommt. Dicht, cremig, intellektuell und leichtgewichtig zugleich. Ich höre im Geiste die „Verklärte Nacht" von Arnold Schönberg, in der Version fürs Streichorchester, der Gipfel spätromantischer Musik. Ein auch in seiner Jugend schon recht ernsthafter Wein.

Die Ratzenbergers übernahmen das Hütwohl'sche Gut inklusive der Kellerbestände und erwarben als Rechtsnachfolger auch das Recht, alte Hütwohl-Weine unter dem Ratzenberger-Label zu verkaufen. „Warum eigentlich wurde das Weingut Hütwohl aufgegeben?", möchte ich von Jochen Ratzenberger wissen. Er verweist darauf, dass das Weingut damals vollkommen unwirtschaftlich geführt wurde. Nach seiner Erinnerung brauchten die Hütwohls ganze sechzig Vollzeit-Mitarbeiter, um fünf bis sechs Hektar zu bewirtschaften. Er braucht heute gerade einmal drei Mitarbeiter für seine inzwischen vierzehn Hektar. Die Betriebsstrukturen, so meint er, waren damals sehr hierarchisch und weit entfernt von den modernen Ideen flacher Hierarchien und effizienter Organisationen. Also eine Menge Häuptlinge pro Indianer. Diese Antwort ist keinesfalls untypisch für Jochen Ratzenberger, den forschen Manager-Typus, den Entrepreneur, den Macher, stets schnell sprechend, denkend und entscheidend. Neben der ineffizienten Organisation des Weingutes Hütwohl war wohl auch der generelle Niedergang des Bacharacher und Steeger Weinbaus nach dem zweiten Weltkrieg schuld an der Misere. Standen die Steeger und Bacharacher Weine vor dem Krieg noch standardmäßig auf den Weinkarten der Mainzer Gastronomie, waren sie danach plötzlich wie verschwunden. Nach seiner Ausbildung, 1994, stieg Jochen Ratzenberger zunächst als Teilhaber in das elterliche Weingut ein. Während seiner Ausbildung lernte er auch bei den renommierten Rheingau-Gütern Reichsgraf von Kesselstadt und Schloss Vollrads. Leiter von Schloss Vollrads war damals Freiherr von Greiffenclau, der gleichzeitig VDP-Bundesvorsitzender war. Im Sonnenjahrgang 2003 schließlich übernahm Jochen Ratzenberger die Leitung des Weingutes komplett von seinem Vater. Und im letzten Jahr, 2010, übernahm er einen weiteren Job von seinem Vater: die Leitung des kleinen VDP-Regionalverbandes Mittelrhein. Dieser Verband hat eine kurze Geschichte, die sehr eng mit Bacharach und Steeg verbunden ist. In den 1980er Jahren wurden die Bacharacher und Steeger Weingüter gefragt, ob sie nicht an einer Präsentation ihrer Weine in London interessiert seien. Man war sofort begeistert von dieser Vorstellung und sammelte von jedem der Mitglieder des Vereins Steeger und Bacharacher Weingüter eine repräsentative Flasche ein. Eiligst wurde ein einheitliches Etikett entworfen, um eine vernünftige Figur auf internationalem Parkett abgeben zu können. So wurde die Vereinigung Steeger Bacharacher und Steeger Weingüter, 1862 gegründet, irgendwie schon zur Keimzelle des Mittelrhein-VDP, indem sie die Notwendigkeit einer nach außen darstellbaren Winzervereinigung, sozusagen als globale Vermarktungsplattform, deutlich machte. Schließlich erfolgten die Gründung des VDP Mittelrhein und dessen erste Präsentation auf der Intervitis in Stuttgart, Vorläufer der heute in Düsseldorf stattfindenden Profimesse ProWein. Das war 1987. Die erste Mannschaft des VDP Mittelrhein bestand aus Helmut Mades, Peter Jost, Fritz Bastian, Jochen Ratzenberger, Jürgen Bastian, Herrmann Rollauer und Klaus Kemmer. Von den Gründungsmitgliedern blieben die vier erstgenannten Weingüter übrig, Jörg Lanius kam dazu, Helmut Mades gab auf, und schließlich stieß Matthias Müller dazu. Gründungsvorsitzender war Friedrich Bastian, der sein Amt Ende 1998 an Jochen Ratzenberger Senior abgab, der das Amt 2010 wiederum an seinen Sohn Jochen Junior weitergab. 2007 schied das Weingut Mades mangels Nachfolger aus dem Verband aus, die Flächen gingen an das Weingut Bastian über. Im selben Jahr wurde das Weingut Matthias Müller in den Verband aufgenommen. Diesem Schritt gingen jahrelange hitzige Diskussionen voran. Weinjournalisten versuchten mit Macht, Florian Weingart und Matthias Müller zum Einstieg in den VDP zu bewegen. Nach dem Aufstieg der Bopparder Winzer war es am Mittelrhein eindeutig zu einer Schieflage gekommen, die letztendlich durch Müllers Aufnahme in den VDP beendet wurde.

Ich probiere nun eines der Flaggschiffe des VDP Mittelrhein, Ratzenbergers Großes Gewächs aus dem Steeger St. Jost, Jahrgang 2009. Ich rieche Cassis, Pfirsich, süße Blüten, Salz, Schiefer und strenge Gewürze. Im Mund folgt eine beinahe übernatürlich konzentrierte, dichte und cremige, Cassis-fruchtige und strengwürzige Gaumenaromatik, unterstützt von einem rassigen Säurenerv. Der intensive, lange Nachhall wird geprägt von mineralisch-salzigen, strengwürzigen, am Ende pfeffrigen Aromen. Das ist ein ernsthafter, intellektueller, intensiver, langsamer und konzentrierter, sinfonischer Satz von Gustav Mahler. Vollgepackt bis obenhin mit der mineralisch-würzigen Essenz aus der Tiefe des St. Jost. Konzentrierte Mineralik in Perfektion.

Im direkten Vergleich folgt nun das Große Gewächs aus der Wolfshöhle, immer noch Jahrgang 2009. Jetzt rieche ich Birnen, Ananas, Honigmelonen, süße Blüten, Sandsteine, Salz und Gewürze. Der Riesling ist sehr intensiv und reiffruchtig-würzig am Gaumen, unterstützt von einem feinen Säurenerv, mächtig und animierend. Der sehr intensive, lange Nachhall wird von strengwürzigen, am Ende pfeffrigen Aromen geprägt. Das ist jetzt ein kraftvoller, ruhiger, majestätisch dahinfließender Strom mit selbstbewusster, in sich ruhender Melodie. Die Moldau von Friedrich Smetana drängt sich in meine musikalische Erinnerung. Ein bisschen auch Bopparder Hamm- Stilistik, ein bisschen Chardonnay-Aromatik.

Der „Ratzenberger" aus den drei Lagen Bacharacher Posten und Wolfshöhle sowie Steeger St. Jost ergibt jeweils sehr charakteristische, Terroir-spezifische Weine. Aus dem Posten kommen, wie wir gesehen haben, verspielt-mineralische Mozart-Sinfonien. Die Kreszenzen vom Steeger St. Jost sind kraftvolle würzig-mineralische Essenzen, riechen oft nach schwarzen Johannisbeeren und erinnern an konzentrierte, romantische, intellektuelle Werke von Schönberg und Mahler. Und was ist mit der Bacharacher Wolfshöhle, dem Weinberg, der sich direkt an den Posten anschließt? Spielt dieser Weinberg etwa immer Smetana?

Ich probiere die süße Spätlese des Jahrgangs 2010. Da steigen Eisbonbons, knackfrische Äpfel, reife Grapefruit, süße Blüten und eine feine, zimtartige Würze in meine Nase. Es folgt eine intensive, saftige und verspielte, fruchtig-florale Gaumenaromatik mit sehr viel Schmelz. Darunter erscheinen wieder ein feiner Säurenerv und eine sehr gut abgestimmte Restsüße. Der intensive, lange Nachhall wird von salzigen und feinwürzigen Aromen geprägt. Das ist jetzt wieder so ein jugendlicher, verspielter, aber keineswegs oberflächlicher Mozart. Der Winzer, Jochen Ratzenberger, immer gut drauf, lacht abermals herzhaft aus dem Glas und verabschiedet mich so aus seinem Weingut.

Ich habe den Tag mit Weinproben und Winzergesprächen verbracht. Mein Kopf ist vollgestopft von Einzelinformationen, optischen und haptischen Eindrücken, die der Tag in mir zurückgelassen hat. Wie immer an solchen Tagen ist es mir noch nicht gelungen, aus der Fülle der Bilder und Eindrücke ein einheitliches Bild zu formen. So verlasse ich das Weingut Ratzenberger und verschwinde nach kurzem Fußmarsch in den verwinkelten Gassen des nächtlichen Bacharach. Ein leichter

Nieselregen hat eingesetzt, meine Haut fühlt sich zunehmend feucht und kühl an. Bereits nach ein paar Schritten habe ich das unangenehme Gefühl, beobachtet zu werden. Gleichzeitig meine ich, schlurfende Schritte wie von stoffig-weichen Badelatschen zu hören. Ich drehe mich unwillkürlich um und erhasche eine massige, dunkle Gestalt, die mit ihren weiß leuchtenden Latschen und einer Plastiktüte in einer Nebengasse verschwindet. Ich beschleunige meinen Schritt in Richtung der Stadtmauer, wo ich einen dunklen Gang, eingeklemmt zwischen Bahnlinie und Häuserzeile, betrete. Ein enger, stockfinsterer Gang, ein donnernder Zug rast dicht vorbei, ich gehe von Haustür zu Haustür, links fließt der Rhein im Dunkeln. Kühle liegt schwer in diesem Gang, dessen äußere Mauer aus schwarzem Schiefergestein geschichtet ist.
Plötzlich taucht rechts von mir eine offene Haustür auf, es geht eine enge, gewundene Steintreppe hinab. Ich prüfe kritisch, ob ich etwa eine verqualmte Spelunke erwischt habe, und finde mich unversehens in einem schwülwarmen, von Leben vibrierenden, dunklen Kellergewölbe, an das meine Augen sich kurz gewöhnen müssen. Ganz klar weniger ein Laden für Touristen als für Einheimische. Ich nehme dies in Kombination mit dem Füllstand des Schuppens als Qualitätsbeweis und blicke mich nach einem freien Platz um. Es riecht nach Bratkartoffeln, gebratenen Zwiebeln, Champignons, Schnitzel und Riesling. In der hintersten Ecke sehe ich einen Zweiertisch, an dem noch ein Stuhl frei ist. Ich frage kurz, ob ich mich dazusetzen dürfe, nehme Platz und beginne, meine Umgebung zu mustern. Der Begriff „rustikale Weinstube" trifft den Nagel auf den Kopf. Viel dunkles Holz, an den Wänden weinromantische, rheinromantische Motive sowie eine spießige Deckenbeleuchtung, wie sie wohl Ende der 1970er modern gewesen sein mag.

Mein Gegenüber und ich mustern uns zunächst stumm. Er ist kräftig, beinahe massig und hat wirres, gelocktes Haar, das wohl mal blond war, jetzt aber vorwiegend grau daherkommt. Sein Gesicht ist schwer zerfurcht, kombiniert Mick Jagger und Keith Richards und erzählt von einem bewegten, intensiv gelebten Leben. Ich taxiere ihn auf irgendwo zwischen Ende 50 und Mitte 60. Bluejeans und greller, oranger Pullover, irgendwo zwischen nachlässig und ungepflegt, geradezu rauschender Vollbart und ein etwas ziegenartiges Gesicht. Dieser Typ scheint in seinem Leben wirklich wenig ausgelassen zu haben. Aber seine fast grünen Augen strahlen aus tiefliegenden Höhlen und zeugen von einer inneren Jugendlichkeit, die im Gegensatz zu dem verlebten Äußeren steht. Unter dem Tisch blitzen weiße Badelatschen hervor, genau von der Art, wie man sie in ordentlichen Wellness-Hotels gestellt bekommt. Und darin Socken, die mich an die typischen, dunkelblauen Unisize-Socken der Business Class erinnern. In einer Lidl-Plastiktüte scheint er seine gesamten Habseligkeiten zu transportieren. Neben T-Shirts schaut eine angebrochene Schlegel-Flasche hervor. Die weißen Badelatschen. War er es, von dem ich mich gerade noch verfolgt fühlte? Ich stelle mich als Weinführer schreibender Weinenthusiast vor, worauf er sich mit leicht britischem Akzent als Bacchus-Dionysos präsentiert. Kein schlechter Scherz für jemanden, der auf mich wie ein Gemisch aus Linksintellektuellem und Brückenpenner wirkt. „Ich lebe zusammen mit den anderen olympischen Göttern seit ein paar hundert Jahren in einem verranzten Haus in London" murmelt er beinahe beiläufig. „Wir sind 1665 eingezogen, nachdem in London wegen der Pest die Immobilienpreise gesunken waren." Klingt ziemlich absurd, doch erinnere ich mich dunkel, diese Geschichte in dem sehr anregenden Buch „Götter ohne Manieren" schon mal gelesen zu haben. „Im Verhältnis zu den anderen Olympiern geht es mir nicht wirklich schlecht. Ich be-

treibe eine Weinbar namens Bacchanalia in London, wo ich meinen eigenen, griechischen Wein ausschenke. Und hier am Rhein verbringe ich meist den Herbst auf den einschlägigen Weinfesten und verdiene mir ein paar Kröten hinzu. Hermes mit seinem Versandservice gehört zu den wenigen anderen Göttern neben mir, die sich auch ab und zu nützlich machen können."
Ich fühle mich etwas ratlos, besonders deshalb, weil dieser Kerl in mein Bild des griechischen Dionysos, wenn auch in einer gealterten Version, so dermaßen gut passt, dass es kaum zu glauben ist. Und seine Augen blicken mich fest, strahlend, fast magisch, fast manisch an.
Dionysos, ich male ihn mir vor meinem geistigen Auge aus. Wie um zu beweisen, dass Dionysos mitnichten der brave, bürgerliche Weingott ist, erscheint er, im Gefolge seiner Satyrn und Mänaden. Der Gott gibt den Takt an, tanzt wild inmitten seines Gefolges. Der Wein fließt in Strömen, auch andere Drogen machen die Runde. Die Mänaden umkreisen den Dionysos verzückt, erregt, rufen bacchantisch Evoe, Evoe, ihre Häupter sind als Zeichen der Raserei wild nach hinten geworfen. Einige Mänaden schwingen den Tyrsos mit seiner efeuumwundenen Spitze, andere wiederum zerreißen ein Stierkalb und schwenken triumphierend dessen blutige Glieder. Satyrn, halb Mann halb Tier, verfolgen mit aufgereckten Gliedern die mit Kalbsfellen nur spärlich bedeckten Mänaden. Tamburine geben einen hypnotisierenden Takt vor, Cymbeln klirren hell dazu, Hörner tröten in rauem Bass, und über allem pfeifen lydische Flöten eine barbarische Melodie. Erst die völlige Erschöpfung bereitet dem wahnsinnigen Treiben ein Ende.
Dionysos fragt mich nun, welche Winzer ich am Mittelrhein am höchsten bewerte, und nickt weitgehend zustimmend zu meiner Aufzählung. Vor ihm steht jetzt eine fast leere Flasche „wieder etwas anders" von Florian Weingart. Ich bestelle einen 2009er halbtrockenen Steeger St. Jost Riesling Kabinett von – natürlich –

Jochen Ratzenberger. Seine intensive, zitrusfruchtig-mineralische Nase nimmt mich gleich gefangen. Ich rieche Grapefruit, Mandarinen, Blüten, salzige Noten, Sandstein und strenge Gewürze. Am Gaumen folgt eine sehr intensive, komplexe, zitrusfruchtig-salzige Aromatik, unterstützt von einem lebendigen Säurenerv und einer angenehmen Restsüße. Der hat richtig Schmelz. Sein sehr langer Nachhall wird von intensiv salzigen und strengwürzigen Aromen geprägt. Da ist sie wieder, die mineralische St. Jost Power, diesmal im Gewand von moderaten 11% Alkohol. Erfrischend und gleichzeitig ernsthaft wie die Pulcinella Suite von Igor Strawinski oder wiederum einiges von Gustav Mahler.

Ich mache einen weiteren Versuch, die wahre Identität meines Tischpartners aufzudecken. „Seien Sie nicht zu skeptisch, sonst könnte Ihnen das gleiche geschehen wie dem alten König Pentheus", bekomme ich zu hören. Wenn ich mich richtig erinnere, wurde der von den Mänaden, der dionysischen Gefolgschaft, lebendigen Leibes zerrissen. Am Ende war es seine Mutter, die im bacchantischen Taumel den Kopf ihres eigenen Sohnes triumphierend vor sich hertrug, der Tat sich erst bewusst werdend, als sie aus dem Taumel erwachte. Eine waschechte Tragödie, die eindrucksvoll die Macht des Gottes Dionysos demonstriert. Aber, was soll ich mit der Bemerkung meines seltsamen Gegenübers anfangen, ist das jetzt ungebetene Nachhilfe in griechischer Mythologie? Ich stimme ihm jedenfalls zu, dass der kleine, dicke, pausbäckige, debil selbstzufrieden blickende Bacchus heutiger weinromantischer Darstellungen nur sehr wenig mit dem mächtigen, gefährlichen Gott zu tun hat, der sich einst nicht scheute, in die Unterwelt hinabzusteigen, um seine Mutter Semele den Händen des Hades zu entreißen.

Er jedenfalls bestellt jetzt eine weitere Flasche und sinniert etwas gedankenverloren darüber, dass er zu Bacharach schon immer ein besonderes Verhältnis gehabt habe. Und bedauert, dass auf dem Altar des Bacchus schon lange keine Opfer mehr gebracht worden seien. „Es ist der fehlende Glaube, der uns Göttern zusetzt, uns schwächt und in die Dämmerung treibt. Und wenn noch so viel Wein gesoffen, getrunken, verkostet oder degustiert wird, ohne den Glauben an die Existenz des Weingottes werde ich davon nicht wieder lebendig oder gar mächtiger." Der Satz schwebt seltsam, unglaubwürdig, unglaublich im Raum, als aus dem Halbdunkel ein hochgewachsener, athletischer, etwas hektisch wirkender älterer Mann an unseren Tisch herantritt und meinen Tischgefährten zum Gehen auffordert. Der murmelt nur „Hermes, Du nervst", rafft seine Plastiktüte zusammen, schüttet den Rest seines Rieslings herunter und verlässt die Weinstube mit einem kurzen, undeutlich gemurmelten Abschiedsgruß in meine Richtung. Etwas ratlos bleibe ich an meinem Tisch sitzen und denke noch eine Weile über dieses ganz und gar ungewöhnliche Treffen mit Dionysos, dem in Vergessenheit geratenen Gott des Weines nach.

In Gedanken versunken, blättere ich in der Hütwohl'schen Familienchronik, die Jochen Ratzenberger mir mitgegeben hat. Auf der letzten Seite finde ich ein Gedicht, das ein Besucher der Kellereien am 16. August 1895 unter dem Kürzel E.R. in das Fremdenbuch der Weinhandlung Jacob Hütwohl eingetragen hat:

„Als Bacchus, dieser muntere Geselle,
Zum Wohnsitz an des Rheines grünem Strand
Sich auserkor die allerschönste Stelle,
Wird Bacchi Ara dieser Ort genannt.
Hier pflanzt und pflegt er selbst die Riesling-Reben
Und sorgt' und mühte sich für ihr Gedeihn,
Damit sie allen wackern Zechern gäben
Den allerfeurigsten und besten Wein.

Zumeist hat er ein Thal ins Herz geschlossen,
Wohin vom Rhein aus führt ein schmaler Weg,
Von früh bis spät vom Sonnenschein umflossen,
Sprosst kräftig dort der edle Trank von Steeg,
Um diesen Schatz zu hüten und zu wahren,
Wählt Bacchus aus sich einen kund'gen Mann,
Der in der Pfleg des Weines wohl erfahren,
Solch Ehrenamt getreu verwalten kann.
„Hüt wohl", sprach Bacchus mit dem Weinlaubkranze,
„Hüt wohl" den Ruf der Traube, weltbekannt,
„Hüt wohl" den Berg in seinem Sonnenglanze,
Und „Hütwohl" seist Du fürderhin genannt,
Und deinen Kindern, deinen Kindeskindern
Will ich dies Hüteramt fortan vertraun,
So lange sie den Wert des Tranks nicht mindern
Und unverfälscht die Gottesgabe baun.
Freund Bacchus sprachs. Wir habens heut erfahren,
Daß rein und ohne Falsch der edle Wein,
Drum möge Steeg auch noch nach tausend Jahren
Der Hütwohl's angestammter Erbsitz sein!"
E.R.

# XII. Inselwein. Friedrich Bastian. Weinmusiktheater.

*„Des Weines Geist begann im Fass zu singen:*
*Mensch – teurer ausgestoßener – Dir soll*
*Durch meinen engen Kerker durch erklingen*
*Ein Lied von Licht und Bruderliebe voll."*

(aus „L'âme du vin" von Charles Baudelaire, übersetzt von Stefan George)

Um die vierzig Personen stehen, überwiegend paarweise, im leicht matschigen Sand des Bacharacher Rheinstrandes und schauen erwartungsvoll auf das vielleicht hundert Meter entfernte Ufer der kleinen, üppig begrünten Rheininsel. So nah und doch fast unerreichbar. Statuengleich verharren sie im Sand, von oben fallen vereinzelte dicke Regentropfen herab, ein paar aufgespannte Regenschirme beginnen das skurrile Bild zu vervollständigen. Eine kleine Fähre legt an, und der hinüberfahrende Gruppenteil verteilt sich so, dass das Gefährt nicht in Schieflage geraten kann. Nur ein paar Wimpernschläge später sind wir am Ufer der Rheininsel und stapfen hinauf zu einem kleinen Inselhäuschen. Scheunenartig, rot geklinkert, mit verwittertem Fachwerk durchsetzt und dionysisch-efeuumwunden liegt es da. Eine hölzerne grüne Tür wird geöffnet, und wir treten ein in – ja was eigentlich? Eine verfallene Scheune? Einen kleinen, improvisierten Konzertsaal? Den Schauplatz einer Weinprobe mit Brot, Wasser und Kreszenzen? Von allem ein bisschen und sehr treffend „Cuvée surprise" genannt! Zwei Tischreihen, weiß gedeckt und beidseitig bestuhlt, stehen entlang eines Ganges, der von der Eingangstür zur Bühne führt. Vorne haben Flügel und Sängerpult ihren Platz gefunden. Die Wände sind grau, roh verputzt, die Decke besteht aus breiten, rohen Brettern, die Lücken lassen und den Blick in ein zweites Stockwerk freigeben. Ein paar leistungsfähige Strahler werden in Gang gesetzt und tauchen die Szenerie in ein fast unwirkliches, überhelles Licht.

Die Pianistin, schwarz gekleidet und mit langem, glattem, loreleyartig güldenem Haar, nimmt hinter ihrem Instrument Platz. Und schon kommt der Winzer, Friedrich Bastian, in Blaumann-Arbeitskleidung herein, Heinrich von Kleist zitierend:

„Pfeilschnell strömt der Rhein heran von Mainz, als hätte er sein Ziel schon im Auge, als sollte ihn nichts abhalten, es zu erreichen, als wollte er es, ungeduldig, auf dem kürzesten Weg ereilen. Aber ein Rebenhügel (der Rheingau) beugt seinen stürmischen Lauf, sanft aber mit festem Sinn, wie eine Gattin den stürmischen Willen ihres Mannes, und zeigt ihm mit stiller Standhaftigkeit den Weg, der ihn ins Meer führen wird – Und er ehrt die edle Warnung und gibt sein voreiliges Ziel auf und durchbricht, der freundlichen Weisung folgend, den Rebenhügel nicht, sondern umgeht ihn, mit beruhigtem Laufe seine blumigen Füße ihm küssend – Aber still und breit und majestätisch strömt er bei Bingen heran und sicher, wie ein Held zum Siege, und langsam, als ob er seine Bahn doch wohl vollenden würde – Und ein Gebirge (der Hunsrück) wirft sich ihm in den Weg, wie die Verleumdung der unbescholtenen Tugend. Er aber durchbricht es und wankt nicht, und die Felsen weichen ihm aus und blicken mit Bewunderung und Erstaunen auf ihn herab – doch *er* eilt verächtlich bei ihnen vorüber, aber ohne zu frohlocken, und die einzige Rache, die er sich erlaubt, ist diese, ihnen in seinem klaren Spiegel ihr schwarzes Bild zu zeigen."

Friedrich Bastian wurde 1968 geboren und wuchs auf dem Weingut der Familie in Bacharach auf. Als Fritz in der achten Generation war seine Zukunft als Winzer eigentlich vorbestimmt. So absolvierte er denn auch nach dem Abitur folgerichtig seine Winzerlehre. Jetzt jedoch intoniert er Robert Schumanns „Berg und Burgen", nach dem Text von Heinrich Heine:

„Berg' und Burgen schau'n herunter
In den spiegelhellen Rhein,
Und mein Schiffchen segelt munter,
Rings umglänzt von Sonnenschein."

So tönt es also durch den kleinen, grau verputzten Insel-Konzertsaal, und dazu beginnen wir Bastians trockenen 2008er Orion-Riesling zu trinken. Ich rieche Rosenblüten, Honig, Grapefruit, schwarze Johannisbeeren, nassen Schiefer und strenge Gewürze. Am Gaumen ist der „Orion" intensiv, erfrischend und herbfruchtig-würzig, sein Säurenerv ist kräftig. Sein intensiver, langer Nachhall wird von salzigen, schiefer-mineralischen und strengwürzig-pfeffrigen Aromen geprägt. Florale und herbfruchtige Aromen tanzen Ballett über massigen, bedrohlich schwarzen Schieferfelsen. Ein Riesling mit der Dramatik und den stampfenden Rhythmen von Beethovens Fünfter Sinfonie. Kein Leichtgewicht, sondern eine Persönlichkeit mit Ecken und Kanten. Kein Prosecco-Leichtgewicht zum Konzertauftakt, sondern ein dramatischer, kraftvoller Kontrapunkt, der Heinrich von Kleists Rheinbeschreibung alle Ehre macht.

Der Orion, fachlich präzise muss er *Scolitantides orion* heißen, ist ein kleiner blauer Falter, der in den Steillagen wegen der schonenden Nutzung der Weinbau-Kulturlandschaft seinen letzten Lebensraum findet. 2004 wurde der vom Aussterben bedrohte Schmetterling in den Steillagen Bacharachs entdeckt. Die Raupe des Bläulings ernährt sich nur von einer einzigen Pflanze, der Purpur-Fetthenne. Diese Pflanze findet vor allem im Randbereich der steilen Weinberglagen ideale Lebensbedingungen. Friedrich Bastian sieht in dem kleinen Falter ein „Symbol für die beschwingte Eleganz und die belebende Frische, wie sie nur der Riesling aus der Steillage hervorbringt", und hat ihn deshalb als Namensgeber für seinen Orion-Riesling ausgewählt.

Der Winzer, immer noch im Blaumann, nimmt uns jetzt mit auf eine Tour de Force durch die Geschichte Bacharachs. Der kleine Ort erlebte seine Blütezeit im Mittelalter, als die Schiffe immer noch am Binger Loch hängenblieben und man in Bacharach Station machen und umladen musste. Das Stapelrecht bedeutete für Bacharach, dass alle Waren zunächst hier angeboten werden mussten, bevor die Reise weitergehen konnte. So kam der Bacharacher Wein zu seinem Ruf und das Städtchen zu ganz ansehnlichem Reichtum. Die angesichts der Größe des Ortes recht prächtige Kirche, die Stadtmauer und viele prachtvolle Fachwerkhäuser sind Zeugen dieses einstigen Reichtums. Der dreißigjährige Krieg war es dann, der Bacharach ganz gewaltig zusetzte und es in einen jahrhundertelangen Dämmerschlaf versetzte. Der Wiederaufstieg des kleinen Städtchens ist schließlich den Touristen, besonders den Engländern unter ihnen, mit ihrer Vorliebe für Düsteres, Skurriles und Verfallenes zu verdanken. „Sind Briten hier...?" fragt Friedrich Bastian, Goethe zitierend, und beginnt, das rheinromantische „Rheinlegendchen" von Gustav Mahler zu singen.

Der französische Romantiker Victor Hugo gibt uns eine sehr anschauliche Beschreibung Bacharachs im Jahre 1839, der Feenstadt, wie er sie nennt:

„Ich befinde mich in diesem Augenblick in einer der schönsten, angenehmsten und unbekanntesten alten Städte der Welt. Ich bewohne Gelasse wie die von Rembrandt, mit Bauern voll Vögeln an den Fenstern, sonderbaren Laternen an der Decke und mit Wendeltreppen in den Stubenecken, woran die Sonnenstrahlen hinaufschleichen. Im Schatten brummten eine alte Frau und ein Spinnrad mit gewundenen Füßen um die Wette. Drei Tage brachte ich in Bacharach zu, einer Art Wunderland am Rhein, vergessen vom guten Geschmack Voltaires, vergessen von der französischen Revolution, von den Kriegen Ludwigs XIV., vom Kanonendonner der Jahre 1797 und 1805 und den

modischen Architekten, die Häuser wie Kommoden und Schreibschränke machen. Bacharach ist wohl der älteste von Menschen bewohnte Ort, den ich in meinem Leben gesehen. Man glaubt, dass ein Riese, der mit Antiquitäten gehandelt, am Rhein einen Kramladen aufschlagen wollte, einen Berg als Gestell genommen und in seinem Riesengeschmack von oben bis unten einen Haufen gewaltiger alter Stücke ausgelegt habe. Das fängt unter dem Rhein selbst an. Hier sieht man aus dem Wasser einen Felsen hervorragen, der nach einigen vulkanischen Ursprungs, nach anderen eine keltische Opferstätte und wieder nach anderen ein römischer Altar, die ara Bacchi ist. Am Ufer des Flusses stehen zwei oder drei alte, durchlöcherte Schiffs-Gerippe, entzweigeschnitten, aufrecht in der Erde. Sie dienen Fischern als elende Hütten. Hinter diesen Hütten eine ehedem mit Zinnen bewehrte Ringmauer, von vier geborstenen, eingestürzten Türmen gestützt. In dieser Ringmauer sind Fenster und Außengänge der Häuser gebrochen. Weiter am Fuße des Berges ein unbeschreibliches Gemenge belustigender, köstlicher Häuschen, phantastische Türmchen, wunderliche Giebel, deren doppelte Dachmauern auf jeder Stufe Türmchen gleich hervorgeschossenem Spargel tragen. ... Endlich auf der Höhe eines Berges als Krone die Überreste und efeubedeckten Bruchstücke eines Schlosses, der Feste Stahleck, Wohnsitz der Pfalzgrafen im 12. Jahrhundert. Alles das ist Bacharach.
Diese alte Feenstadt, wo es von Sagen und Legenden wimmelt, wird von einem malerischen Schlag von Einwohnern bewohnt, die alle, die Alten und die Jungen, die Kinder und Großväter, kropfige und schöne Mädchen, in ihrem Blick, in ihren Zügen und ihrer Haltung etwas haben, das an das 13. Jahrhundert erinnert. Das hindert aber die schönen Mädchen keineswegs, sehr hübsch zu sein. ... Kein Missklang der Farben, keine weiße Fassade mit grünen Fensterläden stört den düsteren Einklang

des Ganzen. Hier wirkt alles zusammen, selbst der Name »Bacharach« wie ein alter Ruf der Bachanten, dem Sabbat angepasst... Zu Bacharach ist ein Besucher ein Ereignis. Man ist nicht nur fremd, man ist befremdet. Der Reisende wird mit staunenden Augen angesehen und verfolgt. Das kommt daher, weil außer Malern mit dem Ränzlein auf dem Rücken kein Mensch die alte, von dem Pfalzgrafen verschmähte Residenz besucht, das gefürchtete Loch, das die Dampfschiffe meiden und das alle Rheinführer als eine traurige Stadt bezeichnen."

Wir trinken darauf Bastians 2007er trockene Riesling Spätlese aus dem Bacharacher Posten. Aus dem Glas steigen süße Blüten, Ananas, getrocknete Aprikosen, Sandsteine, eine leicht rauchige Holznote und strenge Gewürze. Die Gaumenaromatik ist intensiv, weich, reiffruchtig-würzig und wird von einem frischen, sehr gut eingebundenen Säurenerv unterstützt. Dieser Wein ist sehr zugänglich, er animiert zum Trinken. Sein intensiver, langer Nachhall wird von salzigen Aromen und einer nachhaltigen, fast pfeffrigen Würze geprägt. Das ist eine innige Verbindung aus Leichtigkeit und Tiefgang. Innerlichkeit und Ausgeglichenheit anstelle von harten Kontrasten. Aber mit Intensität. Und mit einer fast erotischen Salzigkeit. Ich denke an die Empfindungen, die mich beim Hören von Beethovens Klavierkonzert Nr. 4 oder seiner 6. Sinfonie mit schöner Regelmäßigkeit beschleichen.

Musik und Wein, Musik und Duft – absolut faszinierende thematische Paarungen. Der adlige Dandy Floressas Des Esseintes in Joris-Karl Huysmans großartigem fin de siècle-Roman „Gegen den Strich" hat zu dem Thema einen wegweisenden Beitrag geleistet, indem er eine sogenannte Mundorgel konstruierte. Diese Mundorgel bestand aus kleinen Fässchen, die verschiedene Liköre enthielten, die man auf Knopfdruck befüllen konnte, um so regelrechte Likör-Sinfonien zu erzeugen. Wenn Des Esseintes von diesen Likören kostete, so

verschaffte er sich am Gaumen Empfindungen, die denen entsprachen, die Musik dem Ohr vermittelt. Die einzelnen Liköre ordnete er einzelnen Instrumenten des Sinfonieorchesters zu. Für ihn entsprach zum Beispiel der trockene Curaçao der säuerlichen und samtenen Klarinette, das Kirschwasser der zornigen Trompete und Gin und Whisky feuerten den Gaumen mit ihrem durchdringenden Horn- und Posaunenschall an. Die Violine wurde vom alten, rauchigen und feinen, schrillen und zarten Branntwein vertreten. Auf diese Weise gelang es Des Esseintes, ganze Musikstücke in seinen Kiefer zu übertragen, „indem er dem Komponisten Schritt für Schritt folgte und dessen Gedanken, beabsichtigte Wirkungen und Nuancen durch Vereinigungen oder Gegenüberstellungen verwandter Liköre und durch sich annähernde und kunstvolle Mischungen wiedergab."
In all seiner Morbidität und neurotischen Hypersensibilität ist Des Esseintes sicherlich nicht unbedingt ein Protagonist mit Vorbildcharakter. Aber in seinem Elfenbeinturm lotet er für uns aus, was in der Kunstwelt der Sinne an Entdeckungen, an Entdeckungsreisen möglich ist. In den Sinnenreichen der Bücher, der Malerei, der Musik, des Parfüms, der Liköre, der kostbaren Stoffe, der Edelsteine, der Einrichtungen usw. Alle diese Kunstwerke können als Hilfsmittel eingesetzt werden, um das Bewusstsein, die Einbildungskraft auf Reisen zu schicken. Auf romantische Reisen.
Befragen wir Des Esseintes nun nach seinen Erfahrungen mit dem Geruchssinn. Wenn es um den Geruchssinn geht, so war es seine feste Überzeugung, dass dieser „ebensolche Wonnen hervorzurufen imstande war wie das Gehör oder das Sehvermögen, da jeder Sinn infolge einer natürlichen Veranlagung und einer verfeinerten Kultur empfänglich war für neue Empfindungen und daher fähig, diese zu steigern, zu koordinieren und daraus jene Einheit zusammenzusetzen, die ein Werk ausmacht. Und eine Kunst, die Duftströme hervorbrachte,

war letztlich nicht anormaler als eine andere, die Klangwellen auslöste oder auf die Netzhaut des Auges verschieden gefärbte Strahlen auftreffen ließ. Nur, so wie niemand in der Lage war, ohne eine bestimmte, durch Studium entwickelte Intuition das Gemälde eines großen Meisters von einem Schinken oder die Melodie eines Beethoven von der eines Clapisson zu unterscheiden, so vermochte auch niemand, ohne zuvor eingeweiht worden zu sein, auf Anhieb einen von einem redlichen Künstler kreierten Duftstrauß und einen fabrikmäßig für den Verkauf in Kolonialwarengeschäften und auf Basaren zusammengepanschten Mischmasch auseinanderzuhalten."
Schöner kann man es wohl nicht zusammenfassen. Auch wenn Floressas dies auf die Kunst des Parfüms bezieht. Aus seiner Sicht zu Recht, denn für ihn ist die Künstlichkeit des Erlebnisses geradezu essentiell und besonders erstrebenswert. Und in diesem Sinne ist das Parfüm ein naheliegendes, künstliches Äquivalent zu den Kunstwerken des Schalls oder der Optik.
Der Wein ist halt komplexer, denn auch wenn er ein Geruchs- und Geschmackskunstwerk sein kann, dann immer eines, das Mensch und Natur gemeinsam hervorgebracht haben und das zwar langlebig, aber außerdem dynamisch, veränderlich ist. Welch seltsames, brüchiges Kunstwerk. In jedem Weinseminar lernen wir heute, dass der Geruchssinn der verschüttete Sinn ist. In unserer bunten, modernen Marketingwelt wird er gezielt bedient, wenn etwa Supermärkte sich mit frisch duftenden Bäckereien zusammentun und in Kaufhäusern künstliche Düfte eingesetzt werden. Und natürlich im Parfüm. Doch er wird im Allgemeinen nicht systematisch trainiert. Musik und Malerei sind Schulfächer, Düfte nicht. Denn immer noch ist er der primitive Sinn, der nicht der analytischen Betrachtung taugt. Doch Des Esseintes bringt es auf den Punkt, wenn er uns auf die Möglichkeit des Geruchsstudiums hinweist. Wer diesen Sinn für sich wiedererweckt und dies auf systematische Weise tut, der

erschließt sich eine verloren geglaubte, spannende und komplexe Welt, die den Geist auf Reisen schicken kann, genau wie Ohr und Auge. Längst haben wissenschaftliche Untersuchungen bestätigt, dass die Ausstattungen der Menschen mit Geruchsrezeptoren nicht so unterschiedlich sind, wie wir manchmal glauben. Training jedoch ist für die meisten von uns nötig, um Gerüche nicht nur unbewusst oder halbbewusst registrieren, sondern auch beschreiben und entsprechend in unserer Erinnerung abspeichern zu können.

Friedrich Bastian, immer noch im Blaumann, berichtet uns nun, wie er parallel zu seiner Winzerlehre eine private Gesangsausbildung anfing und seine Stimme zu trainieren sowie die Nerven seiner Eltern zu strapazieren begann. 1990 folgte der nächste Schritt: Friedrich Bastian zog das Künstlerdasein, die Weltstadt und das studentische Treiben dem Winzerdasein, der mittelrheinischen Provinz und dem konventionellen Berufsalltag vor und ging nach München zum Musikstudium.

Jetzt zieht er den Blaumann aus, das festliche Gewand, schwarzer Frack und weiße Fliege, an und beginnt Verdis „Il balen del suo sorriso" zu schmettern. Tosender Beifall bringt Stimmung in unseren Inselkonzertsaal, und wir alle sind plötzlich mitten drin in den Münchner Musikstudententagen des jungen Friedrich Bastian. Der zitiert nun, immer noch in Frack und Fliege, Fritz Eckenga, öffnet dabei seinen Spätburgunder und beginnt, ihm ordentlich zuzusprechen. So oder so ähnlich mag es in Bastians Studententagen hoch hergegangen sein. Schließlich hängte er seinen Winzerberuf nie völlig an den Nagel und konnte zu jeder Studentenfete Wein aus eigener Produktion beisteuern. Vielleicht genauso einen wie den trockenen Bacharacher Spätburgunder QbA aus 2007, den auch wir jetzt öffnen. Er präsentiert sich in einem durchscheinenden Rubinrot. Seine intensive, süße und reifwürzige Nase riecht nach Himbeeren, Brombeeren, Vanille, frisch geschnittenem Tabak und strengen Gewürzen.

Am Gaumen ist er frischfruchtig-würzig, mit Schmelz und einem kräftigen Säureakzent. Kraftvoll und animierend. Sein intensiver, langer Nachhall wird bestimmt von feinherbem Gerbstoff mit pfeffrigen Noten am Ende. Oben „Heiße Liebe mit Himbeeren" als Reminiszenz an die 1970er Jahre, dann eine charakteristische Tabaknote und schlussendlich ein säurefrisch-würziger Untergrund. Lieblich, sinnlich, erfrischend, kraftvoll! Seine Kopfnote à la „Heiße Liebe" passt perfekt zu „Il balen del suo sorriso". Ansonsten fühle ich mich durch diesen Wein so ein bisschen an Schumanns „Rheinische" Sinfonie erinnert. Schumann schrieb die „Rheinische" nach seinem Umzug von Dresden nach Düsseldorf und fing in ihr seine damalige euphorische Stimmung, eine lebensfrohe rheinische Fröhlichkeit ein.

Auf unserer kleinen Rheininsel erklingt jetzt die „heimliche Aufforderung" von Richard Strauss, für mich vielleicht der musikalische Höhepunkt des Abends. Auch wenn das, so glaube ich festzustellen, unter dem sich langsam bemerkbar machenden Alkoholeinfluss längst nicht jeder Gast so zu sehen oder zu bemerken scheint. Und dann, wie aus dem Nichts, fängt ein Glas Burgunder an zu rufen:

„Oh", rief ein Glas Burgunder,
„Oh Mond, du göttliches Wunder!
Du gießt aus silberner Schale
Das liebestaumelnde, fahle,
Trunkene Licht wie sengende Glut
Hin über das nachtigallene Land --"

Da rief der Mond, indem er verschwand:
„Ich weiß, ich weiß! Schon gut! Schon gut!"
(Joachim Ringelnatz)

Kurz vor der Pause zieht es Friedrich Bastian aus der bayrischen Weltstadt gedanklich wieder zurück in sein verträumtes mittelrheinisches Heimatdorf. Der Blaumann wird wieder angezogen, und bei der Rückkehr sitzen die sieben Fritzen vor der Stadtmauer und nicken wortlos mit den Köpfen. Die Arie des Fritz aus der Oper „Die tote Stadt" entlässt uns endgültig in die Pause. Die kleine Holztür wird geöffnet und gibt den Blick auf eine grüne Inselhölle frei.

Nach der Pause rückt die Insel selbst in den Mittelpunkt des Geschehens. Bastians kleine Insel wurde schon früh landwirtschaftlich genutzt und gerade deshalb wertgeschätzt. Immerhin liegt ihr Ufer, wie bereits erwähnt, nur etwa hundert Meter vom Bacharacher Ufer entfernt, weshalb sie nie als schwer erreichbar gelten konnte. Im 16. Jahrhundert war sie Erblehen der Pfalzgrafen an den Zollsekretär Nikolaus von Buchen und seine Nachfahren, die Familie Heyles. Im Jahre 1797 ersteigerte Bastians Vorfahr die sieben Hektar große Insel und nutzte sie weiterhin landwirtschaftlich. Friedrich Bastians Urgroßeltern kamen schließlich auf die etwas skurrile Idee, auf der Insel ihren Lebensabend zu verbringen. Nur im Winter siedelten sie über und ließen das Vieh hinter sich her nach Bacharach schwimmen. Friedrich Bastians Vater schließlich brachte 1960 von einer USA-Reise die zündende Idee des Inselweins mit und begann auch sogleich, diese in die Tat umzusetzen. Friedrich Bastian kommentiert lakonisch, dass man diese Inselweinidee heute wohl marketingtechnisch als die Identifikation eines „unique selling point" bezeichnen würde. Damals war es einfach eine gute Idee und zugleich ein spannendes Experiment.

Wir öffnen jetzt einen echten Inselriesling, den Bacharacher Insel Heyles'en Werth Riesling QbA halbtrocken, Jahrgang 2009. Ein Touch von Blüten, intensiver Limetten-Duft, etwas Tee, Sandstein und strenge Gewürze, die an Liebstöckel und Pfeffer erinnern, so steigt es in meine Nase. Seine Gaumenaromatik ist intensiv, saftig und ausdruckvoll zitrusfruchtig-würzig, unterstützt von einem rassigen Säurenerv. Der sehr intensive, lange Nachhall wird von salzigen und feinherb-strengwürzigen, am Ende pfeffrigen Liebstöckel-Aromen bestimmt. Ein Saft- und Kraftpaket von der Insel mit Limetten-Gewürz-Aromatik, kraftvollem Säurerückgrat und intensivem, salzig-strengwürzig-pfeffrigem Finish. Ein gradliniger Rocker mit Saft und Kraft, die die Reben direkt aus dem Felsenbett des Rheins gesogen haben. Ich höre virtuose Gitarrensoli auf einem Bett aus kraftvollen Gitarrenriffs, Bässen und harten Bass-Drums. Ein echter Aufwecker! Es ist wohl der mittelschwere, sandige Lösslehm- und Schlickboden, der braune Auenlehmboden, der einen solch saft- und kraftvollen Insel-Riesling hervorbringt.

Friedrich Bastian rezitiert jetzt Eduard Möricke „Auf einen Klavierspieler" respektive Klavierspielerin, welch eine grandiose Einleitung für das darauffolgende Klaviersolo:

„Hört ihn und seht sein dürftig Instrument!
Die alte, klepperdürre Mähre,
An der ihr jede Rippe zählen könnt,
Verwandelt sich im Griffe dieses Knaben
Zu einem Pferd von wilder, edler Art,
Das in Arabiens Glut geboren ward!
Es will nicht Zeug, noch Zügel haben,
Es bäumt den Leib, zeigt wiehernd seine Zähne,
Dann schüttelt sich die weiße Mähne,
Wie Schaum des Meers zum Himmel spritzt,
Bis ihm, besiegt von dem gelaßnen Reiter,
Im Aug die bittre Träne blitzt –
O horch! nun tanzt es sanft auf goldner Töne Leiter!"

Auf goldner Töne Leiter erklingt jetzt die Prélude Opus 28, Nr.15 in Des-Dur von Frédéric Chopin, die sogenannte „Regentropfen-Prélude", in unserem kleinen Insel-Konzertsaal und füllt diesen mit klingenden Regentropfen, über denen wunderschön gesungene, verträumte Melodien verschiedener Stimmungslagen zu schweben scheinen. Den Saal erfüllt jetzt eine Art meditativer Innerlichkeit, die man fast mit den Händen greifen kann.

Wein und Musik – eine perfekte Paarung! Als ich Friedrich Bastian gestern vor der Insel-Weinprobe kurz in seinem Weingut besuchte, fragte ich ihn, worin für ihn die Gemeinsamkeiten zwischen Wein und Musik lägen. Er betrachtete dieses Thema sofort aus der Perspektive des Wein-Machers, nicht aus der des Wein-Verkosters. „Um Wein und Musik zu machen", so sagte er, „braucht man Ordnung. Man muss die Grenzen respektieren, die uns die Natur setzt, das gilt für Most und Stimme gleichermaßen. Bei Stimme und Wein kommt es darauf an, das Notwendige tun und gleichzeitig lassen zu müssen. Dann kommt die Natur zur Entfaltung, dann kommt es zum Flow." Hier bezieht sich Friedrich Bastian auf die Flow-Theorie des ungarischen Psychologen mit dem unaussprechlichen Namen Mihály Csikszentmihályi, der so das Gefühl der völligen Vertiefung und des vollkommenen Aufgehens in einer Tätigkeit, auf Deutsch vielleicht Schaffens- oder Tätigkeitsrausch, bezeichnet. Wir alle kennen wohl diesen Zustand des erfüllten Schaffens, in dem man ganz mit einer Aufgabe verschmilzt und dabei Zeit und Stunde vergisst. Der Flow lässt sich mit allen menschlichen Sinnen erleben. Voraussetzung ist jeweils die Bereitschaft, seine skeptische Distanz, seine Angst vor Misserfolg abzulegen und sich dem Erlebnis ganz und gar zu öffnen. Dann können wir den Flow beim Fühlen (zum Beispiel beim Sex), beim Hören (zum Beispiel von Musik), beim Sehen (zum Beispiel von Kunst) sowie beim Riechen und Schmecken (zum Beispiel beim Trinken von Wein) erleben. Entscheidend dafür, dass Flow möglich wird, ist immer die Kombination von

Anstrengungen, die man aufbringen muss, um das Erlebnis zu erreichen, und gleichzeitig einer Art von Passivität, die darin besteht, sich vom Flow überraschen zu lassen. Also Festhalten und Loslassen zugleich. Oder, wie Bastian es ausdrückt, man muss gleichzeitig das Notwendige tun und es lassen können.
Bastians Vater galt als der Philosoph unter den Mittelrhein-Winzern. Seine Weinphilosophie brachte er mit folgenden Worten auf den Punkt: „Ein Wein muss ein Gesicht haben, mit abstehenden Ohren und einer Hakennase." Der alte Fritz war der Beschreibung seines Sohnes nach in dieser Hinsicht extrem konsequent und hat dabei auch den einen oder anderen Wein gewähren lassen, werden lassen, den man heute schlicht und einfach nicht mehr verkaufen könnte. Friedrich Bastian verzichtet inzwischen darauf, so extreme Weine wie sein Vater zu machen. Aber grundsätzlich teilt er dessen Philosophie und will seine Weine, wie er sich ausdrückt, „nicht schnell auf hübsch trimmen". Er macht sich heute bereits vor der Gärung sehr viel Arbeit, indem er auf manches Önologen-Spielzeug wie Zentrifugen und Crossflow-Filter verzichtet, und gibt sich viel Mühe mit der Klärung und Sedimentation des Mostes. Zum Teil verwendet er zur Klärung des Mostes auch die Methode der Flotation. Hierbei wird der Most unter Druck gesetzt, anschließend wird gasförmiger Stickstoff eingeleitet. Wird der Most dann wieder auf Normaldruck gebracht, steigen Stickstoffbläschen in der Flüssigkeit auf und schwemmen dabei die Trubteilchen nach oben. Nach vier bis fünf Stunden kann man den sauberen Most abpumpen. Das Verfahren der Flotation gilt als ähnlich schonend wie die reine Sedimentation, also das sich Absetzen Lassen des Mostes, das zum Teil ziemlich lange dauern kann. Friedrich Bastian hat, wie er mir erzählt, „inzwischen ein ziemlich gutes Bild des Weines, wie er werden soll." Und danach richten sich natürlich auch die verschiedenen Weinbehandlungsschritte.

Der Inselwein, so erzählt Friedrich Bastian nun in seinem Insel-Weinmusiktheater, macht dem Winzer das Leben generell sehr leicht. Dieser Wein ist ein echter Siegertyp, der ohne große Probleme gärt und gärt und gärt, bevor er endlich bei halbtrocken stehen bleibt. Hier braucht es wenig menschliche Intervention, um den Wein, um die Natur in den Zustand des „Flow" kommen zu lassen. Das saft- und kraftvolle Ergebnis haben wir bereits kennengelernt.

Es gibt aber auch ganz andere Weincharaktere – und ein solcher, „eine rechte Zicke", ist die Wolfshöhle, die wir jetzt öffnen. Bastians Wolfshöhle-Riesling gärt niemals ganz so gradlinig und verlässlich wie der Insel-Wein. Er lässt sich von seinem Winzer „bitten und beknien", um dann schließlich und erst nach langem Zögern bei feinherb stehen zu bleiben. So wie die feinherbe Spätlese des Jahrgangs 2009 aus eben dieser Wolfshöhle, die wir jetzt öffnen. Ich rieche überreif-fruchtige und würzige Aromen wie Maracujas, Eisbonbons, überreife Bananen, Rosinen und strenge Gewürze. Auch einen Hauch von Salz meine ich zu erspüren. Im Mund ist der Wein cremig, dicht und überreif-fruchtig, dabei von außergewöhnlicher Intensität. Eine angenehme Restsüße spielt mit seiner kraftvollen Säure. Das ist ein wuchtiger Wein mit viel Schmelz, der zum Trinken verführt. Sein intensiver, langer Nachhall wird von reiffruchtigen und feinherb-würzigen Aromen geprägt. Dieser Wolfshöhle-Riesling ist ein Kraft- und Fruchtpaket, in dem man sich richtig verlieren kann.

Ich sehe Wagners Siegfried, wie er Brünnhilde auf ihrem Felsen findet. Von Wotan wurde sie hierher verbannt, und nun liegt sie fest im Zauberschlaf. Siegfried hat gerade seinen ganzen Heldenmut zusammengenommen und das Feuer durchschritten, das die schlafende Walküre schützte. Nun wird es ganz still, nur noch Harfen und leise Blechbläser sind aus dem Orchestergraben zu hören. Dann schwellen die Geigen bis zu höchsten, transzendenten Tönen an und beschreiben die Intensität und Schönheit dieses Moments. So glimmt auch diese überreife Wolfshöhle-Frucht, schwingt sich auf zu höchsten Tönen. „Selige Öde auf sonniger Höh", so drückt es Wagners Siegfried aus.

Die Wolfshöhle erstreckt sich, dem Steeger Tal folgend, an der Flanke des Voigtsberges. Hier ist der blaue Devonschiefer von Quarzit durchzogen, hinzukommen lehmige Anteile im Boden. Die Steigung beträgt in der Wolfshöhle bis zu 70 Prozent. Dieser Weinberg genießt unter den Bacharacher Lagen die längste Sonneneinstrahlung, und genau das meine ich in Bastians überreif-glimmender Spätlese auch zu spüren.

Friedrich Bastian, auf der Bühne seines Weinmusiktheaters in der Insel-Scheune, zitiert jetzt „Die Seele des Weines", im Original „L'âme du vin" genannt, von Charles Baudelaire in der Übersetzung von Stefan George:

„Des Weines Geist begann im Fass zu singen:
Mensch teurer Ausgestoßener Dir soll
Durch meinen engen Kerker durch erklingen
Ein Lied von Licht und Bruderliebe voll.

Ich weiß: am sengendheißen Bergeshange
Bei Schweiß und Mühe nur gedeih ich recht
Da meine Seele ich nur so empfange
Doch bin ich niemals undankbar und schlecht.

Und dies bereitet mir die größte Labe
Wenn eines Arbeit-matten Mund mich hält
Sein heißer Schlund wird mir zum süßen Grabe
Das mehr als kalte Keller mir gefällt.

Du hörst den Sonntaggesang aus frohem Schwarme?

Nun kehrt die Hoffnung prickelnd in mich ein:
Du stülpst die Ärmel, stützest beide Arme
Du wirst mich preisen und zufrieden sein.

Ich mache Deines Weibes Augen heiter
Und Deinem Sohne leih ich frische Kraft
Ich bin für diesen zarten Lebensstreiter
Das Öl das Fechtern die Gewandtheit schafft.

Und Du erhältst von diesem Pflanzenseime
Das Gott, der ewige Sämann, niedergießt
Damit in Deiner Brust die Dichtung keime
Die wie ein seltner Baum zum Himmel sprießt."

Zum Abschluss richtet Friedrich Bastian noch kurz den Blick auf den politischen, den deutschen und den europäischen Rhein. „Lieb Vaterland magst ruhig sein". Und natürlich, so will es das Gesetz der Weinprobe, haben wir uns jetzt über die Stufen trocken, halbtrocken und feinherb in die liebliche Kategorie vorgearbeitet. Bastian kredenzt nun einen Wein aus seiner Münchner Zeit, eine 1993er Riesling Beerenauslese aus dem Bacharacher Posten. So richtig viel Zeit hatte er damals nicht, sich um diesen Wein zu kümmern, da er viel zu selten in seinem Heimatdorf vorbeikam. Von der Weinkritik, so sagt er, sei dieser Wein verrissen worden. Man habe ihn ganz einfach mit dem Prädikat „unharmonischer Sauternes" abgestempelt. Zumindest war dies ein Vergleich mit einer echten Weinkoryphäe!
Der Wein zeigt im Glas ein dunkles Goldgelb. Ich rieche überreife Früchte und habe wieder, wie bei meiner Weinzeitreise mit den Roßstein-Rieslingen, das Gefühl, einen alten Holzschrank, eine alte Holzkiste zu öffnen, in der sich überreife Früchte befinden. Wieder steigen die Erinnerungen an unbeschwerte

Sommertage in mir auf. Wieder so ein Riesling, wie eine Kiste voller sommerlicher Erinnerungen.

Wir genießen dazu „Chanson à boire" von Maurice Ravel aus „Don Quichotte à Dulcinée" Nr. 3, seinem letzten komplett vollendeten Werk. Das Klavier schlägt wilde Kapriolen, und Friedrich Bastians Gesang durchschmettert den kleinen Insel-Konzertsaal mit viel taumelndem Timbre. „Liebe und alter Wein werden Kummer in mein Herz und meine Seele bringen..."

„Ah! Je bois à la joie!
La joie est le seul but
Où je vais droit...
Lorsque j'ai ... lorsque j'ai bu!"

„Ah! Ich trinke auf die Freude! Die Freude ist das einzige Ziel, das ich verfolge...wenn ich ... wenn ich getrunken habe!" Ein fulminanter, begeisterter Applaus ergießt sich über den singenden Winzer und seine Pianistin. Schon kurz danach geht es mit dem Floß wieder zurück an das Bacharacher Ufer. Vereinzelte Regentropfen fallen auf uns herab, und wir hegen den leisen Verdacht, dass Chopin daran nicht ganz unschuldig ist.

## XIII. Engelstein. Florian Weingart. Naturweinträume.

*Synästhetisch-dionysische Weinkunstwerke.
In Feuerlay, Ohlenberg und Engelstein,
naturgewachsen, naturgewollt.*

Der 4. Juni 2011 ist bereits frühmorgens ein warmer Frühsommertag, der Sonne, Freibadspaß und einen langen Terrassenabend verspricht. Auf dem Balkon unseres Zimmers im Gasthaus Stahl in Oberwesel-Dellhofen höre ich schon vor dem Frühstück ein wildes Bienengesumm unter dem hellblaudunstigen Himmel, der mit zarten Wölkchen betupft ist. Das verspricht ein durch und durch relaxter Tag zu werden, der uns heute in das Örtchen Spay führen wird. Eines der Kraftzentren des Mittelrhein-Weinbaus.

Auf dem Weg nach Spay machen wir kurz Halt im Flairhotel Landsknecht, hinter St. Goar, direkt an der Bundesstraße 9 gelegen, und genießen dort einen Fitnessteller zur naturtrüben Apfelschorle. Der Wind macht die noch ungewohnte Frühsommerwärme erträglich und rüttelt die Sonnenschirme ganz ordentlich durch. Wir blicken auf den Rhein, Containerschiffe tuckern flussabwärts, Motorboote zischen vorbei, und Ausflugsdampfer kämpfen sich gegen die Strömung in Richtung der Loreley. Hinter uns lärmt eine Gruppe jugendlicher, holländischer Fahrradfahrer, und vor uns haben wir die Steilhänge der St. Goarshausener Lage Burg Maus im Blick.

Angekommen in Spay, empfängt uns Florian Weingart in Arbeitskleidung, mit weißem T-Shirt und Arbeitshose. Wir nehmen an einem kleinen Tisch in der rustikalen Probierstube seines alten, charakteristisch grün gestrichenen Weingutes Platz. Während wir uns mit dem Winzer unterhalten, geht es in der gut gefüllten Weinstube rastlos zu, ständig strömen neue Gäste herein und ersetzen andere, die schwer mit Kartons beladen das Weingut wieder verlassen.

Der perfekte Begrüßungstrunk ist der 2008er Riesling Sekt trocken, den Weingart nach 20-monatigem Hefelager auf die Flasche gebracht hat. Er braucht etwas Zeit zum Öffnen, um dann aber Zitronen, Stachelbeeren, Butter-Brioche, Schiefer und strenge, lakritzartige Gewürze aufsteigen zu lassen. Im Mund ist er intensiv, cremig und zitrusfruchtig-würzig, mit einem rassigen Säurenerv und einer sehr gut abgestimmten Restsüße. Sein intensiver, langer Nachhall wird von salzigen und strengwürzigen Aromen geprägt. Dieser Mittelrhein-Sekt ist ein zitrusfruchtig-mineralischer Riesling in Sektgestalt mit animierender, süßsaurer Gaumenaromatik, feinperligem Mousseux und einem salzig-strengwürzigen Finale. Ein animierender Aufwecker, ganz egal ob am frühen Morgen oder am späten Abend. Dieser Sekt erweckt zum Leben. Die Sonne geht auf und lässt ihre ersten Strahlen auf den Weinberg fallen. Der schwarze Schiefer beginnt in der Sonne zu glitzern, und alle Lebensgeister erwachen.

Diesen 2008er Sekt gibt es auch in der Variante „brut nature", das heißt gänzlich ohne Zuckerzusatz. Der ist dann wirklich sehr mineralisch, sehr rassig und sehr trocken. Ein kompromissloser Sekt, der es dem Trinker nicht ganz so einfach macht. Rassige Mineralik will hier geradezu mit dem Kopf durch die Wand und schreit förmlich nach der Begleitung durch Meeresfrüchte. Auch ein möglicher Einstieg in ein kompromissloses Weingut, das, wie wir sehen werden, voller Überraschungen steckt.

Zunächst einmal ist das Weingut Weingart ein waschechter Familienbetrieb. Die Familie besteht neben dem Winzer Florian aus seinen Eltern Helga und Adolf, seiner Frau und seinen Kindern, und jeder hat im Weingut seine eigene Rolle. Bereits Vater Adolf gehörte zu den qualitätsorientierten Winzern am

Bopparder Hamm und das in einer Zeit, nämlich Mitte der Neunziger Jahre, als der „Atlas der deutschen Weine" noch schreiben konnte: „Anders als die Winzer von Bacharach wetteifern die aus Boppard und dem benachbarten Spay offenbar nicht darum, wer die besten, sondern wer die billigsten Weine herstellt... Die einzigen Produzenten, deren Weine sich derzeit regelmäßig aus der Masse abheben, sind Walter und August Perll in Boppard und Adolf Weingart in Spay." (31)
Auf die Vergangenheit des Bopparder Weinbaus angesprochen, meint Florian Weingart, dass es eher die Rheinhotels als die Weingüter waren, die den Weinbau hier einstmals prägten. Hotels wie Stumm, Emmel, Bellevue und Rheinlust hatten eigene Rebflächen und große Kellerkapazitäten. Sie brauchten den Wein, um den Bedarf der Touristenströme zu decken, verkauften ihn in Gastronomie und Weinversand und füllten ihn bereits zu einer Zeit in Flaschen ab, als vielerorts fast nur Fasswein existierte. So war es wohl letztlich der Rheintourismus, der zum Motor der Bopparder Weinszene wurde.
Florian Weingart übernahm vor fünfzehn Jahren, nach Beendigung seines Önologie-Studiums in Geisenheim, das väterliche Weingut. Ich frage ihn, ob es seitdem eine Stiländerung gegeben habe und was er alles im Weingut geändert habe. Denn gerade bei Florian Weingart kann ich mir beim besten Willen nicht vorstellen, dass der rasante Aufstieg seines Weingutes auf Marketing-Tricks zurückzuführen ist – hier müssen harte Fakten dahinterstecken. Florian Weingart führt technische Neuerungen im Bereich der Klärung und Kühlung an, die Einführung der typischen, kleinen Lesekisten sowie die konsequente Reduktion der Erträge. Insgesamt hieß das noch mehr Konsequenz in der Qualität und außerdem ein bisschen Hilfestellung durch die Klimaänderung, die den Weinstil am Mittelrhein im letzten Jahrzehnt deutlich geändert hat. Früher, so sagt Florian Weingart, habe man am Mittelrhein die Weine schnell spontan

vergoren, schnell von der Hefe abgestochen, dann filtriert und hatte bereits zum Jahreswechsel den neuen Wein fertig auf der Flasche. Sein Vater hatte zudem immer ein „Weinpolster", einen Flaschenbestand also, mit dem er jahrgangsbedingte Mengenschwankungen ausgleichen konnte und so seine ständige Lieferfähigkeit sicherstellte. Sein Vater war es auch bereits, der seine Rebfläche über Boppard hinaus um den Oberdiebacher Fürstenberg erweiterte, eben um sein Weinpolster auszubauen. Seit dem Jahre 2000, so erzählt Florian Weingart, wird es mit dem Weinpolster immer schwieriger, der zurückbehaltene Bestand immer kleiner. Der Jahrgang 2009 ist heute, im Juni 2011, bereits beinahe komplett weg, der 2010er Bestand ist schon zu einem Drittel ausverkauft. Und dabei muss man berücksichtigen, dass der Verkauf des neuen Jahrgangs erst Ende Mai begonnen hat!

Wir trinken darauf den halbtrockenen 2010er Riesling Kabinett aus der Lage Schloss Fürstenberg. Er riecht intensiv nach Rosenblüten, Zitrusfrüchten, aber auch nach Salz, Butter und Gewürznelken. Seine Gaumenaromatik ist intensiv, aber leichtgewichtig. Sein rassiger Säurenerv spielt mit seiner ausgeprägten Restsüße. Den Abschluss bildet ein intensiver, langer Nachhall mit sehr ausgeprägten, salzig-mineralischen und pfeffrig-würzigen Aromen. Da ist sie wieder: die leichtgewichtige, tiefgründige und intellektuelle Fürstenberg-Mineralität. Rosenblüten und Zitrusfrüchte tanzen auf einem schiefrigen Fundament. Die ganze jahrgangstypische, mineralische 2010er Finesse aus dem Oberdiebacher Fürstenberg. Wie ein nachdenklich-pfeffriges Stück Jazz. Wie bei dem Pendant von Villa Riesling aus Kapitel 6 höre ich wieder die Einsamkeit und Kargheit des Saxophons von Jan Garbarek durch den Mittelrhein-Canyon hallen. So begegnen wir zum dritten Mal, nach Villa Riesling und Randolf Kauer, der Fürstenberg-Mineralität im Weinglas.

Als Florian Weingart das väterliche Weingut übernahm, fing er mit den oben genannten Neuerungen an und erzeugte zunächst Weine, die säurebetont und in einem sehr sauberen, knackigklaren Stil daherkamen. Sukzessive begann er dann, die Komplexität und Dichte seiner Weine zu erhöhen und setzte mehr und mehr auf die Spontangärung mit weinbergseigenen Hefen anstatt der kommerziell erhältlichen Reinzuchthefen. Heute verzichtet er auf die üblichen Weinbehandlungsmittel, nur bei seinen Qualitätsweinen verwendet Florian Weingart Aktivkohle zur Schönung und Kalk zur Entsäuerung. Auch der Einsatz von Süßreserve, also süßem Traubenmost, ist bei ihm verpönt. Dahinter steckt Weingarts Vision des Naturweins.
Naturwein? 1910 wurde der erste deutsche Spitzenwinzer-Verband, der Verband Deutscher Naturweinversteigerer (VDNV) mit dem erklärten Ziel gegründet, die Vermarktung von „naturreinen Weinen" zu verbessern. Darunter verstand man solche Weine, bei denen auf Zuckerung und Verschnitt verzichtet wurde. Der Begriff „Naturwein" wurde 1930 im deutschen Weingesetz festgeschrieben und bedeutete damals „Wein, dem irgendwelche andere Stoffe, als sie zur Kellerbehandlung notwendig sind, nicht zugesetzt worden sind." Notwendig zu Kellerbehandlung oder nicht? Darüber konnte man natürlich trefflich streiten. In dem Weingesetz von 1969 / 1971 verschwand der Begriff Naturwein schließlich ganz und wurde durch den Prädikatswein ersetzt. Inzwischen ist Naturwein ein recht schwammiger Begriff geworden, dessen Definition man beinahe beliebig bis hin zum Biowein und biodynamischen Wein ausdehnen kann. Florian Weingart jedenfalls hat sich auf eine Reise begeben, auf der er explorieren will, welches Quantum an Weinbehandlung für ihn wirklich nötig ist. Und gerade in dieser Hinsicht hat der Jahrgang 2010 ihm bereits seine Grenzen aufgezeigt. Denn die Weine dieses Jahrgangs hatten trotz ihres hohen Mostgewichtes eine so hohe Säure, dass

er neben dem biologischen Säureabbau manchmal doch auch die chemische Entsäuerung einsetzen musste. Genau wie praktisch alle anderen Mittelrhein-Winzer. Dabei hat er mit viel Geduld versucht, die Säure, wenn immer möglich, biologisch abzubauen. Durch diesen langen Ausbau gewannen die Weine an Dichte und Schmelz. Doch Florian Weingart ging noch einen Schritt weiter, indem er in diesem Jahrgang viel mehr restsüße Weine erzeugte als gewöhnlich. Denn genau nach diesen Weinen schrie der Jahrgang mit den hohen Mostgewichten und der hohen Säure: Restsüße Rieslinge, in denen Säure und Süße ein vibrierendes Zusammenspiel ergeben.

Einer dieser restsüßen 2010er Rieslinge von Florian Weingart ist die feinherbe Spätlese mit der Lagenbezeichnung „Bopparder Hamm". Der riecht nach süßen Blüten, Honig, Aprikosen, Rosinen, salzigen Noten und strengen Gewürzen. Seine intensive, dichte, schmelzige und überreif-fruchtige Gaumenaromatik wird von einem lebendigen Spiel von kräftiger Säure und hervorragend abgestimmter Restsüße begleitet. Der intensive, lange Nachhall wird von salzigen, mineralischen und feinherb-pfeffrigen Aromen geprägt. Dieser üppig reife, lebendige, schmelzige und salzige Riesling kommt mir vor wie ein kubanischer Daiquiri an einem heißen Sommerabend. Ich höre feurige, kubanische Rhythmen aus dem Bopparder Hamm herüberschallen. Vielleicht aus seiner Mitte, dem Feuerlay.

Laut Florian Weingart ist im Jahre 2010 sowieso „edelsüß das Maß aller Dinge im neuen Jahrtausend und wird diesen Jahrgang noch leuchten lassen, wenn der Schmerz des momentanen Ertragsausfalls längst abgeklungen ist." Also folgte Weingart dem Ruf der Natur und ließ in seinem Keller diesmal eine Menge restsüße 2010er Naturweine entstehen. Ein Konzept, das dem modernen betriebswirtschaftlichen Portfoliogedanken diametral entgegengesetzt ist. Denn dieses Konzept verlangt eigentlich nach verlässlichen Weinmarken, die der Kunde Jahr für Jahr nach seinem Gusto kaufen kann. Bei Weingart hingegen findet er naturgewollte Riesling-Überraschungen.

Einer dieser grandiosen 2010er Süßweine ist die Riesling Beerenauslese aus dem Feuerlay. Ich rieche Rosenblüten, Zitrusmarmelade, überreife Bananen, Honigkerze, Rosinen, Röstnoten und süße Gewürze, die mich an Zimt erinnern. Im Mund folgen eine intensive, hochviskose, dichte, üppig-überreife Gaumenaromatik und ein vibrierender Säurenerv, auf dem die opulente Süße tanzt. Der intensive, schier unendlich lange Nachhall wird von überreifen, feinsalzigen und süßwürzigen Aromen dominiert. Hier ist die ganze Intensität der Venusbergszene aus Richard Wagners Tannhäuser in einem Riesling-Konzentrat eingefangen. „Solche Mittelrhein-Rieslinge gehören zu den deutschen Weißweinen mit den komplexesten Duft- und Geschmacksspektren." (31) Das ist ein schier unglaubliches Konzentrat der Natur, bei nur 6,5 Volumenprozent Alkohol. Also ein Wein, dessen berauschende, dionysische Tiefe fast ohne Alkohol auskommen muss. Immerhin hat es die Hefe geschafft, sich in diesem Zuckerkonzentrat bis auf einen Alkoholgehalt von 6,5 Prozent hochzukämpfen.

Florian Weingart wirkt auf mich immer ein wenig scheu und selbstkritisch-introvertiert. Der Dünkel des besten Mittelrhein-Winzers sowie jegliches Auftrumpfen sind ihm absolut fremd. Sein jugendlich wirkendes Gesicht ist sympathisch und freundlich, er ist mit unglaublicher, manchmal fast zu ernsthafter Intensität auf sein Lieblingsthema, den Spitzenwein, konzentriert. Sein trockener Humor fängt seinen Gesprächspartner aber immer wieder ein und sorgt dafür, dass die Gespräche mit ihm niemals abheben.

In seiner Weinpreisliste 2010 bringt Florian Weingart sein Unbehagen angesichts unserer heutigen, marketing- und preisgetriebenen Weinwelt auf den Punkt, wenn er schreibt: „Ein Kollege meinte kürzlich, als hoch bewertetes Weingut sei ich

unangemessen billig und ich würde dem zu niedrigen Preisniveau im Gebiet Vorschub leisten. Ich selbst hatte ein bezeichnendes Erlebnis bei der Siegerpräsentation in Fulda, wo unsere Fürstenberg Spätlese als Zweitplatzierte für 9,00 EUR zwischen dem 1. und 3. platzierten Wein zu je 34,50 EUR geradezu lächerlich billig war. Unser Wein wurde viel gelobt, aber war offenkundig zu diesem Preis eine Fälschung oder sonst irgendwie suspekt – er wurde schlicht nicht ernst genommen. Das war in etwa so, als wäre ein guter Handwerker der Provinz mit seiner fein gearbeiteten Ledertasche zwischen die Exponate von Hermès und Louis Vuitton geraten. Luxusunternehmung statt Landwirtschaft? Diese Weinwelt ist nicht die meine. Das wurde mir auch bei erneuten und sehr freundlichen Gesprächen mit dem VDP Mittelrhein bewusst. Weinbau oder Château? Winzer oder Eventmanager? Quo vadis? Darüber musste ich auch an Ostern nachdenken, wo wir unsere Teilnahme an der Großveranstaltung Mittelrheinischer Weinfrühling im Bopparder Hamm ausgesetzt hatten. Was ist ein Ostersonntag mit der Familie wert? Zweifellos, wir wollen und müssen für unsere Weine einen angemessenen Preis erzielen und wir müssen auch insgesamt wirtschaftlich arbeiten. Aber ich zweifele langsam daran, ob es in der Weinwirtschaft zwischen wachsenden Glas-Beton-Palästen und Großen Gewächsen die passende Nische für uns gibt."
Florian Weingart, ein Handwerker aus der Provinz? Interpretiert der Winzer eher, als dass er kreieren würde? Ist das heutige Weinmachen nicht eher viel Handwerk plus Wissenschaft? Welche Rolle spielt, zumal heutzutage, die Kreativität des Winzers?
Diese Fragen bringen mich auf eines meiner Lieblingsthemen, nämlich die Frage, ob Wein, großer Wein zumal, das Potential habe, Kunstwerk zu sein – oder ob er immer Handwerk bleiben müsse. Allen Kunstformen ist zunächst einmal gemeinsam, dass

bei deren Wahrnehmung auf dem Weg eines Sinnesreizes Vorstellungen im Gehirn erzeugt werden. Komplexe Sinnesreize erzeugen somit einen Komplex aus Vorstellungen und Gefühlen im Gehirn des Wahrnehmenden. Malerei findet ihren Eingang in den Kunstliebhaber über das Auge, Instrumentalmusik ausschließlich über das Ohr usw. Wir hören Frequenzen, sehen Wellenlängen oder riechen chemische Substanzen. Während die ersten beiden Sinne gewissermaßen physikalisch sind, ist der Geruchssinn ein chemischer Sinn.

Malerei und Wortkunst lenken ihrem Wesen nach den Verstand in eine bestimmte Richtung, sie sind sozusagen programmatisch, haben eine recht klar festgelegte Bedeutung. Beethovens Sinfonien hingegen, ausgenommen den Schlusschor der 9ten sowie seine 4., sind absolute, nicht programmatische Kunstwerke. Sie haben keine festgelegte Bedeutung. Das hat die absolute Musik mit dem Wein gemeinsam. Der Wein findet über Nase und Zunge seinen Weg in das Gehirn des Trinkenden. Er erzeugt Gerüche und Geschmacksempfindungen aller Art, und er tut dies auf absolute, nicht programmatische Art und Weise. Wein hat keine Bedeutung, so kann man es auf den Punkt bringen. Denn wenn er nach Zitrone duftet, werden die meisten Menschen auch Zitrone riechen, so wie die meisten Musikliebhaber einen C-Dur-Akkord auch als C-Dur-Akkord hören. In beiden Fällen müssen wir unseren Sinn schulen, das gilt für das Hören, aber noch mehr für das Riechen. Denn nur wenige verfügen über das absolute Gehör, wie auch nur wenige ein weites Spektrum an geruchsaktiven Substanzen sicher erkennen können. Wichtig ist aber festzustellen, dass wirklich das gleiche Molekül, das in der Zitrone den Zitronengeruch erzeugt, auch im Wein enthalten sein kann. Der nach Zitrone duftende Wein muss nicht nur eine Analogie sein, der Wein kann wirklich im chemischen Sinne nach Zitrone riechen. Die Bilder und Vorstellungen, die sich beim Hören des Zitronenakkords einstellen, die sind nicht programmatisch und absolut individuell. Daher die große Analogie zwischen Musik und Wein. Wein ist Musik für Zunge und Nase. Die Weinkunst, allgemeiner gesprochen die kulinarische Kunst, ist die einzige Kunst für Zunge und Nase, die vielleicht in der Kombination von Wein und Speisen ihren ganz großen Auftritt hat. Da wird dann aus dem Violinkonzert eine Wagner-Oper.

Synästhesie, Mitempfinden oder Zugleich-Empfinden, ist ein Phänomen, das in unserem Gehirn gewissermaßen fest verdrahtet ist. In dem Hirnbereich, den man als orbitofrontalen Cortex bezeichnet, gibt es Nervenzellen, die auf Kombinationen von Sinnesreizen wie etwa Geschmack und Sehen oder Geschmack und Tastsinn oder Geruch und Sehen ansprechen. Das scheint letztlich die Ursache dafür zu sein, dass synästhetisch sensible Menschen zum Beispiel eine bestimmte Farbe vor Augen sehen, wenn sie an eine Zahl denken. Dann ist die Drei plötzlich gelb und die Neun blau. Und der zitrusfruchtig-pfeffrige Riesling klingt plötzlich nach ZZ Top.

Roger Scruton, der bekannte englische Weinphilosoph, führt in seinen Betrachtungen sehr schön aus, dass große Weine uns eine zweifache Berauschung ermöglichen: durch das berauschende aromatisch-ästhetische Erlebnis einerseits und durch die berauschende Wirkung des Alkohols andererseits. Laut Scruton ist dieser berauschende Trank, der von uns aufgenommen wird und uns von innen erwärmt, das Symbol einer inneren Transformation, durch die wir uns mit etwas Neuem, anderem verbinden. Hier liegt auch der Grund für die heilige Symbolik des Weines: Ein Gott oder Dämon tritt in die Seele des Trinkenden ein – nicht nur im Dionysos-Kult. Während des Trinkens wird das Bewusstsein verändert, und diese Veränderung kann sehr eng mit dem Geschmackserlebnis verbunden sein, sofern das veränderte Bewusstsein des Trinkenden sich auch wirklich auf den Geschmack richtet und konzentriert. Dieser Vorgang ist in der Tat sehr ähnlich der ästhetischen Erfahrung, also dem Erlebnis von Kunstwerken. Ich kann Beethovens Musik nicht bewusst hören, ohne dass meine gesamte Psyche davon erfasst würde, und die Musik selbst ist der Klang dieser Transformation, die ich beim Hören erfahre. Die Griechen, das ist bedenkenswert, haben nicht nur geglaubt, dass Dionysos der Schöpfer des Weines sei, nein, sie haben geglaubt, dass er selbst im Wein sei! Oder, um es mit Theodor Heuss zu sagen: „Wer Wein säuft, sündigt. Wer Wein trinkt, betet."

Lauschen wir dem Philosophen Roger Scruton noch einmal im (übersetzten) Original: „Wein ist nicht nur ein bestimmtes Quantum an Alkohol oder eine Art Mischgetränk, er ist eine Verwandlung der Traube. Die Verwandlung der Seele unter seinem Einfluss ist quasi die Fortsetzung einer Verwandlung, die möglicherweise schon fünfzig Jahre früher einsetzte, als zum ersten Mal eine Traube von dem entsprechenden Rebstock gepflückt wurde. (Das ist einer der Gründe für die griechische Beschreibung der Fermentation als Werk eines Gottes. Dionysos fährt in die Traube und verwandelt sie, und dieser Prozess der Verwandlung oder Transformation setzt sich in uns fort, wenn wir ihn trinken.)" (16)

Wein also kann ein Kunstwerk sein, das uns transformiert, wobei die Transformation selbst ein Teil des dionysischen Wesens dieses Kunstwerkes ist. Das große Plus der Weinkunst, so viel ist klar, ist ihre rauschhafte, dionysische Dimension, die die synästhetisch-dionysische Kunst unter den Künsten dieser Welt so besonders macht. Richard Wagners Gesamtkunstwerk will Auge, Wort und Ohr gleichzeitig ansprechen und versucht dabei gleichzeitig, über die Musik im Untergrund, im Orchestergraben, das dionysische Element beizusteuern. Hier endlich treffen sich Wagner und Wein.

Die Weinkunst also ist synästhetisch, rauschhaft-dionysisch, inkorporierbar und – vergänglich. Das ist das generelle Problem aller kulinarischen Künste im Gegensatz zu Musik und bildender Kunst. Und einige Philosophen haben diesen Aspekt ins Feld geführt, um dem Wein seinen Rang als Kunstwerk abzusprechen. Zumindest ist der Wein hinsichtlich seiner Vergänglichkeit vielen anderen kulinarischen Genüssen überlegen, indem er durch die Jahrzehnte, manchmal Jahrhunderte ein Stück mit uns mitgehen kann – allerdings nicht, ohne der Zeit unterworfen zu sein.

Ist Weinkunst deshalb nihilistische Kunst? Wein ist in zweierlei Weise vergänglich, einerseits weil wir ihn nur durch Zerstörung erfahren können und zweitens, weil er ziemlich schnell seinen Charakter ändert und unter dem letztlich auch zerstörerischen Einfluss der Zeit steht. Wein reift, altert und stirbt. Trotz seines im Kern nihilistischen Wesens vermag der Wein positiv wie negativ zu wirken und ein Spektrum dionysischer Zustände von positiver, lebensbejahender Durchströmung, gesellschaftlichem Kit bis zum völligen Absturz auszulösen. Das ist das unergründliche und manchmal gewaltige bis gewalttätige Wesen des Weingottes!

Vielleicht sind Parfüm und Single Malt Whisky noch bessere Beispiele für Duftkunstwerke / Geschmackskunstwerke als der Wein. Denn beide sind quasi künstlich geschaffen, von ihrem Hersteller erdacht und zusammengesetzt sowie reproduzierbar gemacht. Der Wein hingegen verdankt sich einer gemischten Autorschaft aus Mensch und Natur und löst Naturweinträume aus.

Synästhetisch-dionysische Weinkunst. Drei Aspekte stecken in diesem Ausdruck. Erstens, Wein ist Kunst. Geruchs- und Geschmackskunst, kulinarische Kunst. Zweitens, als Kunst ist Weinkunst ästhetisch, in besonderem Maße synästhetisch, da Weinkunst uns zugleich riechen, schmecken, fühlen, hören und sehen lässt. Drittens, Weinkunst ist dionysisch, weil wir uns beim Weintrinken nicht nur am Geruch, sondern auch am Alkohol berauschen und so mit dem Weingott in dessen wilde, tiefgründige und unbewusste Sphäre transportiert. Roger Scruton setzt hier noch einen oben drauf, indem er beschreibt, in welch abgehobenen Zustand der Selbstreflexion der Wein uns versetzen kann, wenn wir darauf eingestimmt sind. Aber Scruton irrt leider, wenn er die fundamentale Unterscheidung zwischen den physikalischen Sinnen und dem chemischen Sinn postuliert und damit letztendlich dem Wein den Kunstcharakter abspricht. Das mag das Forschungsergebnis schlecht riechender Philosophen der letzten Jahrhunderte sein, die in dem Geruchssinn etwas Niedriges sahen, wahr wird es dadurch noch lange nicht.

Eine weitere philosophische Lehre, die der Wein für uns bereithält, ist erkenntnistheoretischer Natur. Es ist dies die grundlegende, erkenntnistheoretische Erfahrung, dass wir die Welt ausschließlich durch unsere eigene, subjektiv gefärbte Brille erkennen und erfahren können. Die skeptische Haltung des erkenntnistheoretisch gebildeten Weinverkosters will also sagen, dass wir, wenn wir Wein bewerten oder beschreiben, eigentlich nicht den Wein selbst bewerten oder beschreiben, sondern dessen bewusste Repräsentation im Gehirn.

Beim Wein bedeutet diese Erkenntnis, dass es letztlich keine Rolle spielt, wie viel messbare Säure oder Restzucker der Wein, ausgedrückt in Gramm pro Liter, hat. Es kommt nur darauf an, wie unser menschlicher Sinnesapparat diese Stoffe im Kontext von Wein und Umgebung wahrnimmt. Egal auch, welche Aromastoffe wirklich im Wein stecken, relevant ist nur, was Sie und ich riechen. Eine absolute Wahrheit kann es hier jedenfalls nicht geben. Der Philosoph Barry C. Smith bringt das exzellent auf den Punkt, wenn er sagt, dass der Wein gewissermaßen Dispositionen für individuell unterschiedliche, subjektive Weinempfindungen und Weinerlebnisse des jeweiligen Trinkers enthalte. In diesem Sinne kann der Weinkritiker oder Weinbeschreiber nichts anderes tun, als sein ureigenstes Trinkerlebnis zu beschreiben, um so andere weinbegeisterte Menschen dahin zu leiten, dahin zu begleiten, ihr eigenes Trinkvergnügen, ihre eigenen Trinkerfahrungen zu bereichern, zu erweitern. Mehr kann eine Weinbeschreibung schlechterdings nicht leisten.

Eine vollständige Weinbeschreibung, die das zutiefst subjektive Weinerlebnis auf den Punkt zu bringen versucht, sollte meines Erachtens dem folgenden Schema folgen: Zunächst rieche ich ein Aroma, das aus verschiedenen Komponenten besteht, die mich an Früchte, Gewürze und Ähnliches erinnern. Dieses Aroma löst dann Gefühle und weitergehende Assoziationen aus, die schließlich die anderen Sinne aktivieren, mich Musik hören und Farben sehen lassen. Das ist dann die synästhetische Erfahrung des Weines. Schließlich beginnt der Alkohol, seine Wirkung zu entfalten und verstärkt das relaxte, synästhetische Erlebnis. Zum Abschluss erfolgt das ästhetische, in Metaphern gegossene Gesamturteil, das den Wein gleichsam auf den Punkt bringt. Wie bei der Musik sind es letztlich nicht die Töne oder Frequenzen, sondern deren Bedeutung, die das Kunstwerk ausmachen.

Ist Wein nun Kunst oder nicht? Die Philosophen sind sich zutiefst uneinig bei der Beantwortung dieser Frage. Der minimale Konsens scheint zu sein, dass Wein ein ästhetisches Objekt sei. Nun ja, man könnte viele Gegenstände unserer Welt zum ästhetischen Objekt machen, aber nicht alle wären so fruchtbar wie der Wein und belohnten uns mit so reichen ästhetischen und synästhetischen, ja dionysischen Erlebnissen. Letztlich ist es die globale Weincommunity, die den Wein als ästhetisches Objekt feiert und ihm seine Bedeutung als ästhetisches Objekt, vielleicht sogar als Kunstwerk gibt, indem sie sich in Büchern, Webseiten, Blogs, Twitter-Verkostungen, Weinmessen, Weinseminaren etc. seiner annimmt. Ohne die Weincommunity gäbe es keine ästhetische Praxis und keine eigentliche Existenz des

Weines als ästhetisches Objekt. Da hat doch die häufig bemängelte Flut aktueller Weinpublikationen auch ihre positive Seite!

Doch nun zu einem wahrhaft ästhetischen, richtig musikalischen Weingart-Wein, nämlich seiner Riesling Auslese 2010 aus dem Feuerlay. Der präsentiert eine expressive, blitzsaubere Frucht, die mich an Aprikosen, Maracujas und Cassis erinnert. Dazu gesellen sich Rosenblüten, Rosinen, Sandstein und süße Gewürze. Am Gaumen ist der Riesling intensiv, schmelzig und vibrierend aprikosenfruchtig, unterstützt von einem faszinierenden Säure-Süße-Spiel, das nicht ermüdet. Der intensive, sehr lange Nachhall wird von üppig fruchtigen, feinsalzigen und feinwürzigen Aromen geprägt. Das ist eine expressive, komplexe, sehr intensiv aromatische Feuerlay-Auslese mit blitzsauberer, aprikosenfruchtiger Nase, vibrierendem Säure-Süße-Spiel und feinmineralischem Abschluss.

Wenn ich diesen Wein trinke, höre ich schon fast die Intensität von Wagners Tristan-Vorspiel mit seinen glimmenden, sich um einen Punkt drehenden ewig reizenden Harmonien. Expressive, dichte Frucht, Süße und anregende Säure umspielen einander genauso wie das unendliche Auf- und Abschwellen der Tristanakkorde, die ewig reizen und doch niemals zur Erlösung kommen. Weinkunst und Naturwein reichen hier einander eindrucksvoll die Hände.

Florian Weingart, immer für eine Überraschung gut, ließ kürzlich wieder einmal aufhorchen, denn er will „seine Weinberge auf eine überschaubare, am menschlichen Arbeitsmaß der Familie ausgerichtete Größe begrenzen. Zeit für mehr frische Luft und eine deutliche Kurskorrektur, weniger quantitatives Wachstum, sondern Authentizität und qualitatives Wachstum."
Praktisch heißt das, dass Florian Weingart sein Weingut jüngst verkleinert hat, indem er zum Beispiel seine Rebfläche im Oberdiebacher Fürstenberg abgab. In Zukunft wird er weiterhin

die Trauben aus dem Fürstenberg zukaufen – konzentrieren wird er sich aber auf seine drei Lagen Feuerlay, Ohlenberg und Engelstein. Hier wird er, wie er mir erzählt, „Prädikatsweine aus eigenem Anbau" erzeugen, die Trauben für seine Qualitätsweine wird er zukaufen. Prädikatsweine, Naturweine, das also wird die Zukunft des Weinguts Weingart sein. So geht Florian Weingart mit großer Konsequenz seinen ureigensten Weg, plant weiterhin nicht, an der Preisschraube zu drehen, weil er „so viele nette Kunden hat, die er nicht verlieren will" und weil „der Porsche vor dem Weingut als Symbol des Erfolgs" für ihn nicht sein muss.

Die Verkleinerung seines Weingutes betreibt Florian Weingart auch aus dem Grund, den Spaß an seinem Job nicht zu verlieren. Würde er sein Weingut weiter vergrößern und somit den typischen, ökonomischen Gesetzen unserer Zeit folgen, so würde er mehr und mehr der eigentlichen Winzerarbeit, sei es im Weinberg oder im Keller, delegieren müssen. Und übrig bliebe am Ende für ihn nur mehr der typische Managerjob – und das war und ist nicht sein angestrebtes Berufsbild. Heute hat er einen festen Mitarbeiter, der ihn bei der Weinbergsarbeit unterstützt, sowie einen Azubi. Er selbst schafft es, jede Woche zwei bis drei Tage draußen im Weinberg zu verbringen, und das soll sich auch nicht ändern, wenn es nach ihm geht. Ein Wort von Schiller kommt mir in den Sinn: „Der Nutzen ist das große Idol der Zeit, dem alle Kräfte fronen und alle Talente huldigen sollen. Auf dieser groben Waage hat das geistige Verdienst der Kunst kein Gewicht, und, aller Aufmunterung beraubt, verschwindet sie von dem lärmenden Markt des Jahrhunderts." (1) Und noch ein Schiller-Zitat, das mir sehr modern vorkommt: „Der Genuß wurde von der Arbeit, das Mittel vom Zweck, die Anstrengung von der Belohnung geschieden. Ewig nur an ein einzelnes kleines Bruchstück des Ganzen gefesselt, bildet sich der Mensch selbst nur als Bruchstück aus, ewig nur das ein-

tönige Geräusch des Rades, das er umtreibt, im Ohre, entwickelt er nie die Harmonie seines Wesens, und anstatt die Menschheit in seiner Natur auszuprägen, wird er bloß zu einem Abdruck seines Geschäfts." (1) ...Und ein solcher Abdruck seines Geschäfts möchte Florian Weingart auf keinen Fall werden.
Um sein Weingut weiterzuentwickeln, hat Weingart in den letzten Jahren recht umfangreiche Neuanpflanzungen im Engelstein durchgeführt, und zwar sowohl in der Gemarkung Boppard als auch in seiner Heimatgemarkung Spay. So haben seine Rebstöcke heute ein recht junges Durchschnittsalter von gerade einmal sechzehn Jahren, und außerdem ist Florian Weingart heute der einzige Winzer, der Weine aus Spay anbieten kann. Ein solches Novum aus Spay ist seine Spay Spätburgunder (Rotwein) Spätlese trocken aus 2009, laut Florian Weingart eine „Allerfeinste Alliteration".
Der Wein zeigt ein dichtes Rubinrot. Seiner Nase entströmen Düfte von Veilchen, Brombeeren, Holz, Rauch und strengen Gewürzen, die mich an Liebstöckel erinnern. Im Mund ist er intensiv, dicht, cremig, süß und rauchig-brombeerfruchtig, unterstützt von feinherbem, kräftigem Gerbstoff. Sein intensiver, langer Nachhall wird von strengwürzigen, am Ende pfeffrigen Aromen geprägt. Der fruchtige, süße Brombeerkern wird von floralen, rauchigen, holzigen und würzigen Aromen umhüllt. Ein Wein ganz wie sinfonische Rockmusik, bei der weiche, schmeichelnde Streicher-Melodien einen rauen, rockigen Kern umschließen. Das 16-monatige Barrique-Lager hat dem Spayer Spätburgunder einen reifen Charakter und einen feinen, holzigen Touch gegeben. Eine wirklich reife Leistung für einen Riesling-Winzer aus Spay!
Mit seinen 14 Volumenprozent Alkohol ist der Spayer Spätburgunder kein Leichtgewicht, sondern lässt alkoholische Muskeln in seinem rockigen Kern spielen. Dies bringt mich nun zu einem der heimlichen Protagonisten dieses Buches, über den wir

noch gar nicht explizit gesprochen, ihn nur in dionysischen Metaphern gestreift haben: den Alkohol, Ethanol, $C_2H_5OH$, ein kleines Molekül, das wir, wenn wir Wein trinken, unweigerlich zu uns nehmen. Ethanol ist eine sehr unspezifische Droge, die wir im Vergleich etwa zu typischen Medikamenten in recht großen Mengen zu uns nehmen. Und dies tun wir durchaus auch bei moderatem Konsum. Einmal im Blut angekommen, entfaltet diese unspezifische Droge eine Reihe von unterschiedlichen Wirkungen. Ungeachtet individueller Unterschiede sind das die folgenden biochemischen Wirkungen im Gehirn: Zunächst werden die Glutamat-Rezeptoren blockiert. Damit wird gleichsam ein Bremsmechanismus im Gehirn ausgelöst, indem der Neurotransmitter Glutamat seine erregende Wirkung nicht mehr entfalten kann. Wir werden sediert, enthemmt und ein wenig verlangsamt. Aber zusätzlich sensibilisiert der Alkohol die sogenannten GABA-Rezeptoren. Wenn Glutamat ein Gaspedal für das Gehirn ist, das von Ethanol gebremst wird, dann ist GABA (Gamma-Aminobuttersäure) eines der Bremspedale, das durch Alkohol in seiner Wirkung verstärkt wird. Insofern wirkt Alkohol so ein bisschen wie flüssiges Valium, wirkt beruhigend und angstreduzierend.

Nun sind Sedierung und Angstreduktion zum Glück nicht die einzigen Wirkungen, die vom Alkohol ausgehen, und hierin liegt vermutlich der Reiz dieses gesellschaftlich weithin akzeptierten Kicks. Alkohol wirkt nämlich auch auf das Belohnungszentrum des Gehirns, indem es sowohl die Endorphin-Ausschüttung als auch die Serotonin-Ausschüttung erhöht. Also künstliche Glücksgefühle als Begleitmusik der sedierenden Wirkung. Gerade zu Beginn des Alkoholtrinkens, in den ersten 20 Minuten, ist die Wirkung des Alkohols auf das mesolimbische System, auf das Belohnungssystem des Gehirns, am stärksten ausgeprägt. Alkohol erhöht dann den Dopaminspiegel, ähnlich wie auch Kokain und Amphetamin es tun, Anregung und Tatkraft werden verstärkt. Aber im Gegensatz zu den harten Drogen wirkt Ethanol längst nicht so stark und zielgenau. Wenn Kokain wie ein chirurgisches Messer in die neuronalen Hirnstrukturen eingreift, dann tut Alkohol dies eher wie ein stumpfes Mehrzweckmesser. Alkohol setzt in dieser ersten Periode des Trinkens auch Endorphine frei, also jene Moleküle, wegen derer manch einer sich beim Marathon zu Tode hetzt. Aber auch hier wieder die Bemerkung, dass Opiate zum Beispiel deshalb so stark wirken, weil sie direkt die körpereigenen Endorphine substituieren und damit deren Spiegel auf ungeahnte, rein körperlich vielleicht sogar unmögliche Spiegel treiben können. Alkohol hingegen kann die Endorphin-Ausschüttung nur stimulieren, wirkt aber nicht selbst wie ein gut getarntes Endorphin. So viel an dieser Stelle zum alkoholischen Glücksgefühl in der ersten halben Stunde des Konsums. Trinken wir weiter und verdrängen vielleicht allzu rationale Gedanken an das Wesen des moderaten Konsums, dann kommt es zur Sedierung, Enthemmung und immer weiter degenerierenden Koordinationsfähigkeit. Zustände, die ich hier nicht weiter in bunten Farben malen muss.

Trinke ich Weingarts Rieslinge aus dem Jahrgang 2010, dann begeistert mich deren frische Art, die reif-zitrusfruchtige Aromatik, der Säurebiss und dann noch die Restsüße dazu. Das ist eine Frischzellenkur par excellence! Und oben drauf der anregende Aspekt des moderaten Alkohols genau in der oben beschriebenen Phase, in der die belohnende Wirkung auf den Nucleus accumbens erzielt wird. Man kann die großartige Gesamtwirkung dieser Weingart'schen Riesling-Weinkunst nicht begreifen, wenn man den Wein nur in den Mund nimmt und schnell wieder ausspuckt. Man muss trinken, muss sich dem Erlebnis in seiner Gänze stellen und muss begreifen, dass der Alkohol und dessen dionysische Wirkung untrennbarer Teil

dieses Naturweinwerkes sind. So wie in der 2010er Riesling Spätlese trocken aus dem Bopparder Hamm.
Hier rieche ich knackfrische Äpfel, Zitrusmarmelade, Honig, eine salzige Mineralität und strenge Gewürze. Die Gaumenaromatik ist erfrischend sowie reiffruchtig-würzig und wird von einem kräftigen Säurenerv und der gekonnt abgestimmten Restsüße perfekt unterstützt. Der sehr intensive, lange Nachhall wird von salzig-mineralischen und ausgeprägt strengwürzig-pfeffrigen Aromen geprägt. Queen, die britische Spitzenband, spielt in Bestform auf, und Freddy Mercurys Jungs wecken alle Lebensgeister mit ihrem melodiösen, powervollen Rock. Reife Frucht und die strenge Würze des Bopparder Hamm auf einem Vibrato aus Säure und Süße. Das ist ein Riesling-Archetyp vom Mittelrhein – der trockene oder halbtrockene, reife Riesling mit perfekter Balance. Erfrischend, anregend, lecker. Die ganze Typizität des Bopparder Hamm im Glas eingefangen. Manchmal sind die Hamm-Rieslinge zu barock, zu dick und zu überreif, manchmal sind sie zu strengwürzig und zu alkoholisch. Hier hat Florian Weingart die goldene Mitte getroffen!
Im Terroir-Ausdruck, so behauptet manch ein Kenner, findet man die Seele des Weines. Und um das Terroir auszuprägen, muss der Winzer sein Ego zurückstellen, was in unserer ichbezogenen Zeit problematisch sein kann. Seit den 1960er Jahren steht genug Technik zur Verfügung, um den Wein zu machen, anstatt ihn werden zu lassen. Natürlich gibt es immer die Signatur, die Handschrift des Winzers, doch die darf das Terroir nicht überdecken. Wahrscheinlich sind es nur sich selbst zurücknehmende Charaktere wie Florian Weingart, die dafür prädestiniert sind, das Terroir durch ihre Weine durchscheinen zu lassen.
Wir sitzen, immer noch vertieft in unser Weingespräch, in der Weingart'schen Probierstube. Der Laden brummt heute aber so

richtig, Mittelrhein-Touristen und Weinfreunde allerlei Provenienz strömen herein und hinaus. Die Wände der Probierstube sind geradezu gepflastert mit Weinbergsbodenkarten, und im Regal stapelt sich die Weinliteratur. Florian Weingart, der Spitzenwinzer am Bopparder Hamm, hat sich in den letzten Jahren so intensiv wie kein anderer Mittelrhein-Winzer mit den Bodenverhältnissen seiner Weinberge, vor allem im Bopparder Hamm, befasst.

Der Bopparder Hamm ist ein 75 Hektar großer Prallhang und damit die größte zusammenhängende Fläche hochklassiger Lagen am Mittelrhein. Unter den sieben Unterbezeichnungen des Hamm sind die Lagen Mandelstein, Feuerlay, Ohlenberg und Engelstein besonders bevorzugt, da sie eine eindeutige Ausrichtung nach Süden besitzen, geschützt auf einer optimalen Höhe über dem Meeresspiegel liegen und zudem von der Nähe zum Rhein profitieren. Am Bopparder Hamm sind alle Voraussetzungen gegeben, um hervorragende Mittelrheinweine erzeugen zu können. Das schiefrige Verwitterungsgestein des Bopparder Hamm ähnelt dem des Moseltales und ist tiefgründiger als auf anderen linksrheinischen Lagen des Mittelrheins. Und die Bodenverhältnisse im Bopparder Hamm – ja, die sind geradezu höllisch komplex und ändern sich auf kleinstem Raum. Besonders im Feuerlay, der zentralen Lage des Hamm.

Geologisch gesehen zeichnet sich der Feuerlay durch eine Vielfalt sich abwechselnder Schichtungen aus. Quer zum Hang die Lage durchschneidend, wechseln sich von West nach Ost die sogenannten Hohenrhein-Schichten, Laubach-Schichten, Singhofen-Schichten und sehr junge sogenannte Bergsturzmassen ab. Im Feuerlay findet zudem der Wechsel von den Oberems- zu den Unterems-Schichten im Bopparder Hamm statt, man bezeichnet diese geologische Formation als „Bopparder Verwerfung". Kennzeichnend für die Hohenrhein-

und die Laubach-Schichten sind höhere Quarzit- und Kalkanteile, wobei der Kalkanteil von den Hohenrhein- zu den Laubachschichten zunimmt. Diesem Kalkanteil sagt man nach, dass er zur Fülle und Feinheit der Weine, zu einer besonders reifen und dichten Aromatik beitrage. Die Bodenverhältnisse im Feuerlay sind naturgemäß ebenso komplex wie die oben beschriebene Geologie. In den Hohenrhein-Schichten dominiert der gleiche Bodentyp wie im westlich angrenzenden Mandelstein. Im Bereich der Laubach-Schichten finden sich Lössablagerungen, die einen Schuttlössboden ergeben. Dieser Boden ist sehr tiefgründig, kalkhaltig, feinerdereich und besitzt eine sehr hohe Wasserspeicherfähigkeit – es handelt sich um den typischen Feuerlay-Boden, der diesen ca. zur Hälfte seiner Fläche prägt. Im Bereich der Singhofen-Schichten dominiert im unteren Hangbereich der Mandelstein-Boden. Im oberen Teil findet sich vor allem Schuttlehm über in 75 cm Tiefe anstehendem, devonischem Quarzit, ein eher neutraler bis etwas saurer Bodentyp. Im Bereich der neuzeitlichen Bergsturzmassen schließlich findet sich ein buntes Gemisch verschiedenster Bodenarten, wobei im oberen Bereich saurere und weiter unten alkalische Böden dominieren. Im Bereich der Bergsturzmassen sind Terrassensedimente aus Kies-Lehm aus den oberen Bereichen des Hamm nach unten transportiert worden (gestürzt).

Der Feuerlay bringt kraftvolle, füllige Weine hervor, die neben komplexen Fruchtspektren über ausgeprägte Aromen strenger Gewürze verfügen. Reife, Würze und Komplexität – das ist die typische Feuerlay-Thematik. Und die findet man exemplarisch in Weingarts restsüßer 2010er Spätlese aus diesem Weinberg. Ich rieche Zitronenmarmelade, Sandstein, Salz und strenge Gewürze, zum Beispiel Anis. Dann folgt eine intensive, schmelzige, zitrusmarmeladig-strengwürzige Gaumenaromatik. Die opulente Süße wird von einem feinen Säurerückgrat kontrastiert. Der intensive, lange Nachhall wird von süßfruchtigen, feinsalzigen und ausgeprägt strengwürzigen Aromen bestimmt. Das ist eine dichte, cremige und spannungsgeladene, mineralische Spätlese mit reifer Zitrus-Gewürz-Nase, intensiver, schmelziger Gaumenaromatik und einem feinsalzig-strengwürzigen Finish. Eine opulente Süße trifft hier auf die würzig-mineralische Spannung. Musikalisch gesprochen hat diese Spätlese so viel pfeffrige Spannung, dass sie ein bisschen mehr an Joss Stone als an Katie Melua erinnert. Jedenfalls begegnet uns hier die würzige Feuerlay-Typizität in einem opulent süßen Gewand. Dieser Wein passt sehr gut zu der These von Florian Weingart, dass der Jahrgang 2010 nicht nur prädestiniert für Süßweine sei, sondern dass in diesem Jahrgang gerade in den Süßweinen die Terroir-Typizität der Rieslinge sehr gut zum Vorschein käme. Oftmals denkt man ja, dass es eher die trockenen Weine seien, in denen die Lagentypizität glasklar und unverschleiert zum Vorschein käme. Aber die Süße, die dienende zumal, muss den Charakter nicht notwendigerweise verschleiern.

Westlich an den Feuerlay schließt sich Weingarts zweite Hamm-Lage an: der Ohlenberg. Dessen Boden entstand aus Singhofen-Schichten, einer Wechsellagerung von Tonschiefer und quarzitischem Sandstein. Die resultierenden Bodenverhältnisse sind ähnlich komplex wie im Feuerlay. Vorwiegend in der Hangmitte findet sich der dominierende Bodentyp, nämlich carbonathaltiger Schuttlehm über in 75 cm Tiefe anstehendem Quarzitgestein. Daneben finden sich im westlichen Bereich des Weinbergs Anteile des Mandelstein-Bodens. Im östlichen Teil findet man den Feuerlay-typischen Schuttlössboden. Diese kurze Bodenanalyse zeigt deutlich die Ähnlichkeit zwischen Feuerlay und Ohlenberg. Die Ohlenberg-Rieslinge zeigen ausgeprägte Fruchtnoten, die von grünen Früchten bis hin zu sehr opulenten Aromen tropischer Früchte reichen können. Die

Würze der Ohlenberg-Rieslinge ist nicht so ausgeprägt wie die der Kreszenzen vom Engelstein, dem östlich folgenden Hamm-Abschnitt.

Weingarts 2010er trockene Spätlese aus dem Ohlenberg bietet vielleicht genau das, was man landläufig von einem charaktervollen Terroirwein erwartet. Er riecht nach reifen Pampelmusen, Pfirsichen, Bananen, Sahne, Schiefer, Röstnoten und strengen Gewürzen. Seine intensive, saftige, zitrusfruchtig-mineralische und schmelzige Gaumenaromatik wird von dem kräftigen Säurerückgrat ausdrucksvoll untermauert. Der intensive, lange Nachhall wird von salzigen, schiefermineralischen und ausgeprägt strengwürzig-pfeffrigen Aromen dominiert. Das ist wieder so ein gradliniger Riesling-Rocker, dem ganz viel Ohlenberg-Terroir in den Adern kreist. Wieder einmal höre ich ZZ-Top kraftvoll gerade heraus rocken. Aber auch die Variante mit etwas mehr Schmelz von Gary Moore, der gerade Songs wie „Moving on" oder „Texas Strut" spielt, kommt mir in den Sinn. Songs, in denen sich seine Musik und die von ZZ Top geradezu perfekt vereinen. Das ist ein frisch, kraftvoll, geradeaus, trocken, aber mit viel Schmelz vorgetragener Riesling-Rock aus dem Ohlenberg.

Eine andere Facette des Ohlenbergs lernen wir in der restsüßen Riesling Spätlese des gleichen Jahrgangs kennen. Nun rieche ich eine weitaus reifere Nase, die aus tropischen Früchten wie Maracuja und Honigmelone, überreifen Bananen, Rosinen, Sandstein und Zimt besteht. Im Mund ist er intensiv, schmelzig und tropischfruchtig. Seine opulente Süße spielt mit der pikanten Säure. Der intensive, lange Nachhall wird von süßfruchtigen, feinmineralischen und feinwürzigen Aromen geprägt. Ich erinnere mich an Katie Meluas schmeichelnde, weiche Stimme, die „Nine million bicycles in Beijing" singt. Darunter prickeln eine lebendige Säure und feine, mineralische Aromen. Das ist ein opulenter, überreifer, aber keineswegs schwülstiger

Ohlenberg-Riesling, leicht, aber nicht leichtgewichtig. Auch die softe Seite von Gary Moore würde zu diesem Riesling sehr gut passen, dann nämlich wenn er „Still got the blues for you" schmettert. Und so werden die musikalischen Verbindungslinien zwischen den verschiedenen Ohlenberg-Facetten deutlicher.

Der Engelstein schließlich bildet den östlichen Abschluss des Bopparder Hamm und leitet bereits über in die Spayer Gemarkung. Der Boden des Engelstein entstand einst wie der Ohlenberg-Boden aus Singhofen-Schichten. In den Jahren 2002 bis 2007 nahm Florian Weingart hier umfangreiche Neuanpflanzungen verschiedener Riesling-Klone vor. Außerdem begann er, Riesling und Spätburgunder im angrenzenden Spayer Engelstein anzupflanzen. Und auf eigene Rechnung fing er damit an, die Bodenverhältnisse im Spayer Engelstein kartieren zu lassen. Stolz kann er heute das Ergebnis präsentieren. In Gestalt einer Karte, die „detailliert die wechselnden Bodenverhältnisse zwischen Löss verschiedener Entkalkungsgrade und reinem Schiefer" nachzeichnet und „so die besonderen Potentiale dieser Lage sichtbar" macht. Und zudem die kartenbehängten Wände seiner Probierstube ziert.

Der Engelstein bringt sehr markante, von intensiv würzigen Aromen geprägte Weine hervor. Und, typisch 2010, soll es nun abermals ein Süßwein sein, der uns die Engelstein-Aromatik näherbringt. Nämlich Weingarts Spätlese mit Stern. Ich rieche reife Zitrusfrüchte, Honig, Sahne, Schiefer und strenge Gewürze. Im Mund folgt eine intensive, schmelzige, viskose und reif-zitrusfruchtig-mineralische Aromatik. Das solide Säurerückgrat wird von der sehr gut abgestimmten Restsüße kontrastiert. Der intensive, lange Nachhall wird von fruchtigen, feinsalzigen und feinen, strengwürzigen Aromen geprägt. Hier erleben wir die typische Engelstein-Würze in einem süßen, anregenden Gewand und erinnern uns an die süßen Pendants aus

Feuerlay und Ohlenberg. Nun ist es Patricia Kaas, die einen ihrer anregenden, mit viel Charme und Raffinesse vorgetragenen, süßlich-pfeffrigen Chansons mit Tiefgang singt. „Mademoiselle chante le blues"!
Jetzt gehen wir gemeinsam mit Florian Weingart noch einen Schritt weiter auf der Süßweinwanderung durch die Lagen des Bopparder Hamm. Und zwar mit der 2010er Riesling Trockenbeerenauslese aus dem Engelstein. Die Trauben für diese Kreszenz hat Florian Weingart mit sagenhaften 192 Grad Öchsle geerntet. Dem Ergebnis bescheinigt er eine „eisweinartige Brillanz und Strahlkraft" und befürchtet, dass er so etwas vielleicht nie wieder erleben werde. In das Glas strömt eine dickflüssige Essenz von hell-goldgelber Farbe. Jetzt steigt eine Vielfalt von Aromen aus dem Glas, die an Feigen, reife Orangen, Karamell, Honig, Rosinen und strenge Gewürze erinnern. Im Mund ist dieser konzentrierte Weinsirup intensiv, hochviskos und üppig-überreif. Seine sehr opulente Süße boxt mit einem kräftigen, lebendigen Säurenerv. Der sehr intensive, endlos lange Nachhall wird von üppig-reiffruchtigen, leicht salzigen und feinen strengwürzigen Aromen geprägt. Das ist ein üppig-überreifes Konzentrat, das die Reife des Spätherbstes verkörpert und mich bereits jetzt auf lange Winterabende einstimmt. Die Venusberg-Szene kurz vor Tannhäusers Auszug kommt mir mit all ihrer schwülstigen Überreife wieder in den Sinn. Weinperfektion, bei der man sich in der Tat fragen kann, wie hier noch eine Steigerung möglich sein soll. Friedrich Nietzsche hat die Augenblicke des höchsten Gelingens in einem Menschen einmal als „Verzückungsspitze der Welt" bezeichnet. Dieser Wein schafft es, mich mindestens in die Nähe einer solchen Verzückungsspitze zu bringen.
Florian Weingart ist kein Typus, der Stillstand verkörpert. Wie bereits erwähnt, arbeitet er auf eine Verkleinerung seines Weingutes hin. Doch diese Verkleinerung erfolgt parallel zu einer

mutig nach vorne gerichteten Entscheidung: dem kompletten Neubau seines Weingutes inklusive Wohnhaus im Spayer Engelstein. Dieses Weingut soll zukünftig inmitten der Spayer Rebstöcke stehen und von dort aus auf den Rhein herunterblicken. Doch die eigentliche Innovation liegt in der Kellertechnik, die sich Florian Weingart für sein neues Gut überlegt hat: Er nennt das „One Level Gravity Flow" und meint damit, dass der Keller sich zwar auf einer Ebene befinden wird, Most und Wein aber ausschließlich mittels Schwerkraft und damit so schonend wie irgend möglich von A nach B bewegt werden. Diese schonende Verarbeitung soll letztlich dazu dienen, die Aromakomponenten des Weingart'schen Naturweins so unverfälscht wie irgend möglich von der reifen Rieslingbeere in die Flasche zu bringen. Naturweinträume nächster Teil. Ich bitte den Winzer, mir den offensichtlichen logischen Widerspruch, der in der Verbindung zwischen „one level" und „gravity flow" steckt, zu erklären. Der gute alte Gabelstapler ist die einfache Antwort! Florian Weingart hat eigens eine neue Weinpresse entwickeln lassen, die er zukünftig mit dem Gabelstapler anheben kann, um den frisch gepressten Most allein mithilfe der Schwerkraft aus seiner Presse herauslaufen zu lassen. Der Pressvorgang selbst wird in Zukunft in drei Meter Höhe stattfinden. Einen Probelauf hat die neue Presse bereits erfolgreich bestanden, die Weichen für dieses Projekt sind also gestellt. Auch seine Stahltanks will Florian Weingart in Zukunft mit dem Stapler anheben, doch dies wird eine eher allmähliche Umstellung sein, da der Winzer schlecht auf einen Streich all seine teuren Edelstahltanks substituieren kann.

Eine weitere Idee, die Florian Weingart umtreibt, ist der Ausbau seiner Weine im altehrwürdigen Fuderfass. Er kann sich vorstellen, zumindest einen Teil seiner Weine zukünftig in den großen Holzfässern spontan zu vergären und auszubauen. Die Spontangärung wird unter diesen Bedingungen vermutlich leichter gelingen als bisher, der biologische Säureabbau würde dann zu einem generellen Charakteristikum der Weingart'schen Weine, die mit Sicherheit noch komplexer, dichter und runder würden als bislang. Die Naturweinreise geht weiter.

Wer sich mit Florian Weingarts Weinen befasst, sich trinkend diese dionysischen Weinkunstwerke erschließt, der bekommt keine alljährlich reproduzierten Weinmarken serviert, an denen er sich festhalten kann. Stattdessen wird er von dem Winzer auf eine abenteuerliche, anspruchsvolle Weinreise geschickt, deren Ziel nur insofern festgelegt ist, als die Suche nach Authentizität und stimmigem Ausdruck der Natur die Richtung vorgeben. Es ist ein bisschen wie bei einer hervorragenden Rockband, die durch großartige Alben bereits eine riesige Fangemeinde gewonnen hat und diese anschließend durch ihre stilistische Weiterentwicklung ab und zu verstört – um die Fans am Ende immer wieder zu versöhnen, wenn diese den neuen Stil verstanden und ebenfalls liebgewonnen haben. Und schließlich ist eine solche Weinreise, wie wir sie mit Florian Weingart erleben können, so ziemlich das Spannendste, was es im Weltweindorf zu erleben gibt.

Wir verabschieden uns von Florian Weingart und verlassen Spay, passieren den Bopparder Hamm auf der Bundesstraße. Ein Sommergewitter zieht donnernd durch das Mittelrheintal, um sich schließlich in einem prasselnden Regenguss zu entladen. Die Sonne bahnt sich wieder ihren Weg, ein Regenbogen leuchtet über dem Fluss auf, und ich meine, in der Ferne eine wunderschöne, erlösende Melodie zu hören. Ich stelle mir vor, dass der angeschwollene Rhein sich wieder in sein Bett zurückzieht und die Natur wieder zu der Ruhe kommt, aus der sie durch den anfänglichen Ruf nach dem Rheingold aufgeschreckt wurde.

# XIV. Adressen. Quellen. Dank.

*Adressen und Kontaktdaten der beschriebenen Weingüter*

Weingut Marco Hofmann
Blücherstraße 146
55422 Bacharach-Steeg
Tel: 069 – 98 97 43 47
Fax: 069 - 2609 3732
E-Mail: info@hofmannundsturm.de
www.hofmannundsturm.de

Stadtweingut Bad Hönningen GmbH
Hauptstraße 159-163a
53557 Bad Hönningen
Tel.: 02635-95000
Fax: 0 26 35 / 95 00-22
E-Mail: info@bad-hoenninger.de
www.bad-hoenninger.de

Weingut Pieper
Hauptstraße 458
53639 Königswinter
Tel.: 02223-22650
Fax: 02223/904152
E-Mail: info@weingut-pieper.de
www.weingut-pieper.de

Weingut Angelika & Jörg Belz
Grabenstraße 33
53572 Unkel-Bruchhausen
Tel.: 02224-76710
E-Mail: belzweinbau@web.de
www.belzweinbau.de

Weingut Villa Riesling
In der Grube 4
55413 Manubach
Tel.: 06743-947642
E-Mail: info@villa-riesling.de

Weingut Lanius-Knab
Mainzer Straße 38
55430 Oberwesel
Tel.: 06744-8104
Fax: 06744-1537
E-Mail: weingut@lanius-knab.de
www.lanius-knab.de

Weingut Heinrich Weiler
Mainzer Straße 2
55430 Oberwesel
Tel.: 06744-323
Fax: 06744-7278
E-Mail: weingut-weiler@gmx.de
www.weingut-weiler.com

Weingut Dr. Randolf Kauer
Mainzer Straße 21
55422 Bacharach
Tel.: 06743-2272
**Fax:** 06743-93661
E-Mail: weingut-dr.kauer@t-online.de
www.weingut-dr-kauer.de

Weingut Selt
Zehnthofstraße 22
56599 Leutesdorf
Tel.: 02631-75118
E-Mail: Weinmaster@WeingutSelt.de
www.weingutselt.de

Weingut Ratzenberger
Blücherstraße 167
55422 Bacharach
Tel.: 06743-1337
E-Mail: weingut-ratzenberger@t-online.de
www.weingut-ratzenberger.de

Weingut Friedrich Bastian
Erbhof "Zum grünen Baum"
Oberstraße 63
D-55422 Bacharach
Telefon: 06743-1208
Fax: 06743-2837
E-Mail: weingut-bastian-bacharach@t-online.de
www.weingut-bastian-bacharach.de

Weingut Weingart
Mainzer Straße 32
56322 Spay
Tel.: 02628-8735
Fax: 02628-2835
E-Mail: mail@weingut-weingart.de
www.weingut-weingart.de

*Verwendete Quellen*

1. Rüdiger Safranski, Romantik: Eine deutsche Affäre, Fischer Verlag, Frankfurt, 2009.
2. Andrew Dalby, Bacchus. Aus dem Leben eines Gottes, Parthas, Berlin, 2005.
3. Jochen Schmidt, Ute Schmidt-Berger (Hrsg.), Mythos Dionysos, Reclam, Stuttgart, 2008.
4. Marie Phillips, Götter ohne Manieren, C. Bertelsmann Verlag, München, 2008.
5. http://drinktank.blogg.de/
6. Isabelle Chuine et al., "Historical phenology: Grape ripening as a past climate indicator", *Nature* **432**, 2004, S. 289-290.
7. Klaus-Peter Hausberg, Rheinische Sagen und Geschichten, Verlag J.P. Bachem, Köln, 2005.
8. Stuart Pigott, Wein spricht deutsch: Weine, Winzer, Weinlandschaften, Scherz Verlag, Frankfurt, 2007.
9. Jens Burmeister, Weinromantik und Terroirkultur, Books on Demand, Norderstedt 2008.
10. Fine, Sonderbeilage der Frankfurter Allgemeinen Zeitung, 1/2010.
11. http://www.mittelrhein-weinfuehrer.de
12. http://www.peppix.de

13. Adalbert Fuchs, Helmut Wachowiak (Hrsg.), Zwischen Rhein und Wingert, Edition Wolkenburg, Rheinbreitbach, 2004.
14. Vinum, November 2009, „Wie viel Boden ist im Wein?".
15. Stefan Andres, Main Nahe zu Rhein-Ahrisches Saarpfalz Moselahnisches Weinpilgerbuch, Strüder KG, Neuwied, 1951.
16. Roger Scruton, Ich trinke also bin ich, Diederichs Verlag, München, 2010.
17. http://www.wikipedia.org
18. Weinland: Mittelrhein, Film von Paul Weber, SWR, 2009.
19. Bürgernetzwerk Pro Rheintal, Ruhe im Rheintal, IWECO Werbe GmbH, Boppard, 2009.
20. Fritz Allhoff (Hrsg.), Wine and Philosophy: A symposium on thinking and drinking, Blackwell Publishing, Malden, MA, 2007.
21. Sideways, Film von Alexander Payne, USA, 2004.
22. Reinhard Heymann-Löwenstein, Terroir, Kosmos, Stuttgart, 2009.
23. Carsten Henn, Henns Weinführer Mittelrhein, Herrmann-Josef Emons Verlag, Köln, 2005.
24. Joris-Karl Huysmans, Gegen den Strich, Deutscher Taschenbuch Verlag, München, 2007.
25. Chronik der Familie Hütwohl, herausgegeben von Jacob Hütwohl, gedruckt in Boppard, 1901.
26. Mario Scheuermann, Falstaff, Heft 01/2011, S. 28-32.
27. Loreley voraus! Mit einem Schlepperkapitän durchs „Gebirge", Film von Michael Schomers, Lighthouse Film, 2009.
28. Joachim Kronsbein, „Schneekugel aus Gestein", Der Spiegel 3, 2004, S. 134-135.
29. Michael Baales, „Eiszeitliches Pompeji am Mittelrhein", Archäologie in Deutschland 5, 2008, S. 6-11.
30. Hannah Arnold, Juliane Beckmann und Jörg Bong (Hrg.), Rhein - Eine Lese-Verführung, S. Fischer, Frankfurt, 2009.
31. Hugh Johnson, Stuart Pigott, Atlas der deutschen Weine, Hallwag Verlag, Bern & Stuttgart, 1995.

32. Barry C. Smith (Hrsg.), Questions of Taste, Oxford University Press, New York, 2007.
33. Stefan Andres, Die großen Weine Deutschlands, Ullstein, Berlin, 1962.
34. Joachim Krieger, Terrassenkultur an der Untermosel, Edition Krieger, Neuwied, 2003.
35. Stephen Braun, Der alltägliche Kick. Von Alkohol und Koffein, Birkhäuser Verlag, Basel, 1998.

*Danksagung*

Ich bedanke mich bei den vielen Winzerinnen und Winzern des Mittelrheins, die mich in den letzten Jahren bei meiner Arbeit in und mit dem Anbaugebiet unterstützt haben. Den Verbänden Mittelrhein-Wein e.V. und VDP danke ich ebenfalls für ihre Unterstützung. Ausdrücklich bedanke ich mich bei Marco Hofmann, Ingrid Steiner, Janina Schmitt, Felix Pieper, Angelika und Jörg Belz, Vivi Hasse, Lars Dalgaard, Jörg Lanius, Carl-Ferdinand und Stefan Fendel, Martina und Randolf Kauer, Horst-Peter Selt, Jochen Ratzenberger, Friedrich Bastian und Florian Weingart. Ohne ihre Offenheit und ihre Mithilfe wäre es nicht möglich gewesen, dieses Buch zu schreiben. Barbara Sterzenbach und Katharina Gewehr danke ich für das Lektorat - und meiner Frau Karin für ihre immerwährende Unterstützung.